Niggl

Die Entstehung von Electronic Data Interchange Standards

AF285835

GABLER EDITION WISSENSCHAFT

Markt- und Unternehmensentwicklung

Herausgegeben von Professor Dr. Arnold Picot
und Professor Dr. Dr. h.c. Ralf Reichwald

Der Wandel von Institutionen, Technologie und Wettbewerb prägt in vielfältiger Weise Entwicklungen im Spannungsfeld von Markt und Unternehmung. Die Schriftenreihe greift diese Fragen auf und stellt neue Erkenntnisse aus Theorie und Praxis sowie anwendungsorientierte Konzepte und Modelle zur Diskussion.

Johann Niggl

Die Entstehung von Electronic Data Interchange Standards

Mit einem Geleitwort
von Prof. Dr. Arnold Picot

Springer Fachmedien Wiesbaden GmbH

Die Deutsche Bibliothek – CIP-Einheitsaufnahme

Niggl, Johann :
Die Entstehung von Electronic Data Interchange Standards
/ Johann Niggl. Mit einem Geleitw. von Arnold Picot.
- Wiesbaden : Dt. Univ.-Verl. ; Wiesbaden : Gabler, 1994
(Gabler Edition Wissenschaft : Markt- und Unternehmensentwicklung)
Zugl.: München, Univ., Diss., 1994
ISBN 978-3-8244-6083-0

ISBN 978-3-8244-6083-0   ISBN 978-3-663-08383-2 (eBook)
DOI 10.1007/978-3-663-08383-2

© Springer Fachmedien Wiesbaden, 1994
Ursprünglich erschienen bei Betriebswirtschaftlicher Verlag Dr. Th. Gabler GmbH, Wiesbaden 1994

Lektorat: Claudia Splittgerber

ISBN 978-3-8244-6083-0

Geleitwort

Standards und Standardisierung sind ein in den Wirtschaftswissenschaften erst relativ spät entdecktes, in der Praxis aber seit langem bekanntes Phänomen. Standardisierungsprozesse und aus ihnen resultierende akzeptierte Standards sorgen für ein möglichst reibungsloses Zusammenwirken unterschiedlicher Teilleistungen, Produkte und Komponenten in nahezu allen Branchen und Märkten einer Volkswirtschaft bzw. der Weltwirtschaft. Von ganz besonders herausragender Bedeutung ist das Standardisierungsproblem im Bereich der Kommunikationstechnologien. Hat man es im wesentlichen nur mit einem Kommunikationspartner zu tun, mit dem intensiv und häufig Nachrichten ausgetauscht werden, so sind noch spezifische Lösungen für die Verständigung auf technischer und inhaltlicher Ebene vorstellbar. Für die Vielfalt der Kommunikation dagegen, also für die sporadische oder auch häufige Verständigung mit diversen einzelnen oder auch einer relativ anonymen Menge von zahlreichen Partnern ist dagegen die Standardisierung von geradezu strategischer Bedeutung, um eine letztlich babylonische Verwirrung zu vermeiden. Derartige Standardisierungen im Kommunikationsbereich beziehen sich sowohl auf die physikalisch-logischen Transportebenen als auch auf die formalen und inhaltlichen Anwendungsebenen eines technisch gestützten Kommunikationsvorgangs. Je stärker ein technischer Kommunikationsvorgang nicht nur die physikalische Transportebene, sondern auch die inhaltliche Ebene umfaßt, desto größer werden die Anforderungen an die Standardisierung. Denn nun müssen die in den Kommunikationsprozeß eingeschalteten Systeme selbst „verstehen", welche Inhalte gesandt bzw. empfangen werden, was sie bedeuten und was daraus für Folgerungen zu ziehen sind.

Genau dieser letzte Aspekt steht bei EDI (Electronic Data Interchange) im Mittelpunkt. Es geht darum, geschäftliche Vorgänge mit Hilfe von standardisierten Formaten so aufzubereiten, daß sie von den jeweiligen computergestützten Anwendungssystemen der beteiligten Unternehmen „verstanden" und richtig weiterverarbeitet werden können. Hierbei ist insbesondere an die zahlreichen Vorgänge zu denken, die den Prozeß der Auftragsentstehung, Auftragsabwicklung und Auftragsverwaltung von Unternehmen begleiten. Aber auch im Umfeld der Auftragsabwicklung, z.B. bei der Produktentwicklung oder bei Verwaltungsabläufen mit Behörden, sind derartige EDI-fähige Vorgänge zahlreich zu finden.

Die Frage, warum und in welcher Weise Standards für solche Zwecke entstehen und wie sie sich ausbreiten können, steht im Mittelpunkt der vorliegenden Arbeit. Die Standardisierungsliteratur, die man für die Bearbeitung einer solchen Themenstellung zu Hilfe nehmen möchte, ist nicht sehr reichhaltig und nicht so verallgemeinerbar, daß sie auf den hier zugrundeliegenden Fall ohne weiteres anzuwenden wäre. Insofern ist der Verfasser der vorliegenden Arbeit gefordert gewesen, sich nicht nur in die technisch-organisatorische und betriebswirt-

V

schaftliche EDI-Problematik intensiv einzuarbeiten, sondern auch ökonomische Theorien der Standardisierung zu analysieren und weiterzuentwickeln, um letztlich zu vertieften Einsichten zu kommen.

Auf diese Weise gelingt eine tiefgreifende Auseinandersetzung mit verschiedenen Problemebenen: EDI-Regelwerke und -standards, Einflußgrößen der Standardisierung, Entwurf von EDI-Regelwerken und nicht zuletzt Diffusionschancen und -hindernisse für EDI-Standards. Bei all diesen Überlegungen nimmt der Verfasser differenzierte theoretische wie anwendungsbezogene sowie auf unterschiedliche Unternehmens- und Branchenszenarien abgestellte Überlegungen vor. Dadurch gelingt eine Aufarbeitung des Problems, die viel zur Aufklärung der Beobachtung beiträgt, daß manche sehr gut gemeinte sowie mit großen Hoffnungen begleitete Standards sich nur langsam und beschwerlich formulieren und durchsetzen lassen. Andererseits werden auch Einflußgrößen und Handlungsmöglichkeiten erkennbar, die den Standardisierungsvorgang sowie die Ausbreitung von Standards begünstigen. Insofern trägt die Arbeit dazu bei, sowohl die Forschung auf diesem wichtigen Themenfeld zu bereichern als auch der Standardisierungspraxis Hilfestellung zu geben. Der Arbeit ist deshalb eine interessierte Aufnahme in der Fachöffentlichkeit zu wünschen.

Prof. Dr. A. Picot

VI

Vorwort

Electronic Data Interchange (EDI) steht für einen neuartigen und erfolgversprechenden Weg, wie Unternehmen miteinander kommunizieren können. Das Spannende daran ist nicht so sehr die erforderliche Technik. Vielmehr fasziniert die Art und Weise, wie eine solche neue Kommunikationsform in Erscheinung tritt. Das Eigentümliche funktionierender Kommunikation ist ja, daß zwei Kommunikationspartner dasselbe Medium und dieselbe Sprache zu verwenden haben. Und letztlich muß es jemanden geben, der die dafür notwendigen Regeln prägt. Damit eine bestimmte Kommunikationsform zu einer Institution wird, ist zusätzlich eine mehrheitliche Akzeptanz erforderlich. Die vorliegende Arbeit beleuchtet den Entstehungsprozeß einer einheitlichen Sprache für EDI. Sie stellt mithin die Frage, wie EDI-Standards entstehen. Die Arbeit entstand im Rahmen des Forschungsprojektes ELTRADO (Elektronische Transaktionen von Dokumenten zwischen Organisationen), das von der Volkswagen-Stiftung gefördert wurde und die Ausbreitungsbedingungen und Auswirkungen von EDI beleuchtete. Dieses interdisziplinäre Projekt wurde geleitet von Herrn Prof. Dr. Arnold Picot, Institut für Organisation der Ludwig-Maximilians-Universität München und von Herrn Prof. Dr. Wolfgang Kilian, Institut für Rechtsinformatik der Universität Hannover.

Eine Mehrzahl von Personen haben zum Gelingen dieser Arbeit beigetragen. Ganz besonders möchte ich mich bei meinem Doktorvater Herrn Prof. Dr. Arnold Picot bedanken. Er begleitete meine Arbeit stets mit großem Interesse und gab mir viele wertvolle Anregungen. Bei Herrn Prof. Dr. Werner Kirsch möchte ich mich für die Übernahme des Korreferats bedanken. Für die Durchsicht des Manuskripts und für wertvolle Anregungen und Kritik gebührt mein Dank Frau Dr. Birgitta Wolff und Herrn Dipl.-Kfm. Wolfgang Burr. Darüber hinaus sei all jenen gedankt, die bei den Schlußarbeiten zu dieser Arbeit mitgewirkt haben. Aus meinem Kollegenkreis möchte ich im übrigen besonders Frau Dr. Rahild Neuburger erwähnen und mich für die schöne Zusammenarbeit im Forschungsprojekt ELTRADO bedanken.

Meine Frau Traudl hat die Entstehung dieser Arbeit trotz beruflich bedingter Distanz am nahesten miterlebt und einige Entbehrungen nahezu klaglos ertragen. Ihr schulde ich den größten Dank.

Johann Niggl

Inhaltsverzeichnis

XII

Abbildungsverzeichnis

XVI

Abkürzungsverzeichnis

ANA	The Article Number Association
ANSI	American National Standards Institute
BTX	Bildschirmtext
CAD	Computer-Aided Design
CALS	Computer-Aided Logistics and Support System
CAM	Computer-Aided Manufacturing
CIM	Computer-Integrated Manufacturing
CEFIC	Conseil Européen des Fédérations de l'Industrie Chimique
COST306	Cooperation in Scientific and Technical Research (306)
DAKOSY	Datenkommunikationssystem
DIN e.V.	Deutsches Institut für Normung e.V.
EDI	Electronic Data Interchange
EDIFICE	Electronic Data Interchange for Companies with Interest in Computing and Electronics
EDITEX	Electronic Data Interchange in der Textilindustrie
IGES	Initial Graphics Exchange Specification
ISDN	Integrated Services Digital Network
ISO	International Standardization Organization
IuK	Information und Kommunikation
LACES	London Airport Cargo EDI-System
LAN	Local Area Network
MHS	Message Handling System
ODA	Office Document Architecture
ODETTE	Organization for Data Exchange by Teletransmission in Europe
ODIF	Office Document Interchange Format
OSI	Open Systems Interconnection

RINET	Reinsurance and Insurance Network
SEDAS	Standardregelungen einheitlicher Datenaustauschsysteme
SET	Standard d'Echange et de Transport
SGML	Standard Generalized Markup Language
SITPRO	Simpler Trade Procedure Board
STEP	Standard for the External Representation of Product Definition Data/Standard for the Exchange of Product Definition Data
SWIFT	Society for Worldwide Interbank Financial Telecommunication
TDCC	Transport Data Coordination Committee
TEDIS	Trade Electronic Data Interchange Systems Programme
TRADACOMS	Trading Data Communications Standard
UN/ECE	United Nations/Economic Commission for Europe
UN/EDIFACT	United Nations/Electronic Data Interchange for Administration Commerce and Transport
UNO	United Nations Organization
UNTDED	United Nations Trade Data Elements Directory
VAN	Value Added Network
VANS	Value Added Network Services
VDA	Verband der Deutschen Automobilindustrie
VDA FS	Format zum Austausch geometrischer Informationen des VDA
WAN	Wide Area Network

1 Einführung

Zur Minderung des Knappheitsproblems bedient sich jedes Wirtschaftssystem der Arbeitsteilung. Die Aufteilung wirtschaftlicher Aufgabenstellungen auf eine Vielzahl von Akteuren erfordert gleichzeitig eine Koordination der individuellen Handlungsweisen. Darin liegt das betriebswirtschaftliche Organisationsproblem begründet. Jede Anbahnung, Abwicklung und Anpassung von Transaktionsbeziehungen erfordert Kommunikation zwischen den beteiligten Wirtschaftssubjekten. Es besteht dabei kein prinzipieller Unterschied, ob Teilaufgaben innerhalb einer betrieblichen Organisation hierarchisch oder zwischen verschiedenen Unternehmen marktlich koordiniert werden. Stets ist Kommunikation notwendige Bedingung für das Funktionieren arbeitsteiligen Wirtschaftens.[1]

Die Realisierung von Effizienzvorteilen durch Arbeitsteilung hängt u.a. davon ab, daß die notwendigen Kommunikationsabläufe selbst effizient gestaltet werden. Deshalb ist die Berücksichtigung von Kommunikation ein wichtiger Ansatzpunkt inner- und zwischenbetrieblicher Organisationsgestaltung. Während eine effiziente Gestaltung innerbetrieblicher Kommunikationsprozesse mit Hilfe von Informations- und Kommunikationstechnologien in Wissenschaft und Praxis bereits ausführlich diskutiert wurden und werden[2], sind detaillierte Überlegungen zur Gestaltung zwischenbetrieblicher oder unternehmensübergreifender Kommunikationsabläufe mit Hilfe von Informations- und Kommunikationstechnologien bislang vergleichsweise selten.

Eine zunehmende Beschäftigung mit diesem betriebswirtschaftlichen Gestaltungsbereich ist jedoch feststellbar. Dies hängt damit zusammen, daß einerseits die technologische und infrastrukturelle Entwicklung zunehmend einen effizienten Einsatz von Informations- und Kommunikationstechnologien in diesem Bereich in Aussicht stellt. Andererseits wird in unternehmensübergreifenden Kommunikationsabläufen zunehmend ein Potential für organisatorische Gestaltungsmöglichkeiten erkannt.[3] Verstärkte Tendenzen zur Auslagerung betrieblicher Aufgaben, eine damit verbundene quantitative und qualitative Intensivierung unternehmensübergreifender Kommunikationsvorgänge sowie neuartige, strategisch motivierte, unternehmensübergreifende Organisationsformen rücken die Gestaltung unternehmensübergreifender Kommunikationsbeziehungen zunehmend ins Blickfeld wissenschaftlicher und praktischer Überlegungen.

Unternehmensübergreifende Kommunikationsvorgänge sind keineswegs ein neues Phänomen. Bei jeder Anbahnung und Abwicklung von Transaktionsbeziehungen zwischen Geschäftspartnern ist Kommunikation erforderlich. Ebensowenig ist der Einsatz von Informations- und Kommunikationstechnologien zur Gestaltung unternehmensübergreifender Kom-

---

1   Zur Rolle der Kommunikation bei verschiedenen Formen der Organisation vgl. Picot (1992a).
2   Vgl. z.B. Picot/Reichwald (1987).
3   Vgl. z.B. Addor (1992).

1

munikation ein neuartiges Phänomen. Neu sind hingegen die Bestrebungen, in Analogie zu einer innerbetrieblichen Integration von Informationsflüssen, die Informationsflüsse zwischen verschiedenen Unternehmen zu integrieren.[4]

Eine solche Bestrebung zeigt sich in der Kommunikationsform Electronic Data Interchange (EDI). EDI stellt eine besondere Form der unternehmensübergreifenden Kommunikation dar, deren charakteristisches Merkmal die medienbruchlose Kommunikation zwischen den Anwendungssystemen von Sender und Empfänger sowie die hard- und softwareunabhängige Weiterverarbeitbarkeit empfangener Nachrichten im Anwendungssystem des Empfängers ist.

1.1 Problemstellung und Zielsetzung

Damit eine technologieneutrale Weiterverarbeitung möglichst ohne menschliche Eingriffe realisiert werden kann, bedarf es genauer Vereinbarungen zwischen den Kommunikationspartnern über die Verwendung von Zeichen in einer Nachricht sowie deren Bedeutung. Das Problem besteht nun darin, daß eine solche Vereinheitlichung der Syntax und der Semantik von EDI-Nachrichten ex ante zwischen den Kommunikationspartnern entwickelt werden muß, damit eine hard- und softwareneutrale Kompatibilität der Anwendungssysteme erreicht wird.

Die Aushandlung entsprechender Vereinheitlichungen zwischen zwei Kommunikationspartnern würde zwar eine bilaterale Realisierung von EDI-Kommunikation ermöglichen, allerdings würde der EDI-Einsatz mit verschiedenen Kommunikationspartnern jeweils einen neuen bilateralen Vereinheitlichungsaufwand erfordern. Bei n Kommunikationspartnern würden sich somit n(n-1)/2 Kommunikationsbeziehungen, und damit die gleiche Anzahl von bilateralen Vereinbarungserfordernissen ergeben. Eine solche Situation wäre suboptimal. Die Substitution jeweils bilateraler Vereinheitlichungen von Syntax und Semantik durch eine einzige und von möglichst vielen Kommunikationspartnern akzeptierte Vereinheitlichung würde hingegen nur einen einmaligen Vereinbarungsaufwand erfordern. Eine solche umfassend akzeptierte Vereinheitlichung kann als Standard bezeichnet werden. Durch einen solchen EDI-Standard wäre die Anbahnung neuer Kommunikationsbeziehungen auf der Basis von EDI im Prinzip ohne zusätzliche vorherige, bilaterale Absprachen zwischen den Kommunikationspartnern möglich. Das Ergebnis wäre die Realisierung offener Kommunikationsmöglichkeiten zwischen einer Mehrzahl von Kommunikationspartnern.

Das Problem besteht nun darin, daß solche Vereinheitlichungen entwickelt und von einer Vielzahl von Kommunikationspartnern angewendet werden müssen, um letztlich zum EDI-Standard zu werden.

Damit ist die Frage verbunden, welche Mechanismen zur Entstehung eines EDI-Standards führen. Die vorliegende Arbeit analysiert die Bedingungen der Entstehung solcher EDI-Standards.

---

4   Vgl. z.B. Mertens (1985).

2

Diese Analyse orientiert sich an den beiden mit der Entstehung von EDI-Standards verbundenen Teilproblemen:

1. Welche Akteure sind bereit, die letztlich für die Bildung von EDI-Standards notwendigen syntaktischen und semantischen Vereinbarungen zu entwickeln.

2. Unter welchen Bedingungen sind welche Akteure bereit, bestimmte Vereinbarungsformen zu adoptieren.

An diesen Teilproblemen orientiert sich die in dieser Arbeit durchgeführte Begriffsunterscheidung. Die Menge der für eine EDI-Kommunikation notwendigen syntaktischen und semantischen Vereinbarungen werden unter dem Begriff »EDI-Regelwerk« zusammengefaßt. Dagegen wird von einem EDI-Standard erst dann gesprochen, wenn ein solches EDI-Regelwerk mehrheitlich adoptiert worden ist.

Ein EDI-Regelwerk ist ein ökonomisches Gut, dessen Entwurf Kosten verursacht, dessen wirtschaftliche Anwendung aber auch Nutzen stiften kann. Es wird deshalb die Frage untersucht, unter welchen Bedingungen Akteure bereit sind, Ressourcen für den Entwurf von EDI-Regelwerken einzusetzen. Dies ist ein erklärungsbedürftiges Phänomen, da EDI-Regelwerke vielfach Eigenschaften eines öffentlichen Gutes besitzen, die Trittbrettfahrerverhalten ermöglichen können. Das bedeutet, daß Akteure möglicherweise nicht bereit sind, Kosten für den Entwurf von EDI-Regelwerken zu tragen, sondern als Trittbrettfahrer auf eine kostenlose Nutzung von EDI-Regelwerken, die durch andere Akteure entworfen wurden, zu hoffen. Damit besteht aber die Gefahr, daß ein kollektives Trittbrettfahrerverhalten generell den Entwurf von EDI-Regelwerken verhindert, und damit letztlich die Entstehung von EDI-Standards zum Scheitern verurteilt sein kann.

Darauf aufbauend stellt sich die Frage, unter welchen Bedingungen ein existierendes EDI-Regelwerk von Akteuren adoptiert wird. Dabei zeigen sich verschiedene Problemstellungen, die u.U. dazu führen können, daß die Diffusion eines EDI-Regelwerkes scheitert. Denn der Nutzen der Anwendung eines EDI-Regelwerkes steigt in der Regel mit der Zahl seiner Anwender, u.U. wird ein positiver Nutzen erst durch eine Vielzahl damit erreichbarer Kommunikationspartner erzielt. Damit entsteht aber ein Diffusionsproblem, indem jeder Akteur abwartet, bis durch die Adoptionsentscheidung anderer Akteure ein solcher ausreichender Netzeffektnutzen[5] realisiert werden kann. Es besteht daher die Gefahr, daß ein allgemeiner Attentismus die Diffusion von EDI-Regelwerken und damit letztlich die Entstehung von EDI-Standards blockiert.

Zielsetzung der Arbeit ist es, Ansatzpunkte zu beschreiben, durch die die Entstehung von EDI-Standards erklärt werden kann. Es sollen dazu die Bedingungen rekonstruiert werden, durch die unterschiedliche Formen individuellen Standardisierungsverhaltens erklärt werden können.

---

5   Vgl. dazu Abschnitt 5.1.

3

Es soll gezeigt werden, unter welchen Voraussetzungen und in welcher Form Wirtschaftssubjekte einen Beitrag zur Entstehung von EDI-Standards leisten bzw. leisten können.

Es sollen weiterhin theoretische Gründe aufgezeigt werden, weshalb es in der wirtschaftlichen Praxis eine Vielzahl von Standardisierungsaktivitäten gibt, die zu einer Proliferation verschiedener EDI-Regelwerke bzw. EDI-Standards geführt haben. Vor diesem Hintergrund soll beurteilt werden, unter welchen Bedingungen und in welchem Ausmaß es möglich sein könnte, daß diese Vielzahl durch einen einzigen, weltweit angewendeten EDI-Standard ersetzt wird. Empirische Aussagen sollen schließlich zeigen, welche Standardisierungsaktivitäten in der Realität zu finden sind, welche Chancen der Ausbreitung eines einzigen, weltweiten EDI-Standards von Seiten der Praxis beigemessen werden.

1.2 Vorgehensweise

Im folgenden werden zunächst die Kommunikationsform EDI allgemein anhand bestimmter Defininitionsmerkmale beschrieben und ihre Besonderheiten dargestellt (Kapitel 2.1). Dabei wird gezeigt, daß für den praktischen EDI-Einsatz geeignete EDI-Regelwerke den entscheidenden »Engpaßfaktor« für eine Anwendung von EDI darstellen. Diese Überlegungen bilden den Anknüpfungspunkt für die weiteren Ausführungen dieser Arbeit.

Eine informations- und kommunikationstheoretische Analyse soll dabei einen vertieften Einblick in die Bedingungen hard- und softwareunabhängiger unternehmensübergreifender Kommunikation liefern (Kapitel 2.2). Da die allgemeine Standardisierungsliteratur in aller Regel nicht explizit zwischen der »Produktion« (Entwurf) von Regelwerken und deren Ausbreitung bei Anwendern (Diffusion) unterscheidet[6], und damit spezifische Teilprobleme nur unzureichend abgegrenzt und daher nur undifferenziert beschrieben werden können, erscheint eine begriffliche Differenzierung in EDI-Regelwerke und -Standards sinnvoll (Kapitel 2.3).[7] Da sich EDI nicht nur auf den Austausch von transaktionsbegleitenden Nachrichten wie etwa Aufträge oder Rechnungen, sondern auch auf die Kommunikation von technischen Daten und von offenen Textdokumenten beziehen kann, hat die Praxis aufgrund der unterschiedlichen syntaktischen und semantischen Besonderheiten und damit bedingter individueller Standardisierungserfordernisse jeweils spezifische Grundtypen von EDI-Regelwerken entwickelt. Sie werden in Kapitel 2.4 dargestellt. In Kapitel 2.5 wird ein für den Entwurf von EDI-Regelwerken wichtiger Gestaltungskonflikt dargestellt, der Auswirkungen auf das Entwurfsverhalten von Akteuren besitzt.

Die Anwendung von EDI für den Austausch solcher Nachrichten wie Rechnungen oder Aufträge, deren Vereinheitlichung eine gänzlich automatische Weiterverarbeitung im An-

---

6   Lediglich Kleinaltenkamp (1990a), (1990b), (1993) unterscheidet explizit zwischen »Schnittstellen-Spezifikation« und »Standard«.

7   Auf andere in der Literatur diskutierte Formen von Standards, wie z.B Prozeß-, Material- oder Qualitätsstandards und deren Abgrenzungen, soll in dieser Arbeit nicht eingegangen werden, vgl. dazu beispielsweise Hinterhuber (1975), Kreikebaum (1990), Sirbu/Estrin (1989), Liebowitz/Margolis (1990).

4

wendungssystem des Empfängers ermöglicht, ist jedoch die derzeit häufigste und am weitesten fortgeschrittene Einsatzform. Sie eignet sich deshalb besonders als Exempel für die Analyse der Entstehungsbedingungen von EDI-Standards. Die späteren Ausführungen dieser Arbeit konzentrieren sich daher im wesentlichen auf diese Einsatzform.

Den Ausgangspunkt der Rekonstruktion von Bedingungen, die den Entwurf und die Diffusion von EDI-Regelwerken bestimmen, bildet die Rekonstruktion eines Standardisierungsschemas aus der Literatur und dessen Kritik (Kapitel 3.1). Daran anschließend werden verschiedene Nutzenpotentiale von EDI beschrieben und deren Realisierungschancen durch Unternehmen erörtert. Die tatsächlichen Nutzungsmöglichkeiten von EDI bilden einen wichtigen Ausgangspunkt zur Beurteilung individuellen Standardisierungsverhaltens (Kapitel 3.2). Kapitel 3.2.5 beinhaltet schließlich die Entwicklung einer Typologie von Unternehmen, die sich an unterschiedlichen Bedingungen einer EDI-Anwendung orientiert und eine bessere Strukturierung von verschiedenen unternehmerischen Verhaltensweisen hinsichtlich Entwurf und Diffusion von EDI-Regelwerken ermöglichen soll.

In Kapitel 4 bzw. 5 werden schließlich verschiedene Probleme und Mechanismen des Entwurfs bzw. der Diffusion von EDI-Regelwerken näher beleuchtet. Die theoretischen Überlegungen werden jeweils durch Hinweise auf bestimmte Entwurfsformen und Diffusionsmechanismen von EDI-Regelwerken in der Praxis ergänzt. Dabei sollen insbesondere der Stellenwert und die Diffusionschancen des für eine branchenunabhängige und weltweite EDI-Kommunikation entworfenen EDIFACT-Regelwerkes beurteilt werden. Das abschließende Kapitel 6 faßt den Argumentationsgang zusammen.

2 Grundlagen von EDI und EDI-Regelwerken/EDI-Standards

Ausgehend von einer allgemeinen Darstellung der Kommunikationsform EDI werden im folgenden anhand einer informations- und kommunikationstheoretischen Analyse einer EDI-Kommunikationsbeziehung die theoretischen Bedingungen hard- und softwareneutraler Weiterverarbeitbarkeit von Nachrichten sowie die Bedeutung von EDI-Regelwerken herausgearbeitet. Danach werden die für spätere Überlegungen wichtige Unterscheidung zwischen EDI-Regelwerken und EDI-Standards dargestellt sowie exkursartig verschiedene Grundtypen von EDI-Regelwerken skizziert und deren zentrale Gestaltungsprinzipien beschrieben.

2.1 EDI: Historischer Hintergrund und Definition

Die Veränderungen technischer und ökonomischer Rahmenbedingungen bilden den historischen Hintergrund für die Kommunikationsform EDI. Verschiedene technische Entwicklungen bilden eine notwendige Voraussetzung für eine praktische Anwendbarkeit von EDI. Aber erst ökonomische Erfolgsaussichten können bewirken, daß EDI tatsächlich in wirtschaftlichen Kommunikationsbeziehungen eingesetzt wird.

2.1.1 Die Veränderung von Rahmenbedingungen als Ausgangspunkt für den Einsatz von EDI

Erste Anwendungen von EDI finden sich bereits in den sechziger Jahren vor allem in Nordamerika und im Vereinigten Königreich.[8] Dort entwickelten sich in einzelnen Branchen erste Kommunikationsformen, um geschäftliche Daten zwischen Computern rechtlich selbständiger Unternehmen auszutauschen. Als eine Pionieranwendung von EDI gilt das LACES-System für die Kommunikation von Cargo-Informationen am Flughafen von Heathrow.[9]

Auch innerhalb einzelner Unternehmen und Konzerne entwickelten sich erste elektronische Kommunikationsbeziehungen, die sich als EDI bezeichnen lassen.[10] Die Weiterentwicklung der Telekommunikation im allgemeinen und von EDI im besonderen wird seitdem durch die Veränderung verschiedener Rahmenbedingungen gefördert.[11]

Durch die rasche Weiterentwicklung von Informations- und Kommunikationstechnologien stehen nicht nur leistungsfähigere, sondern auch preiswertere und anwendungsfreundlichere Hard- und Softwaresysteme zur Verfügung. Unternehmensinterne Geschäftsprozesse werden kaum noch ohne Unterstützung von elektronischen Informations- und Kommunikationssystemen abgewickelt.

---

8   Vgl. Parfett (1992), S. 5.
9   Vgl. Parfett (1992), S. 5.
10 Ein Beispiel dafür ist der MAN-Konzern, der ebenfalls bereits seit Ende der sechziger Jahre konzernintern EDI zur Kommunikation zwischen den einzelnen Unternehmen des Konzerns einsetzt.
11 Vgl. zu folgendem Parfett (1992), S. 5-7.

Die technologische Weiterentwicklung der Telekommunikation erweitert und verbessert die Übertragungsmöglichkeiten digitaler Daten z.B. durch optische Glasfaserkabel, paketvermittelte Übertragungsformen oder integrierte Übertragungsdienste. Die Entwicklung von Local Area Networks (LAN) und Wide Area Networks (WAN) beeinflussen sowohl die Qualität als auch die Quantität der Datenübertragung maßgeblich.

Deregulierungstendenzen auf Telekommunikationsmärkten führen zu einer Intensivierung des Wettbewerbs und damit zu einer Erweiterung und Verbesserung des Leistungsangebotes auf diesen Märkten. Dabei entstanden bzw. entstehen beispielsweise neue Dienstleistungsanbieter wie etwa Value Added Network Services (VANS), die verschiedene Aufgaben im Zuge unternehmensübergreifender Kommunikation wahrnehmen können.[12] Die Intensivierung des Wettbewerbs führt zu Qualitäts- und Preisvorteilen für Kunden von Telekommunikationsdiensten. Zunehmende Bestrebungen durch die Standardisierung von Übertragungsverfahren offene Kommunikation zu ermöglichen, erleichtert Anwendern eine effiziente Nutzung von Telekommunikation.

Schließlich führte bzw. führt eine nachhaltige Intensivierung des Wettbewerbs in vielen Bereichen der Wirtschaft zu einem betriebswirtschaftlichen Anpassungs- und Innovationsdruck, der die Tendenz fördert, neue Rationalisierungspotentiale zu erschließen oder innovative Betätigungsfelder zu finden. Im Zuge dieser Entwicklung richtet sich der Blick zunehmend auf die Nutzung verschiedener betriebswirtschaftlicher Einsatzpotentiale der Telekommunikation. So ermöglicht deren Einsatz etwa vielfach eine effizientere Kommunikation mit Geschäfts- oder Kooperationspartnern. Dadurch lassen sich beispielsweise Auslagerungsstrategien leichter realisieren oder sind überhaupt erst betriebswirtschaftlich wirkungsvoll. Als Folge davon können neuartige organisatorische Gestaltungsformen realisiert werden, wie z.B. die Bildung sogenannter Netzwerkorganisationen oder strategischer Netzwerke.[13]

Das Kommunikationskonzept EDI stellt einen weiteren Schritt im Einsatz von Telekommunikation dar. EDI umfaßt nicht nur die Übertragung von Nachrichten zwischen Geschäftspartnern durch den Einsatz von Telekommunikationsmedien, sondern ermöglicht eine grundlegende Neuorientierung unternehmensübergreifender Kommunikationsbeziehungen. Neben bruchloser Datenübertragung soll eine hard- und softwareneutrale Weiterverarbeitbarkeit kommunizierter Daten mit einem Minimum menschlicher Eingriffe erreicht werden. EDI hat damit in letzter Konsequenz die Integration von unternehmensübergreifender Datenkommunikation und Datenverarbeitung zur Zielsetzung.

---

12 Wie z.B. die Bereitstellung von Gateways, die Zwischenspeicherung von Nachrichten oder die Durchführung von Sicherheitsprüfungen.
13 Vgl. dazu beispielsweise Ochsenbauer (1989), Sydow (1992).

2.1.2 Definitionsmerkmale von EDI

Ein Überblick über ausgewählte Definitionsansätze soll zunächst die Bandbreite der Definitionsmerkmale von EDI illustrieren.[14]

»Electronic Data Interchange (EDI) is the computer-to-computer linkage between buyer and seller and the automatic transmission of purchase orders and invoices between the parties involved.«[15]

»Electronic Data Interchange (EDI) ist der Austausch genormter formatierter Daten zwischen den Computeranwendungssystemen der Geschäftspartner mit einem Minimum an manuellen Eingriffen.«[16]

»Electronic data interchange (EDI) is the INTER-COMPANY COMPU-TER-TO-COMPUTER communication of STANDARD BUSINESS TRANSACTIONS in a STANDARD FORMAT that permits the receiver to perform the intended transaction.«[17]

»The transfer of structured data, by agreed message standards, from one computer system to another, by electronic means.«[18]

Bislang gibt es keine einheitliche Auffassung darüber, durch welche Kriterien EDI hinreichend genau charakterisiert werden könnte. Die verschiedenen Beschreibungsformen besitzen vielmehr einen gewissen ad-hoc-Charakter, bei dem jeweils das eine oder andere Beschreibungsmerkmal dominiert. Eine detaillierte, argumentativ begründete Definition läßt sich bislang kaum finden. Daher erscheint es notwendig, EDI systematisch anhand verschiedener Kriterien zu analysieren. Das gemeinsame Merkmal verschiedener Definitionsansätze besteht vor allem darin, daß ihre Beschreibungen von EDI primär um die Kriterien Kommunikationssubjekt, Kommunikationsinhalt sowie Art der Übertragung bzw. des Modus der Weiterverarbeitung von EDI-Nachrichten »kreisen«.[19]

---

14   Pfeiffer (1992) vermutet, daß insbesondere zu Beginn einer Innovation funktionale Definitionsansätze vorherrschen. »One may speculate that, especially during the early stages of product and process innovations, the functional viewpoint dominates until the most effective design has been determined. As soon as structural modifications become rare, a state of maturity is reached and subsequent definitions tend to fall into the systematic category.« Pfeiffer (1992), S. 17, vgl. auch Ein-Dor/Segev (1978).
15   Emmelhainz (1990), S. 2.
16   Scheer/Berkau/Kruse (1991), S. 32.
17   Sokol (1989), S. 12.
18   Parfett (1992), S. 7.
19   Zu den Bestandteilen einer Kommunikationsbeziehung vgl. Kramer (1969), Reichwald (1990), S. 416.

8

2.1.2.1 Kommunikationssubjekte

Obige Definitionen zeigen beispielhaft, daß Unternehmen oder Organisationen als Subjekte einer EDI-Kommunikation betrachtet werden. Emmelhainz (1990) beschränkt die Sichtweise gar auf kommunikative Beziehungen entlang der Wertschöpfungskette und nennt als Kommunikationssubjekte Zulieferer und Abnehmer. Der Austausch von Nachrichten beschränkt sich aber nicht nur auf die in einer Leistungskette kommunizierenden Geschäftspartner. Die kommunikativen Beziehungen eines Unternehmens sind wesentlich vielfältiger. Zusätzlich bestehen laterale oder horizontale Kommunikationsbeziehungen zwischen Unternehmen, beispielsweise wenn zwei Unternehmen auf der gleichen Wertschöpfungsstufe im Zuge gemeinsamer Forschungs- und Entwicklungsprojekte Konstruktionsdaten austauschen. Bei der Abwicklung von Transaktionen sind in aller Regel auch Banken für die finanzielle Abwicklung der Geschäfte sowie Transportunternehmen involviert. Daneben treten bei bestimmten Transaktionen auch Versicherungen oder öffentliche Verwaltungen wie etwa der Zoll als Kommunikationspartner in Erscheinung. Bei allen genannten Kommunikationsbeziehungen findet ein Austausch von Nachrichten heute in aller Regel in Papierform statt. Es ist daher sinnvoll, alle diese Unternehmen bzw. Organisationen als Subjekte einer EDI-Kommunikation zu berücksichtigen.

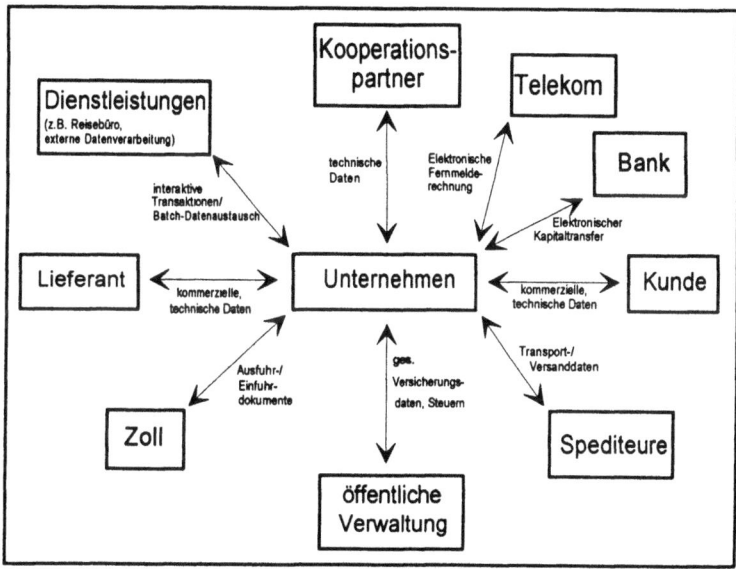

Abb.1:   Beispielhafte Kommunikationsbeziehungen eines Unternehmens

Abbildung 1 illustriert beispielhaft die kommunikativen Beziehungen eines Unternehmens. Daß ein Unternehmen als Bezugspunkt für die Illustration eines Beziehungsgeflechtes gewählt wird,

9

hängt mit der Dominanz der EDI-Kommunikation in der privatwirtschaftlichen Welt zusammen. Dennoch ist diese Perspektive willkürlich. Es ist genauso denkbar, daß man eine Organisation der öffentlichen Verwaltung in den Mittelpunkt eines kommunikativen Beziehungsgeflechtes stellt. Denn das Anwendungspotential von EDI beschränkt sich nicht nur auf Kommunikationsvorgänge, die im Zuge wirtschaftlicher Transaktionen zwischen privaten Organisationen stattfinden. Anwendungspotentiale bestehen gerade auch mit und zwischen staatlichen Organisationen.[20]

Der Bezug von EDI auf die unternehmensübergreifende Kommunikation wird zwar häufig betont, er ist aber nicht zwingend. Ein Definitionsmerkmal von EDI ist der Austausch von Daten zwischen zwei Computersystemen.[21] Darunter fällt die unternehmensinterne Kommunikation zwischen dezentralen Computersystemen genauso wie unternehmensübergreifende Computerkommunikation.[22] Eine Reihe von Gründen rechtfertigen jedoch eine Fokussierung der Sicht auf selbständige Unternehmen bzw. öffentliche Institutionen als Kommunikationssubjekte von EDI.

Ein Grund dafür liegt darin, daß bei der Realisierung unternehmensübergreifender EDI-Kommunikation in der Regel größere Gestaltungsprobleme existieren als in einer unternehmensinternen Anwendung. Eine bruchlose Weiterverarbeitbarkeit von Nachrichten ohne erneute Dateneingabe in das Anwendungssystem des Empfängers erfordert bestimmte Kompatibilitätsanforderungen.[23]

Unternehmensintern erleichtert eine in der Regel vergleichsweise homogene Ausstattung mit Hard- und Software die Realisierung einer bruchlosen Kommunikation zwischen dezentralen Anwendungssystemen mit der Möglichkeit der Weiterverarbeitung von Daten ohne erneute Eingabe. Unternehmensinterne Kompatibilitätsprobleme lassen sich beispielsweise dadurch handhaben, daß bei der Beschaffung und Implementierung von Anwendungssystemen auf die notwendigen Kompatibilitätserfordernisse durch den Kauf kompatibler Systeme geachtet wird. Überdies besteht unternehmensintern prinzipiell die Möglichkeit, die Realisierung von Kompatibilität durch hierarchische Koordinationsmechanismen zu organisieren. Die Anzahl der Kommunikationsbeziehungen sowie der unterschiedlichen Informationsarten beschränkt sich auf eine abgrenzbare Menge, was ebenfalls eine relative Reduzierung der Problemkomplexität bedeutet. Schließlich existiert unternehmensintern in aller Regel nur ein vergleichsweise

---

20   Die Dominanz der privatwirtschaftlich geprägten Perspektive einer EDI-Anwendung relativiert sich, wenn man allein berücksichtigt, daß der Staat immerhin ca. 11% der gesamten Bruttoanlageinvestitionen im Jahre 1992 getätigt hat, der Staatsverbrauch im Jahre 1992 sogar bei ca. 21% lag (vgl. Institut der deutschen Wirtschaft (Hrsg. 1993), S.34 und S.36) und deshalb staatliche Institutionen als Kommunikationspartner in der wirt-schaflichen Welt keine unwichtige Rolle spielen. EDI ist aber ebenso bei der Kommunikation zwischen ver-schiedenen Institutionen der öffentlichen Verwaltung anwendbar.

21   Vgl. die Definition von Parfett (1992), S. 7.

22   Parfett (1992) macht deshalb keinen Unterschied zwischen unternehmensinterner und unternehmensübergreifender Anwendung von EDI, vgl. Parfett (1992), S. 7.

23   Vgl. Abschnitt 2.3.1.

geringer Bedarf an sogenannten Netzeffekten, die dagegen bei unternehmensübergreifender Kommunikation mit EDI ein wichtiges Nutzenkriterium darstellen können.[24]

Die besondere Qualität der Probleme unternehmensübergreifender Computerkommunikation läßt es deshalb sinnvoll erscheinen, den Betrachtungsschwerpunkt von EDI primär auf unternehmensübergreifende Kommunikationsbeziehungen zu legen. Der Terminus »unternehmensübergreifend« impliziert den Bezug auf rechtlich selbständige Unternehmen. EDI kann sich dabei mitunter auf die Kommunikation zwischen rechtlich zwar selbständigen, aber wirtschaftlich abhängigen Unternehmen beziehen. Dies ist etwa bei Unternehmen innerhalb eines Konzerns oder bei wirtschaftlich ungleichen Geschäftspartnern der Fall.

2.1.2.2 Kommunikationsinhalte

Der Definitionsansatz von Emmelhainz (1990) kommt der frühen und bislang auch in der Praxis noch weitverbreiteten Abgrenzung des Kommunikationsinhalts von EDI am nächsten. Diese Definition bezieht EDI auf den unternehmensübergreifenden Austausch handelsbegleitender Dokumente wie beispielsweise Anfragen, Auftragsbestätigungen, Rechnungen oder Zahlungsanweisungen.[25] Diese Nachrichten werden bereits überwiegend mit Hilfe unternehmensinterner computerunterstützter Informationssysteme vorbereitet und dokumentarisch erstellt. Der daran anschließende übliche Weg der Weiterverarbeitung beinhaltet den Ausdruck der Dokumente, die Einkuvertierung, den Post- oder Kurierversand sowie die erneute Eingabe der versandten Nachrichten in das unternehmensinterne Anwendungssystem des Empfängers.

Unternehmensübergreifende Kommunikation in Papierform nimmt einen hohen Stellenwert ein.[26] Die Substitution von unternehmensübergreifender Kommunikation in Papierform durch eine elektronische Generierung und Übermittlung von Informationen führt in aller Regel nicht nur zu Kosten-, Zeit- und Qualitätsvorteilen, sondern stellt einen beachtlichen Gestaltungsfaktor für betriebliche Rationalisierungs- und Reorganisationsvorhaben dar.[27]

Der Austausch verschiedenster Formen von Handelsdaten ist die früheste und bislang aktuellste Anwendungsform von EDI. Sie beruht auf der Tatsache, daß bei der Anbahnung und Abwicklung von geschäftlichen Transaktionen zwischen zwei Handelspartnern eine große Zahl von Informationen kommuniziert werden muß, die stabile und vergleichsweise wenig komplexe Strukturen aufweisen, was sie besonders für die Verarbeitung durch Computersysteme geeignet erscheinen lassen.

---

24 Vgl. Abschnitt 5.1.
25 Zu verschiedenen Formen von Nachrichtentypen vgl. DIN Deutsches Institut für Normung e.V. (1993).
26 Eine Untersuchung von Picot/Reichwald (1987) ergab, daß papiergestützte Kommunikation einen Anteil von über 40% an der unternehmensübergreifenden Kommunikation besitzt, vgl. Picot/Reichwald (1987), S. 35-37.
27 Zu den Nutzenpotentialen von EDI vgl. Abschnitt 3.2.1.

11

Im weiteren wird dafür der Begriff »transaktionsbegleitende Daten« verwendet. Dieser ist umfassender als der Begriff Handelsdaten. Handelsdaten umfassen nur die im Zuge marktlicher Verwertung von Gütern auftretenden Kommunikationserfordernisse. Transaktionsbegleitende Daten betreffen dagegen alle hinreichend strukturierbaren und gleichartig auftretenden Komunikationsinhalte, die im Zuge geschäftlicher Tätigkeit anfallen, also etwa auch Daten für öffentliche Verwaltungen (z.B. Zoll- oder Steuerdaten).[28]

Unternehmensübergreifende Kommunikationsvorgänge beschränken sich jedoch keineswegs nur auf die Anbahnung und Abwicklung von Geschäftsvorgängen. Ein weiterer wichtiger Gegenstand unternehmensübergreifender Kommunikation sind technische Produktdaten wie z.B. Konstruktionszeichnungen, geometrische Modelle oder dreidimensionale Produktpräsentationen. Der Austausch solcher technischer Informationen findet z.b. zwischen Unternehmen statt, die im Rahmen gemeinsamer Forschungs- und Entwicklungstätigkeiten arbeitsteilig an der Entwicklung von Produkten mitwirken oder bei denen etwa Konstruktionsvorgaben oder Produktspezifikationen zwischen den Konstruktionsabteilungen von Abnehmern und Zulieferern von Industriegütern ausgetauscht werden. Schließlich gibt es eine dritte Form von Kommunikationsinhalten, die in Papierform zwischen Unternehmen ausgetauscht werden, nämlich individuell gestaltete Textdokumente oder bildliches Informationsmaterial (Abbildungen, Graphiken, Tabellen, Statistiken usw.).[29]

EDI läßt sich somit als ein Kommunikationskonzept charakterisieren, das prinzipiell für alle Kommunikationsinhalte anwendbar ist, zu deren Übermittlung heute bislang noch Papier als Übertragungsmedium eingesetzt wird.[30]

2.1.2.3 Art der Übertragung und der Weiterverarbeitung von EDI-Nachrichten

Zur Charakterisierung der Art der Übertragung bzw. der Weiterverarbeitung von EDI-Nachrichten lassen sich verschiedene Kriterien finden, wie z.b. »Bruchlosigkeit«, »computer-

---

28   Im Unterschied zum allgemeineren Begriff des Dokuments kennzeichnen die Begriffe »transaktionsbegleitende Daten«, »Geschäftsdaten« oder »Handelsdaten« solche Dokumente, die aufgrund ihrer wiederholten Gleichartigkeit für eine automatische (menschenunabhängige) Weiterverarbeitbarkeit geeignet sind. »... ein Dokument zeichnet sich durch eine Darstellungsform aus, die dem Betrachter verständlich ist, während die nach Maßgabe von EDIFACT übertragenen Daten vor allem für die Weiterverarbeitbarkeit durch Programme gedacht sind.« Frank (1991), S. 101.
29   Zum Unterschied der Begriffe Daten und Texte vgl. Hansen (1987), S. 13-15.
30   Es sei hier erwähnt, daß Kommunikation in Papierform jedoch verschiedene, wichtige Eigenschaften besitzt, die bei einer Substitution durch elektronische Medien wegfallen. Neben einer gewissen Repräsentationsfunktion erfüllt die Briefform eine wichtige Nachweisfunktion im Falle rechtlicher Auseinandersetzungen zwischen Vertragspartnern. Ihr kommt eine wesentlich stärkere Beweiskraft zu als einer »stofflosen« elektronischen Übermittlung und Speicherung vertragsrelevanter Informationen. »Das Risiko versehentlicher Fehlübermittlung oder absichtlichen Mißbrauchs ist bei Datenübermittlung ungleich größer als bei herkömmlichen Geschäftsabwicklungen.« (Büchner, (1990), S. 11). Die Verantwortlichkeit für Schäden festzustellen sowie Beweise für Haftungsfragen zu führen, ist bei elektronischer Kommunikation ungleich schwieriger als bei Kommunikation in Papierform. Es entsteht demnach bei elektronischer Kommunikation ein Bedarf an ergänzenden Beweisformen; vgl. Ruland (1990), o.V. (1993), Krähn (1993).

to-computer linkage«,»automatic transmission« oder »Anwendung vereinbarter Nachrichten-standards«. Alle diese Kriterien deuten darauf hin, daß EDI als eine Kommunikationsform zu begreifen ist, die menschliche Eingriffe bei Übertragung bzw. Weiterverarbeitung von Nachrichten minimieren bzw. ausschließen soll. Das hier zugrundeliegende Merkmal von EDI besteht darin, menschliche Eingriffsnotwendigkeit auszuschließen bzw. zu minimieren. Die Idealvorstellung, die sich hinter dieser Auffassung verbirgt, ist eine automatische Abwicklung des gesamten Kommunikationsprozesses, bei dem die Generierung, Übertragung und Weiterverarbeitung von Nachrichten ausschließlich durch programmgesteuerte Ablaufroutinen von Computersystemen bewerkstelligt wird und ein menschlicher Aktor allenfalls system-betreuend bzw. -überwachend eingreift.

Eng mit dieser funktionalen Charakterisierung von EDI ist das Problem verbunden, daß bei unternehmensübergreifenden Kommunikationsbeziehungen in der Regel eine Vielfalt von inkompatiblen Anwendungssystemen existiert, die dieser Idealvorstellung entgegenwirkt. Aus diesem Grunde wird EDI mit der Eigenschaft verbunden, hard- und softwareneutral angewendet werden zu können. Dazu sind jedoch verschiedene übertragungstechnische sowie syntaktische und semantische Regeln zu entwerfen, die eben diese Hard- und Softwareneutralität der Kommunikation bewirken sollen. Damit verlagert sich das grundlegende Gestaltungsproblem von EDI-Kommunikationsbeziehungen von der Anpassung technischer Systeme auf die Entwicklung und Anwendung von geeigneten Übertragungsmodalitäten und Regeln hinsichtlich einer einheitlichen Gestaltung von Kommunikationsinhalten.

Die Übertragung von EDI-Nachrichten impliziert den Einsatz von Telekommunikationsmedien, durch die eine bruchlose Kommunikation zwischen den Anwendungssystemen zweier Kommunikationspartner ermöglicht wird. Die Forderung der Weiterverarbeitbarkeit von Nachrichten ohne menschliche Eingriffe beschränkt zugleich die Anwendbarkeit von EDI auf solche Nachrichten, deren Inhalte soweit vereinheitlicht werden können, daß sie vollständig, d.h. ohne jeglichen menschlichen Eingriff durch ein Anwendungssystem weiterverarbeitet werden können.

Diese Idealvorstellung schließt nicht nur die Übertragung von Nachrichten mit Hilfe von Disketten oder Magnetbändern aus, sondern beschränkt das Anwendungsspektrum von EDI auf solche Kommunikationsinhalte, die aufgrund ihrer einfachen und gleichbleibenden Struktur für eine automatische Weiterverarbeitung hinreichend zu vereinheitlichen sind, wie dies auf transaktionsbegleitende Nachrichten wie etwa Aufträge, Rechnungen, Zahlungsanweisungen oder Liefermeldungen zutrifft. Diese enge Sichtweise von EDI läßt sich folgendermaßen zusammenfassen:

»Electronic Data Interchange (EDI) can be defined as a set of message standards to enable the exchange of commercial transaction data between auto-
nomous application systems without human intervention.«[31]

Erweitert man die Betrachtungsweise von EDI dahingehend, daß menschliche Eingriffe zwar
nicht mehr ausgeschlossen, aber doch minimiert werden sollen, erweitert sich auch dessen
Anwendungsspektrum. Zum einen lassen sich damit auch die Übertragung von Nachrichten mit
Hilfe von Disketten oder Magnetbänder unter EDI subsummieren. Dies erscheint deshalb
zweckmäßig, weil dadurch einerseits die Bruchlosigkeit gewahrt bleibt, und andererseits die
Weiterverarbeitungsmodalitäten nicht verändert werden.[32] Zum anderen läßt sich hinsichtlich
der Weiterverarbeitung von Nachrichten das Anwendungsspektrum von EDI auf solche
Kommunikationsinhalte erweitern, bei denen keine Vereinheitlichung der Kommunikationsinhalte für eine vollständige Automatisierung der Weiterverarbeitung möglich oder
zweckmäßig ist. Dies trifft auf Produkt- oder Konstruktionsdaten sowie auf frei gestaltete
Textdokumente zu.

Der menschliche Eingriff in die Weiterverarbeitung dieser Kommunikationsinhalte wird jedoch
dahingehend minimiert, als erneute Eingaben übertragener Daten in das Empfängersystem
durch die Anwendung vereinbarter Regeln vermieden werden können. So ist es beispielsweise
durch die Anwendung allgemeiner Vereinbarungen möglich, daß ein Anwendungssystem die
Bedeutung bestimmter syntaktischer Zeichen etwa als Linien oder Kreise oder die
Eigenschaften bestimmter Textbausteine in einem frei gestalteten Textdokument als
Überschriften oder Absätze »erkennt« und somit eine unmittelbare inhaltliche Weiterbearbeitung durch einen menschlichen Aktor ohne Wiedereingabe dieser Informationen möglich ist.

Damit ist auch in diesen Fällen eine hard- und softwareneutrale Weiterverarbeitung der
genannten Inhalte einer Übertragungsdatei aufgrund vereinbarter Regeln möglich. Nach dieser
erweiterten Auffassung kann EDI als ein Kommunikationskonzept definiert werden, das
Lösungen für Kommunikationsprobleme eines Datenaustauschs zwischen verschiedenen
Anwendungssystemen in semantischer Hinsicht umfaßt.[33] In dieser Betrachtungsweise kommt
auch die herausragende Bedeutung von semantischen Regeln bzw. Standards für EDI zum
Ausdruck.

Damit läßt sich nunmehr der Unterschied zwischen EDI und Electronic Mail herausarbeiten.
Während bei Electronic Mail die bruchlose Übertragung von Kommunikationsinhalten ohne
menschliche Eingriffe definitorisches Merkmal ist, ohne daß Weiterverarbeitungsaspekte
berücksichtigt werden, zeichnet sich EDI dagegen durch die Minimierung menschlicher Eingriffe bei Weiterverbearbeitungsprozessen aus.

---

31   Pfeiffer (1992), S. 33.

14

Zusammenfassend läßt sich EDI damit als eine bestimmte Form der Kommunikation beschreiben, bei der transaktionsbegleitende und technische Daten sowie frei gestaltete Dokumente wie z.b. Texte, Abbildungen oder Grafiken nach standardisierten Formaten strukturiert zwischen Computern verschiedener Unternehmen oder staatlichen Institutionen unter Anwendung elektronischer Kommunikationsverfahren mit der Möglichkeit der Weiterverarbeitung unter Minimierung menschlicher Eingriffe ausgetauscht werden.[34]

2.1.2.4 Bausteine für eine EDI-Anwendung

Die vorherige Definition von EDI zeigt bereits implizit, daß für den praktischen Einsatz dieser Kommunikationsform verschiedene Bausteine erforderlich sind. Dazu gehören geeignete Hard- und Software für die Generierung bzw. Weiterverarbeitung sowie die Konvertierung von Nachrichten, Einrichtungen zur Übertragung von Nachrichten zwischen EDI-Kommunikationspartnern sowie semantische Vereinbarungen für eine hard- und softwareneutrale Weiterverarbeitbarkeit von Nachrichten (vgl. Abbildung 2).[35]

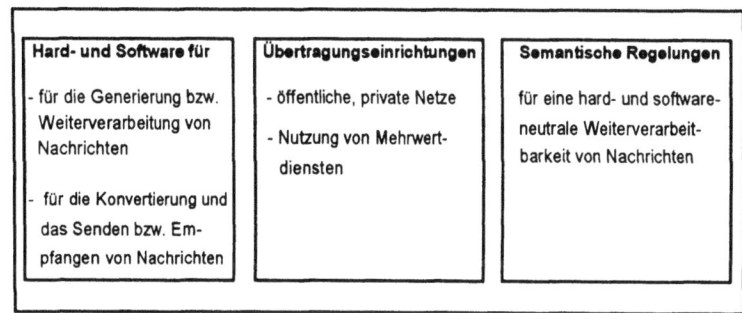

Hard- und Software für	Übertragungseinrichtungen	Semantische Regelungen
- für die Generierung bzw. Weiterverarbeitung von Nachrichten - für die Konvertierung und das Senden bzw. Empfangen von Nachrichten	- öffentliche, private Netze - Nutzung von Mehrwertdiensten	für eine hard- und softwareneutrale Weiterverarbeitbarkeit von Nachrichten

Abb.2: Bausteine für eine EDI-Anwendung

Die Kommunikation von Daten mit EDI läßt sich in drei Stufen aufteilen.[36] Beim Sender einer Nachricht ist ein geeignetes Anwendungssystem erforderlich, mit dem EDI-Nachrichten aus dem betrieblichen Datenbestand generiert und in einer Übertragungsdatei gespeichert werden können.[37] In der zweiten Stufe muß die Übertragungsdatei mit Hilfe eines Konverters in eine

---

32 Damit lassen sich auch verschiedene praktische Kommunikationsvorgänge unter EDI subsummieren, bei denen Disketten als Übertragungsmedium eingesetzt werden, wie dies z.B. noch häufig bei der Kommunikation mit Banken anzutreffen ist, wo Zahlungsanweisungen per Datenträger ausgetauscht werden.

33 Vgl. Pfeiffer (1992), S. 33.

34 Vgl. Picot/Neuburger/Niggl (1991), S. 23.

35 Vgl. z.B. Kimmberley (1991).

36 Vgl. dazu z.B. Pfeiffer (1992), S. 54-57.

37 Allerdings ist hier auch der Fall denkbar, daß Daten für eine EDI-Nachricht nicht aus dem betrieblichen Datenbestand generiert werden, sondern für die Übertragungszwecke von Hand in das Anwendungssystem eingegeben werden.

vereinbarte Form übersetzt werden.[38] In der dritten Stufe wird diese Übertragungsdatei mit Hilfe von elektronischen Übertragungsmedien zum Empfänger geschickt, bei dem die Nachricht nach Übersetzung in ein betriebsinternes Format durch interne Anwendungssysteme weiterverarbeitet werden kann.

Für alle diese Stufen erfordert die Implementierung von EDI keine spezielle Hard- oder Software. Eine charakteristische Eigenschaft von EDI besteht ja gerade in der Unabhängigkeit verwendeter Hard- und Software. Diese Unabhängigkeit kann in zweierlei Hinsicht gesehen werden. Zum einen kann EDI unabhängig von einem speziellen Herstellertyp angewandt werden, zum anderen erfordert EDI keine bestimmte Klasse von Hardware. Im Prinzip eignet sich daher jede Form von Hardware, mit der ein Anwender in der Lage ist, Daten zu kommunizieren und weiterzuverarbeiten.

Einsetzbar für eine EDI-Kommunikation sind demnach Großrechner (Mainframe), Mini- sowie Mikrocomputer (Personalcomputer).[39] Allerdings stellen die Verarbeitungs- und Speicherkapazität eine wichtige Restriktion dar. Ein Mikrocomputer, als die kostengünstigste Variante, ist möglicherweise dann eine geeignete Hardwareplattform, wenn ihn ein Unternehmen für einfache und geringvolumige EDI-Anwendungen im Stand-alone-Betrieb nutzen möchte oder ein Personalcomputer zusammen mit einem Großrechner im Front-End-Betrieb[40] eingesetzt wird.

Ungeachtet des für eine EDI-Anwendung untypischen Stand-alone-Betriebs bestehen die häufigsten Konfigurationen aus einer reinen Großrechner-Architektur, aus einer reinen Personalcomputer-Architektur oder aus einer Großrechner/Personalcomputer-Architektur, bei der der Personalcomputer als Front-end-Hardware zur Konvertierung und als MHS-Interface[41] eingesetzt wird, um den Großrechner von Kommunikationsaufgaben zu entlasten.[42] In zeitkritischen On-line-Anwendungen oder bei Anwendungen, bei denen eine Mehrzahl von Nachrichten gleichzeitig intern generiert und für die Übertragung vorbereitet werden soll und/oder gleichzeitig externe Nachrichten empfangen werden sollen, ist ein multi-tasking-fähiges System, wie etwa eine Workstation, notwendig.[43]

Das Einsatzspektrum geeigneter Software läßt sich anhand der drei oben skizzierten Stufen einer EDI-Kommunikation verdeutlichen. Für jede der Funktionen Datengenerierung/Datenspeicherung, Datenkonvertierung sowie der internen und externen Kommunikation

---

38   Zur Rolle von Konvertern für standardisierten elektronischen Datenaustausch vgl. Georg/Nommensen (1993).
39   Zur Unterscheidung dieser Rechnerkategorien vgl. z.B. Stahlknecht (1991), S. 33-35, Sokol (1989), S. 43-45, Pfeiffer (1992), S. 55.
40   Vgl. zu diesem Begriff Stahlknecht (1991), S. 126.
41   Vgl. zu diesem Begriff Stahlknecht (1991), S. 340.
42   Vgl. Pfeiffer (1992), S. 55, eine reine PC-Lösung ist beispielsweise im Rahmen eines Client-Server-Konzepts denkbar.
43   Vgl. Pfeiffer (1992), S. 56.

der Daten ist entsprechende Software notwendig.[44] Die Software für die Funktion der Datengenerierung bzw. Datenspeicherung hängt von der verwendeten Hardwareausstattung ab und bildet gemeinsam das interne Anwendungssystem eines Kommunikationspartners.

Von besonderer Bedeutung ist für einen effizienten EDI-Einsatz das Ausmaß der internen Datenintegration eines Akteurs. Die Möglichkeit zur bruchlosen und automatischen Weiterverarbeitung von EDI-Nachrichten erfordert geeignete interne Kommunikationsverbindungen sowie einheitliche Datenstrukturen zwischen unterschiedlichen Funktionsbereichen oder Anwendungssystemen. Software für den externen Teil der Kommunikation stellt die Verbindung zum eingesetzten Telekommunikationsmedium dar. Diese beiden Softwarekomponenten müssen die skizzierten Anforderungen einer EDI-Kommunikation erfüllen. Darüber hinaus bestehen keine EDI-spezifischen Softwareanforderungen, insbesondere ist der eingesetzte Softwaretyp beliebig (Softwareunabhängigkeit von EDI).

Spezielle Software ist jedoch für die Konvertierung einer EDI-Nachricht erforderlich. Die Umsetzung von Datenfiles mit interner Datenformatierung in ein Datenfile im EDI-Format erfordert eine entsprechende Übersetzungssoftware. Es gibt zwei grundsätzliche Möglichkeiten, diese Anforderung zu erfüllen.[45] Die erste Möglichkeit besteht darin, jeweils ein Modul für einen bestimmten Nachrichtentyp einzusetzen. Diese »hard-coded«[46] Form der Konvertierung kann dann u.U. vorteilhaft sein, wenn beispielsweise nur einer oder wenige Typen von EDI-Nachrichten kommuniziert werden. Sie erlaubt aber nur begrenzte bzw. aufwendige Anpassungen, wenn Nachrichtenspezifikationen sich ändern, indem sie beispielsweise an aktualisierte Regelungen von Standardisierungsgremien angepaßt werden müssen oder eine bilaterale Anpassung der Formate einer EDI-Nachricht mit einem Kommunikationspartner erforderlich ist.

Vorteilhafter ist deshalb der Einsatz einer variabel anwendbaren, generalisierten Konvertierungssoftware, die auf der Basis von Konvertierungstabellen und -parametern funktioniert. Mit Hilfe eines Editors ist es vergleichsweise einfach, bestimmte mit einem Kommunikationspartner individuell vereinbarte Datenformate zu initialisieren und für die Generierung und Übersetzung einer EDI-Nachricht anzuwenden. Eine solche variable Konvertierungssoftware hat zudem den Vorteil, daß Updates rasch durchgeführt werden können, indem die Änderungen per Diskette oder durch Zugriff auf eine Standardisierungsdatenbank in die vorhandene Konvertierungssoftware eingespielt werden können.

Für die Übertragung eines EDI-Datenfiles zwischen Sender und Empfänger bestehen zwei Optionen bezüglich des Einsatzes von Telekommunikationsmedien:[47] die Nutzung von

---

44 Vgl. Pfeiffer (1992), S. 57.
45 Vgl. Berge (1991), S. 81.
46 Berge (1991), S. 81.
47 Vgl. dazu Palmer (1988), S. 166, Franck (1986).

17

Mehrwertdiensten[48] oder direkte Kommunikation über private oder öffentliche Netze.[49] Eine direkte Verbindung zwischen Sender und Empfänger kann über private oder über öffentliche Netze aufgebaut werden. Private Netze beschränken die Kommunikationsmöglichkeiten, indem sie lediglich eine Kommunikation mit Partnern ermöglichen, die dasselbe Netz benutzen. Öffentliche Netze ermöglichen dagegen im allgemeinen umfangreichere Kommunikationsmöglichkeiten aufgrund ihrer größeren Verbreitung.[50]

Die Auswahl eines Netzes sowie des zu verwendenden Kommunikationsprotokolls[51] muß jedoch mit dem Kommunikationspartner abgestimmt werden. Nur wenn beide Partner dasselbe Medium und dasselbe Kommunikationsprotokoll einsetzen, kann eine Nachrichtenübertragung erfolgreich sein. Dies erfordert entsprechende Absprachen zwischen den Kommunikationspartnern sowie Flexibilität, gegebenenfalls andere Netze und/oder Kommunikationsprotokolle einzusetzen.

Die Nutzung eines Mehrwertdienstes kann hier jedoch wichtige Kompatibilitätsdienste liefern, wenn Sender und Empfänger unterschiedliche Kommunikationsprotokolle verwenden. Jeder Partner benötigt lediglich ein Protokoll zur Verbindung zu einem Mehrwertdienst, der seinerseits den notwendigen Gateway-Dienst bereitstellt.[52]

Daneben liefern Mehrwertdienste außer der Übertragung von Datenfiles eine Mehrzahl von zusätzlichen Diensten, von denen für eine EDI-Kommunikation insbesondere Verteil- und Speicherdienste (store-and-forward) sowie Überwachungsdienste von Bedeutung sind.[53] Ein »store-and-forward-Service« besteht darin, daß ein Sender eine oder mehrere Nachrichten an einen Mehrwertdienst schickt, der die Nachrichten zum einen an die verschiedenen Adressaten aufteilt und gegebenenfalls gleichzeitig eine Zwischenspeicherung vornimmt, um die

---

48   Der Begriff des Mehrwertdienstes als auch dessen Inhalt sind bislang nicht eindeutig abgegrenzt. Üblich ist auch die Bezeichnung VAN oder VANS (value added network services) vgl. z.B. Palmer (1988), S.166. Im Englischen findet sich auch die Bezeichnung VADS (value added and data services); vgl. dazu z.B. o.V. (1989).
49   Zum Einsatz öffentlicher oder privater Netze vgl. Krembsler (1990); legt man die Differenzierung von Mehrwertdiensten von o.V. (1989) zugrunde, lassen sich öffentliche bzw. private Netze als Basis-Dienste interpretieren, sofern sie lediglich Übermittlungsdienste anbieten. Steigt die Anzahl der zusätzlichen Dienstleistungen wie z.B. Kompatibilitätsdienste, Verteil- und Speicherdienste, Informationsdienste u.ä., dann erscheint es sinnvoll, von Mehrwertdiensten zu sprechen. Der Unterschied zwischen privaten und öffentlichen Netzen besteht darin, ob ein Netz durch einen privaten oder durch einen öffentlichen Anbieter zur Verfügung gestellt wird. Öffentliche Netze sind z.B. das ISDN-Netz, das Datex-P- bzw. Datex-L-Netz oder das Telefonnetz. Beispiele für private Netze sind das RINET der Versicherungsbranche, das SWIFT-Netz der Bankenbranche oder das DATEV-Netz. Diese Netze basieren gleichwohl auf der Inanspruchnahme der öffentlichen Netze. Dagegen stellen Btx, Telebox oder Temex Mehrwertdienste des öffentlichen Anbieters Deutsche Bundespost dar. Vgl. dazu o.V. (1989), S. 8.
50   Vgl. Palmer (1988), S. 167, durch Vereinbarungen zwischen nationalen Telefongesellschaften bestehen bei öffentlichen Netzen weltweite Kommunikationsmöglichkeiten.
51   Vgl. dazu Palmer (1988), S. 167-168.
52   Vgl. Parfett (1992), S. 67.
53   Vgl. Palmer (1988), S. 166.

Nachrichten mit zeitlicher Verzögerung[54] an die Empfänger weiterzuleiten. Eine Überwachungsaufgabe kann darin bestehen, daß ein Mehrwertdienst die Fehlerfreiheit der Übertragung von EDI-Nachrichten überwacht und gegebenenfalls bewußte Manipulationsversuche durch Dritte verhindert.

Die Frage, welches Telekommunikationsmedium für eine EDI-Kommunikation geeignet ist, hängt von der Leistungsfähigkeit der Systeme, von den Kosten, die bei der Anwendung entstehen, sowie von den individuellen Bedürfnissen der Anwender ab.[55] Jedes öffentliche oder private Netz und jeder Mehrwertdienst hat sein eigenes Leistungsprofil sowie eine eigene Kostenstruktur.[56] Als Kosten fallen variable Kosten an, die von der Nutzung eines Telekommunikationsmediums abhängen, sowie fixe Kosten wie etwa monatlich feste Grundgebühren. Das Kostenprofil der unterschiedlichen Telekommunikationsmedien ist zum Kommunikationsprofil der Anwendung in Beziehung zu setzen. Darin zeigt sich, welche Datenmengen in welcher Zeit anfallen, so daß man für die verschiedenen Medien eine grobe Kostenabschätzung erhält.[57] Zu den Leistungsmerkmalen eines Telekommunikationsmediums zählt die technische Leistungsfähigkeit eines Netzes (Kapazität), die regionale Verbreitung, die zeitliche Verfügbarkeit, die Flexibilität, die Sicherheit sowie zusätzliche Serviceangebote, die in Anspruch genommen werden können.[58] Das Leistungsprofil muß den Kommunikationsbedürfnissen gegenübergestellt werden, um schließlich durch eine gesamte Kosten-/ Nutzenbetrachtung die richtige Auswahl zu treffen.

Semantische Vereinbarungen zwischen zwei Kommunikationspartnern, die eine hard- und softwareneutrale Weiterverarbeitung übertragener Daten mit einem Minimum an menschlichen Eingriffen ermöglichen sollen, stellen einen dritten notwendigen Baustein für die Realisierung von EDI dar. Dessen Stellenwert für den Ablauf einer EDI-Kommunikationsbeziehung wird im folgenden im Rahmen einer informations- und kommunikationstheoretischen Betrachtungsweise von EDI näher beleuchtet.

2.2 Informations- und kommunikationstheoretische Analyse von EDI und des Stellenwerts von EDI-Regelwerken

Für eine informations- und kommunikationstheoretische Beschreibung einer EDI-Kommunikationsbeziehung und einer damit verbundenen Darstellung des semantischen Regelungsbedarfs ist es zunächst zweckmäßig, Grundtatbestände zu skizzieren, wie sie für jede Form von Kommunikation Gültigkeit besitzen. Dazu wird auf die aus der allgemeinen

---

54 Was beispielsweise bei der Kommunikation von Partnern unterschiedlicher Zeitzonen von Bedeutung sein kann.
55 Einen Überblick über verschiedene Telekommunikationsmedien für EDI bietet Lee (1988).
56 Vgl. dazu z.B. Krembsler (1990), Anner (1990), Wierzewski (1990).
57 Vgl. dazu Krembsler (1990), S. 93-94.
58 Vgl. Krembsler (1990), S. 93.

Sprachtheorie (Semiotik) stammenden Begriffskategorien Syntaktik, Semantik und Pragmatik zurückgegriffen.[59]

2.2.1 Kommunikation im Lichte der Semiotik

Kommunikation bedeutet allgemein eine (Wechsel-)Beziehung zwischen mindestens zwei Objekten oder Kommunikationspartnern.[60] Diese Beziehung wird durch die Übertragung von Reizen und dadurch hervorgerufenen Reaktionen konstituiert.[61] Diesem Reiz-Reaktionsmechanismus entsprechend werden Kommunikationsvorgänge mit unterschiedlichen Begriffen wie Code, Signal, Zeichen, Nachricht oder Information in Verbindung gebracht.[62]

Ausgangspunkt der Beschreibung von Kommunikationsvorgängen sind Zeichen und Regeln, denen diese Zeichen und ihre Benutzer unterworfen sind. Es gibt keine Kommunikation ohne Zeichensysteme und Regeln, wie diese Zeichen zu gebrauchen sind. Übermittelte Zeichen wiederum können bestimmte Reaktionen beim Empfänger auslösen.[63] Kommunikation bedeutet demnach die Übertragung von Zeichen, die mit bestimmten Regeln verknüpft sind und zu Reaktionen des Empfängers der Zeichen führen. Diesem Kommunikationsbegriff entspricht die semiotische Untergliederung eines Kommunikationsvorgangs in eine syntaktische, semantische und pragmatische Ebene.

Diesen Analyseeinheiten eines Kommunikationsvorgangs sind unterschiedliche informations- und kommunikationstheoretische Begriffe zugeordnet. Auf der syntaktischen Ebene sind der Analysegegenstand Zeichen oder Signale.[64] Zeichen oder Signale besitzen selbst keinen Informationscharakter, sie sind lediglich Träger von Informationen. Berücksichtigt man überdies die Zuordnung von Bedeutung zu Zeichen (semantische Ebene), erhält man eine Nachricht.[65] »Nachrichten übertragen demnach durch Zeichen abgebildete Sachverhalte.«[66] Erst auf der pragmatischen Ebene wird eine Nachricht im Zuge ihrer handlungsstiftenden Wirkungsweise zur Information.[67] Abbildung 3 illustriert die skizzierte semiotische Strukturierung eines Kommunikationsprozesses mit EDI.

59 Vgl. dazu Morris (1938), Morris (1973), Carnap (1946), Carnap (1959).
60 Vgl. Watzlawick/Beavin/Jackson (1990), S. 21.
61 Vgl. Cherry (1963), S. 18.
62 Zur genaueren Beschreibung dieser Begriffe vgl. Cherry (1963) S. 15-20.
63 Auch ein passives Verhalten auf einen Kommunikationsvorgang hin kann als Reaktion betrachtet werden. Zum pragmatischen Axiom der »Unmöglichkeit, nicht zu kommunizieren« vgl. Watzlawick/Beavin/Jackson (1990), S. 50-53
64 Die beiden Begriffe werden synonym verwendet, vgl. dazu Cherry (1963), S. 16.
65 Vgl. dazu Picot/Reichwald (1991), S. 252, Cherry (1963), S. 15.; Daten sind ebenfalls auf der semantischen Ebene anzusiedeln. Zum Unterschied zwischen Daten und Nachrichten vgl. Picot/Reichwald (1991), S. 252.
66 Picot/Reichwald (1991), S. 252 (Zitat ohne Hervorhebung).
67 Informationen lassen sich mithin als zweckorientiertes Wissen interpretieren; vgl. Wittmann (1959).

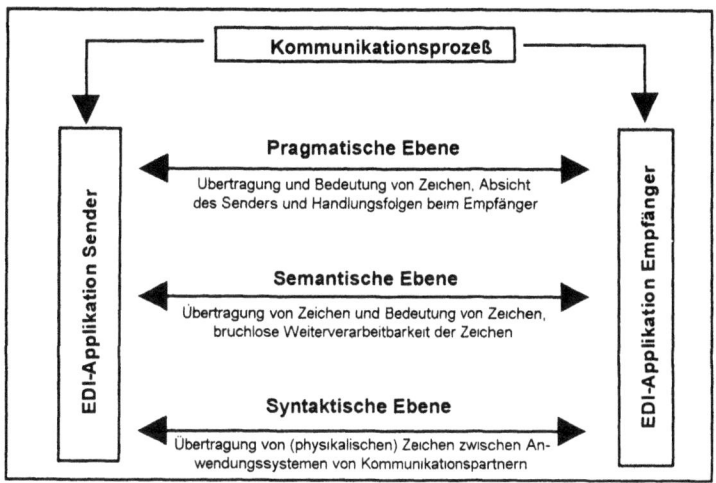

Abb. 3: Analyseebenen der EDI-Kommunikation
(vgl. in Anlehnung an Reichwald (1990), S. 417)

2.2.2 Syntaktische Ebene: Nachrichtentechnische Übermittlung von EDI-Nachrichten

Auf der syntaktischen Ebene werden die Bedingungen der Übermittlung von Zeichen oder Signalen von einem Absender zu einem Empfänger beschrieben.[68] Dazu gehören insbesondere die Wahl geeigneter Übertragungskanäle, die vorhandenen oder notwendigen Übertragungskapazitäten und -geschwindigkeiten, Redundanzprobleme, -erfordernisse und dergleichen mehr.[69] Bei der Analyse von Übertragungskapazitäten und -geschwindigkeiten wird u.a. die übertragungsrelevante Effizienz verwendeter Zeichen oder Zeichensysteme untersucht.

Ein von Shannon und Weaver entwickeltes Modell beschreibt die Elemente eines Kommunikationssystems, die für eine Übertragung von Zeichen notwendig sind.[70] Dieses nachrichtentechnische Kommunikationsmodell zeichnet die Stationen einer Nachricht nach, die diese auf dem Wege der Übertragung vom Sender zum Empfänger durchläuft.

Den Beginn einer Nachrichtenübertragung bildet das Informationssystem des Senders, was bei Shannon/Weaver als Informationsquelle (information source) bezeichnet wird. Dort wird die

---

68 Vgl. z.B. Watzlawick/Beavin/Jackson (1990), S. 22. Die Auffassungen, was genau Gegenstand der syntaktischen Ebene ist, sind zweigeteilt. Die einen Autoren beziehen diese Ebene ausschließlich auf die Bedingungen der Nachrichtenübermittlung, andere hingegen primär auf die grammatikalischen Aspekte von Zeichen und Zeichenfolgen, vgl. z.B. Atkinson/Kilby/Roca (1988). S. 155. Mag (1980), Sp. 1033.
69 Vgl. z.B. Mag (1980).
70 Vgl. Shannon (1948), Shannon/Weaver (1949); vgl. auch Abbildung 4 in Abschnitt 2.2.3.

für eine Übertragung bestimmte Nachricht aus der vorhandenen Datenmenge ausgewählt bzw. nach bestimmten Konstruktionsregeln generiert. Im Falle von EDI geschieht diese Generierung einer Nachricht bereits innerhalb des Computersystems des Senders – sei es durch automatischen Programmablauf, sei es durch manuelle Selektionsmechanismen.[71] »... the source must be able to intentionally select a specific subset of the stored data which has implications for the future actions of the recipient...«[72] Durch die mit einer bestimmten Absicht des Absenders verbundene Selektion von Daten konstituiert sich eine Nachricht (message).[73] Diese wird einer Sendeeinrichtung (transmitter) übergeben, in der die eine Nachricht konstituierenden Zeichen in entsprechende Übertragungssignale umgewandelt (kodiert) werden. Die kodierten Zeichen werden über einen Übertragungskanal schließlich an den Adressaten übermittelt, bei dem sie in einer Empfangsstation (receiver) wiederum dekodiert und schließlich dem Bestimmungsort (destination) zugeführt werden. Dies geschieht im Falle von EDI wiederum durch das Computersystem des Empfängers. Die empfangenen Zeichen führen durch die Zuordnung von Bedeutungsinhalten wiederum zu einer Nachricht.

Einen wichtigen Stellenwert messen Shannon/Weaver der Betrachtung von Übertragungsstörungen (noise source) bei. Sie treten auf, wenn auf dem Übertragungswege durch bestimmte Einflüsse Signale in der Weise gestört, d.h. verändert oder beschnitten werden, daß die empfangenen Signale nicht mehr mit den abgesendeten identisch sind. Es ist offensichtlich, daß solche Übertragungsfehler negative Auswirkungen auf den vom Sender intendierten Bedeutungsinhalt einer Nachricht haben können. Solche Störungen können ihre Ursachen in technischen Bedingungen der Übertragungswege haben[74] oder auch durch willentliche Manipulation durch Dritte entstehen. Shannon und Weaver (1949) schlagen zur Handhabung solcher Übertragungsfehler vor, Redundanzen bei der Signalübermittlung einzubauen. Durch die Übertragung bedeutungsgleicher Signale lassen sich Fehler erkennen und gegebenenfalls wirkungslos machen und damit die Wahrscheinlichkeit verzerrter Bedeutungszuordnungen verringern. Prinzipiell ist eine solche Redundanzbildung zur Vermeidung bzw. Verringerung von Übertragungsfehlern auch bei EDI-Nachrichten möglich. Wirtschaftliche Argumente sprechen aber u.U. gegen diese Form der Fehlerhandhabung. Denn Redundanzen bedeuten eine Erhöhung der zu übertragenden Datenmenge. Bei volumenreicher EDI-Kommunikation wür-

---

71 Die Modellierung dieser Bedingung ist Gegenstand der semantischen Betrachtung von EDI. Sie ist nicht mehr Gegenstand des nachrichtentechnischen Kommunikationsmodells. Anstelle einer automatischen Generierung einer EDI-Nachricht im Anwendungssystem des Absenders kann auch eine manuelle Eingabe der Nachricht stattfinden. Jedoch ist ein solcher Medienbruch für eine EDI-Kommunikation untypisch.

72 Pfeiffer (1992). S 20-21.

73 D.h., die selektierten Daten gewinnen eine bestimmte intendierte Bedeutung.

74 Vgl. dazu Hansen (1987). S. 635.

den damit u.U. den durch EDI realisierbaren Kostenvorteilen erhöhte Übertragungsgebühren gegenüberstehen.[75]

2.2.3 Semantische Ebene: Bedingungen der Weiterverarbeitbarkeit von EDI-Nachrichten

Ein Kommunikationsvorgang bleibt unvollständig, wenn lediglich Zeichen bzw. Signale zwischen einem Sender und einem Empfänger übertragen werden. Kommunikation erfordert als weitere Bedingung eine Zuordnung von Bedeutungsinhalten (Designata) zu den übertragenen Zeichen. Da der Sinn einer Kommunikation darin besteht, daß der Sender einem Empfänger etwas mitteilen, also eine Nachricht vermitteln möchte, muß der Empfänger in der Lage sein, den empfangenen Zeichen die vom Sender gewünschten Designata zuordnen zu können. Durch ein solches semantisches Übereinkommen zwischen zwei Kommunikationspartnern entsteht aus einer übertragenen Zeichenfolge eine Nachricht.[76]

Die semantische Ebene befaßt sich mit den verwendeten Zeichen und der Bedeutung, die diesen zugeordnet wird. Ihr Gegenstand ist mithin die Beziehung zwischen einem Zeichen oder einer Zeichenfolge und den dazugehörigen Designata[77], d.h. den Gegenständen, Ereignissen oder Zuständen, die dem Zeichen eine bestimmte Bedeutung verleihen.[78] »Während es durchaus möglich ist, Symbolserien mit syntaktischer Genauigkeit zu übermitteln, so würden sie doch sinnlos bleiben, wenn Sender und Empfänger sich nicht im voraus über ihre Bedeutung geeinigt hätten.«[79] Denn für den Erfolg einer Kommunikation reicht es nicht aus, daß die Übermittlung fehlerfrei abläuft, sondern es müssen Sender und Empfänger überdies den Zeichen eine identische Bedeutung zuordnen. Ein sehr wichtiger Gegenstand semantischer Überlegungen ist deshalb die Entwicklung gemeinsamer Zeichenvorräte und einheitlicher Zuordnungen von Designata.

Wenn menschliche Akteure z.B. verbal kommunizieren, setzt das Verstehen der übermittelten Zeichen voraus, daß beide Partner sich auf eine gemeinsame Sprache geeinigt haben. Das heißt, beide Kommunikationspartner verwenden einen gemeinsamen Code zur Interpretation

---

75   Die Gestaltung der Länge von Datenfelder von EDI-Standards selbst hat bereits Auswirkungen auf die Höhe der Übertragungsmenge und damit auf Übertragungsgebühren. So besitzt etwa das EDI-Regelwerk des VDA im Gegensatz zum EDIFACT-Regelwerk feste Satzlängen, was zu einer vergleichsweise geringeren Menge zu übertragender Daten und damit zu geringeren Übertragungsgebühren führt. Eine andere, praktikablere Möglichkeit, Übertragungsfehler zu erkennen, besteht darin, bestimmte Techniken zur Entdeckung von Übertragungsfehlern einzusetzen. So kann man beispielsweise durch den Einsatz von Plausibilitätsprüfungen das Überschreiten von vorgegebenen Toleranzgrenzen als Hinweis für einen möglicherweise fehlerhaften Nachrichtengehalt verwenden. Darüberhinaus gibt es verschiedene Formen der Nachrichtenverschlüsselung sowie der Bildung von Kontrollsummen, mit denen man Veränderungen von übertragenen Zeichenfolgen aufspüren kann, vgl. dazu z.B. Ruland (1990).

76   Vgl. etwa Picot/Reichwald (1991), S. 252.

77   Vgl. z.B. Cherry (1963), S. 258.

78   Vgl. Picot/Reichwald (1991), S. 252.

79   Watzlawick/Beavin/Jackson (1990), S. 22.

übertragener Signale.[80] Kontextabhängige, lebensweltlich oder kognitiv begründete Vielfalt einer menschlichen Sprache führt dazu, daß zwei Kommunikationspartner zwar nie über einen identischen Zeichenvorrat mit übereinstimmenden Bedeutungszuordnungen sowie einen deckungsgleichen Code verfügen.[81] Ein Kommunikationsvorgang ist aber insoweit zumindest begrenzt erfolgreich, als zwei Kommunikationspartner wenigstens eine kleine gemeinsame Teilmenge an Zeichen, Regeln und Bedeutungszuordnungen verwenden und übertragene Signale identisch (de-)kodieren. Ein Kommunikationsvorgang benötigt den ersten Sachverhalt als notwendige, letzteren als hinreichende Bedingung.[82] Die notwendige Bedingung kann mengentheoretisch folgendermaßen beschrieben werden:

$$N \subseteq (N_A \cap N_B) \qquad 83$$

Die hinreichende Bedingung lautet:

$$C_A(N) = C_B(N) \qquad 84$$

Diese Bedingungen regeln die Kommunikation zwischen zwei menschlichen Akteuren, unabhängig vom verwendeten Übertragungsmedium. Dies gilt auch für eine Kommunikation mit Hilfe von Electronic Mail. Die Übertragung von Zeichen findet auf elektronischem Wege zwischen zwei Computern statt, die Interpretation der Zeichen, also die Wahrnehmung der Nachricht und deren Weiterverwendung hingegen durch einen menschlichen Aktor.

Im Unterschied dazu geschieht die Interpretation der Zeichen und die Weiterverarbeitung einer Nachricht bei EDI nicht mehr notwendigerweise durch einen menschlichen Aktor, sondern unmittelbar durch das Anwendungssystem des Empfängers, das allerdings von Menschen zweckorientiert konstruiert wurde. Die eben beschriebenen semantischen Bedingungen einer Kommunikation besitzen aber auch hier ihre Gültigkeit. Im Gegensatz jedoch zu menschlicher Interpretation von Zeichen läßt eine maschinelle Weiterverarbeitung keinen interpretativen Spielraum zu. Das heißt, es bestehen keine Möglichkeiten – wie bei zwischenmenschlicher Kommunikation – die bei nicht exakter Übereinstimmung von N_A und N_B bzw. C_A und C_B auftretenden Defizite etwa durch konkludentes Verhalten auszugleichen. Deshalb erfordert EDI eine exakte Erfüllung der oben erwähnten semantischen Bedingungen einer

---

80   Das Deutsche Institut für Normung definiert Code wie folgt (DIN 44300): »Code: 1. Eine Vorschrift für die eindeutige Zuordnung (Codierung) der Zeichen eines Zeichenvorrats zu denjenigen eines anderen Zeichenvorrats (Bildmenge). 2. Der bei der Codierung als Bildmenge auftretende Zeichenvorrat.« In einem Code sind demnach sowohl die Bedeutungsaspekte von Zeichen als auch Konstruktionsvorschriften (Regeln/Grammatik) enthalten.

81   Auf die Eigenheiten menschlicher Kommunikation soll hier nicht näher eingegangen werden, vgl. dazu insbesondere Watzlawick/Beavin/Jackson (1990).

82   Vgl. dazu Pfeiffer (1992), S. 24-25.

83   N: die zu kommunizierende Nachricht. N_A bzw. N_B: Menge der einem Kommunikationspartner A bzw. B zur Verfügung stehenden Nachrichten.

84   C_A bzw. C_B: von A bzw. B verwendeter Code für die Zuordnung von Bedeutung zu N_A bzw. N_B.

Kommunikation, d.h. N_A und N_B bzw. C_A und C_B müssen identisch sein. Andernfalls scheitert der Kommunikationsvorgang im Sinne von EDI auf der semantischen Ebene.[85]

Eine automatische Weiterverarbeitbarkeit von EDI-Nachrichten durch das Computersystem des Empfängers hängt davon ab, daß den übertragenen Zeichen auf der Basis eines Codes, den beide Kommunikationspartner gemeinsam verwenden, eine identische Bedeutung zugeordnet wird. Bei dieser Bedeutungszuordnung lassen sich mehrere Ebenen unterscheiden. Ein Interpretationscode besteht im allgemeinen aus den drei hierarchischen Ebenen Zeichen, Wörtern und Sätzen.[86] Die unterste Ebene bezieht sich auf einzelne Zeichen als grundlegende Elemente zur Darstellung von Nachrichten. Beispielsweise lassen sich auf dieser Ebene den Zeichen des sogenannten ASCII-Codes Zeichen des EBCDI-Codes zuordnen.[87] Ein anderes Beispiel ist die Zuordnung von Morsezeichen zu den einzelnen Zeichen des Buchstabenalphabets. Aber auch geometrische Zeichen (z.b. Linien, Kreise) zur Beschreibung von Produktdaten oder Formatierungszeichen zur Gestaltung von offenen Textdokumenten gehören zu dieser Ebene.

Einzelne Zeichen reichen im allgemeinen aber nicht aus, um umfangreichere Informationen zu transportieren. Auf einer nächsten Ebene ist demnach die Bedeutungszuordnung zu einer Mehrzahl von Zeichen – einer Zeichenkette (»string«) oder einem Wort – durchzuführen. Somit erhält etwa die Zeichenkette »XY GmbH« einen entsprechenden semantischen Gehalt. Zeichenketten repräsentieren dann eine Nachricht, wenn sie einen Bezug zu konkreten Objekten besitzen.

Auf einer dritten Ebene läßt sich wiederum eine Mehrzahl von Wörtern zu Sätzen zusammenfassen, mit denen aufgrund bestimmter Konstruktionsregeln (Grammatik) komplexere Nachrichten gebildet werden können.[88] Im Kontext eines solchen Satzes ließe sich möglicherweise das Wort »XY GmbH« als Besteller einer bestimmten Ware identifizieren. Zu dieser Ebene gehören die semantischen Vereinbarungen zur Gestaltung transaktionsbegleitender Nachrichten.Diese Identitätsbedingung läßt sich anhand der Darstellung eines gängigen Schemas der betrieblichen Datenverwaltung veranschaulichen.[89] Eine allgemeine und in Literatur und Praxis weitgehend akzeptierte Modellierung einer Datenverwaltung zeigt einen dreistufigen Aufbau eines Datenbanksystems.[90] Abbildung 4 illustriert diesen Aufbau und veranschaulicht dabei gleichzeitig den idealtypischen Weg einer EDI-Nachricht von ihrer Generierung im Anwendungssystem des Senders bis hin zur Weiterverarbeitung im Anwendungssystem des Empfängers.

---

85 Auf Möglichkeiten zur »Aufweichung« dieser strengen Identitätsvorschrift etwa mit Hilfe künstlicher Intelligenz soll hier nicht eingegangen werden.
86 Vgl. Pfeiffer (1992), S. 26.
87 Zu diesen Codes vgl. Stahlknecht (1991), S. 16-17.
88 Bei EDI-Nachrichten ist eine weitere Ebene üblich, bei der einzelne Sätze zu Segmenten zusammengefaßt werden; vgl. dazu Abschnitt 2.4.1.
89 Vgl. im folgenden Mertens/Bodendorf/König/ Picot/ Schumann (1991), S. 60-62; Stahlknecht (1991), S. 192-214.

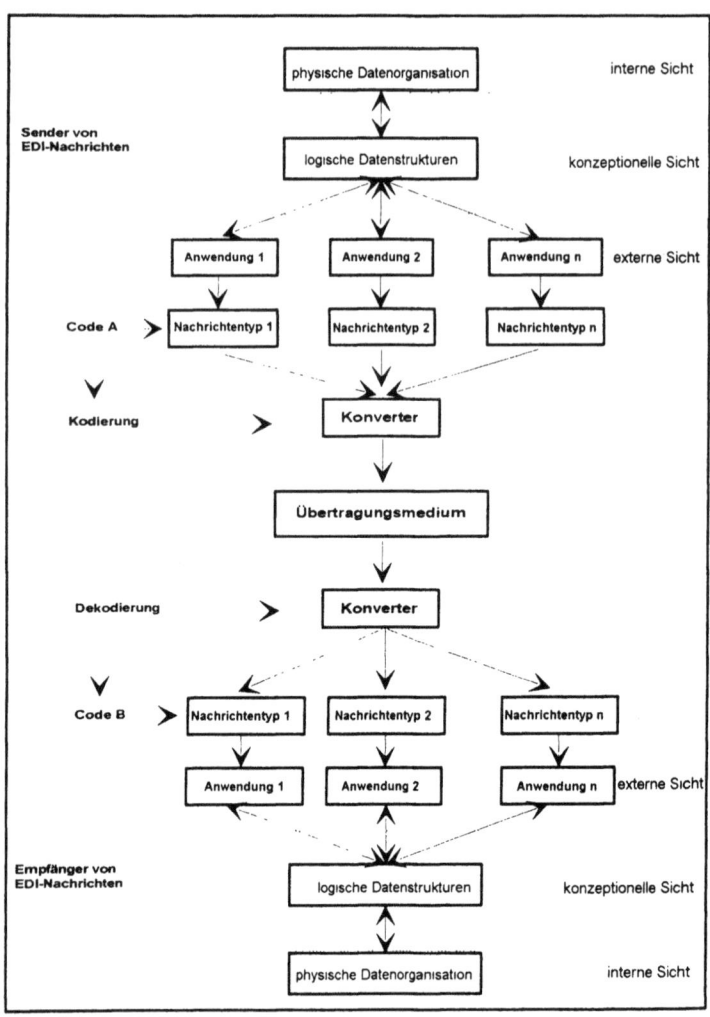

Abb.4: Semantisches Modell einer EDI-Kommunikationsbeziehung
(vgl. in Anlehnung an Pfeiffer (1992), S. 32)

Diese Nachricht ist insofern idealtypisch, als die Inhalte einer Nachricht nicht notwendigerweise aus einer Datenbank generiert werden müssen, sondern auch lediglich in

---

90 Diese dreistufige Modellierung stammt von der ANSI-Fachgruppe für Datenbankmanagementsysteme; vgl. Stahlknecht (1991), S. 192 und S. 214-221, Hansen (1987), S. 506-510.

26

Form einer Datei vorliegen können. Für Produktdaten und vor allem für offene Textdokumente dürfte dies sogar der Regelfall sein.In diesem Modell wird eine externe, eine konzeptionelle und eine interne Datensicht unterschieden. Diese drei Ebenen beinhalten einen jeweils unterschiedlichen Abstraktionsgrad bei der Beschreibung von Daten und Datenbeziehungen. Den Ausgangspunkt der Betrachtung bilden zunächst die unterschiedlichen, von praktischen Anwendungsfällen bestimmten Bedürfnisse von Benutzern. Auf dieser externen Ebene erfolgt die Beschreibung benötigter Daten und ihrer Beziehungen aus der Sicht der Anwender. Da für einzelne Anwendungen ganz bestimmte handlungsrelevante Daten aus der Gesamtmenge eines betrieblichen Datenbestandes notwendig sind, spricht man bei dieser externen Modellierung von einem Subschema bzw. von verschiedenen Subschemata. Ein denkbares Subschema etwa beinhaltet die für eine Rechnungsstellung notwendigen Kunden- und Lieferdaten sowie deren Verbindung mit unterschiedlichen Zahlungsbedingungen. Der Endbenutzer benötigt geeignete Zugriffsmöglichkeiten auf die Daten einer Datenbank. Dazu erfolgt auf der konzeptionellen Ebene eine logische Gesamtbeschreibung aller Daten und deren Beziehungen, die in einer Datenbank gespeichert sind. Wie die Daten schließlich konkret gespeichert werden, und wie die Organisation der physischen Repräsentanz der Daten gestaltet wird (Strukturierung in Datenfelder und -sätze, Gestaltung der Zugriffspfade u.ä.), ist Gegenstand der internen Ebene.

Die konzeptionelle Ebene schlägt die Brücke zwischen den Bedürfnissen von Anwendern und den Bedingungen der Datenspeicherung und -verwaltung. Diese Ebene enthält die daten-bezogene Modellierung konkreter Anwendungsfälle, zu deren Bearbeitung ein Unternehmen Daten speichert. Dazu werden alle relevanten Objekte und deren Beziehungen zueinander erfaßt und in einem semantischen Datenmodell dargestellt.[91] Das semantische Datenmodell

»...essentially bridges the semantic gap between the data stored in the data-base and the entities and relationships in the users' perception of the relevant environment. Thus ... a DD (»data dictionary« i.S. eines semantischen Datenmodells; Anm.d.Verf.) contains the code which enables users to communicate with the database.«[92]

Eine ohne zusätzliche Anpassungserfordernisse weiterverarbeitbare EDI-Nachricht setzt voraus, daß das semantische Datenmodell des Senders, auf dessen Basis eine Nachricht – als eine Teilmenge daraus – generiert wurde, eine vollständige Entsprechung im semantischen Datenmodell des Empfängersystems besitzt. Das heißt nicht, daß die semantischen

---

91 Vgl. Stahlknecht (1991), S. 196. Die weiteren Schritte auf dieser Ebene, wie Umsetzung des
    semantischen Datenmodells in ein logisches Datenbankmodell, sowie die Beschreibung der Objekte mit
    Hilfe einer Datenbanksprache werden hier nicht vertieft, vgl. dazu Stahlknecht (1991), S. 196-214. Das
    hier erwähnte semantische Datenmodell entspricht dem von Pfeiffer (1992) beschriebenen Data
    Dictionary, das von diesem Autor jedoch selbst als Datenbank interpretiert wird. Sofern sich die
    Datenmodellierung auf alle relevanten Bereiche eines Unternehmens bezieht, spricht man auch von
    einem Unternehmensdatenmodell; vgl. dazu Scheer (1991).
92 Pfeiffer (1992), S. 30-31. (Zitat ohne Fußnote).

Datenmodelle der beiden Kommunikationspartner identisch sein müssen. Es bedeutet nur, daß eine zu kommunizierende EDI-Nachricht Bestandteil beider Datenmodelle sein muß.

Mengentheoretisch ausgedrückt bedeutet das, daß eine EDI-Nachricht (N_t) in der Schnittmenge der jeweiligen Nachrichtenmengen der beiden Kommunikationspartner enthalten sein muß $(N_t \subseteq (N_A \cap N_B))$.[93] Damit ist gewährleistet, daß bei einem Rechnungsdatenaustausch keine Datenelemente kommuniziert werden, die der Empfänger in seinen Anwendungsprogrammen nicht interpretieren kann. Die Übermittlung etwa einer Nachrichtenposition 'Zahlungsbedingung' ist sinnlos, wenn eine entsprechende Nachrichtenposition im Empfängersystem fehlt.

Die dargestellten Übereinstimmungsefordernisse zwischen Sender und Empfänger einer EDI-Nachricht sind aufgrund unterschiedlicher Informationsbedürfnisse und individueller Informationsstrukturen in aller Regel nicht erfüllt. Divergierende betriebliche Informationsbedürfnisse, informationelle Besonderheiten unterschiedlicher Branchen oder Länder führen zu einer Vielfalt unterschiedlicher Datenbestände in der wirtschaftlichen Welt.

Das bedeutet im Extremfall, daß zwei Datenbanken von Kommunikationspartnern keine gemeinsamen Nachrichtenbausteine besitzen. In einem solchen Falle könnten überhaupt keine Nachrichten automatisch weiterverarbeitet werden.[94] Im Regelfall dürften Anpassungen der jeweiligen Datenbanken von Kommunikationspartnern erforderlich sein, um EDI-Nachrichten (transaktionsbegleitende Daten) ohne menschliche Eingriffe weiterverarbeiten zu können.

Darüber hinaus muß bei allen Formen von EDI-Kommunikationsinhalten die Bedingung $C_A(N_t) = C_B(N_t)$ erfüllt sein, d.h., daß den übertragenen Zeichen oder Zeichenfolgen eine identische Bedeutung beigemessen wird. Die Aufgabe der semantischen Regelungen eines EDI-Regelwerkes besteht nun darin, diese Übereinstimmung zu bewirken. Im Prinzip enthalten diese Vorschriften genau festgelegte Kodierungs- bzw. Dekodierungsvorschriften. Dafür gibt es prinzipiell drei Möglichkeiten:[95]

– Der Code des Kommunikationspartners A wird an den von B angepaßt (formal: $C_{A'}(N_t) = C_B(N_t)$),

– Der Code des Kommunikationspartners B wird an den von A angepaßt (formal: $C_{B'}(N_t) = C_A(N_t)$) oder

– beide Kommunikationspartner einigen sich auf einen neutralen Code (formal: $C_{A'}(N_t) = C_{B'}(N_t) = C_C(N_t)$).

---

93 Vgl. Pfeiffer (1992), S. 34.
94 Je »verwandter« die Informations- und Kommunikationsbedürfnisse zweier Kommunikationspartner sind, desto mehr gemeinsame Nachrichtenbausteine dürften vorhanden sein.

Für die Entwicklung von EDI-Regelwerken sind prinzipiell alle drei Formen geeignet. In den Fällen, in denen Standardisierungsgremien den Entwurf von EDI-Regelwerken ausführen, dürfte die Entwicklung einer »neutralen Codierung« dominieren. Bei unternehmens- und konzerninternen Entwürfen oder bei Entwürfen, die von dominierenden Kommunikationspartnern durchgesetzt werden, dürfte hingegen eine der ersten beiden Gestaltungsformen vorherrschen.

2.2.4 Pragmatische Ebene: Handlungsfolgen von EDI-Nachrichten

Zu einer Kommunikation gehört schließlich die Reaktionsweise des Empfängers auf übermittelte Informationen. Dieser Sachverhalt ist Gegenstand der pragmatischen Analyse einer Kommunikation. Darin wird untersucht, welche Handlungsweisen beim Empfänger durch übermittelte Nachrichten ausgelöst oder gerade nicht ausgelöst werden. Analysegegenstand ist damit auch die Beziehung zwischen den Absichten des Senders und den tatsächlichen Reaktionsweisen des Empfängers.

Die pragmatische Ebene umfaßt die Wirkungen einer Nachricht auf den Empfänger. Durch die zusätzliche Berücksichtigung der Handlungsfolgen übermittelter Zeichen wird eine Nachricht zur Information. Die pragmatische Ebene von EDI untersucht demnach, welche typischen Handlungsformen die durch diese Form der Kommunikation übermittelten Informationen verursachen können und welche möglichen Auswirkungen auf die Kommunikationsbeziehung damit verbunden sein können.

Watzlawick/Beavin/Jackson (1990) haben sich mit den pragmatischen Wirkungen zwischenmenschlicher Kommunikation beschäftigt und deren Bedingungen axiomatisch beschrieben.[96] Diese psychologisch motivierten Überlegungen zur zwischenmenschlichen Kommunikation müssen jedoch hinsichtlich einer EDI-Kommunikation differenziert betrachtet werden. Eine vollständige Weiterverarbeitung von EDI-Nachrichten durch Anwendungsprogramme des Empfängers schließt zunächst einen menschlichen Zugriff auf die Nachrichten und deren Interpretation aus. Die Interpretation der Nachrichten sowie die zweckorientierte Auslösung entsprechender Handlungsfolgen geschieht durch das automatische Datenverarbeitungssystem des Empfängers selbst.[97] Menschliche Einflußnahme reduziert sich damit auf die Gestaltung des Datenverarbeitungssystems, insbesondere auf die Gestaltung der Anwendungsprogramme sowie auf Steuerungs- und Überwachungsaufgaben. Verantwortlich für mögliche Handlungsfolgen von EDI-Nachrichten in einem rechtlichen Sinne bleibt aber dennoch ein menschlicher Akteur. Die unmittelbare Beurteilung jeder einzelnen Handlungsfolge entzieht sich jedoch seinem Einflußbereich.

Ein Beispiel für mögliche Handlungsfolgen einer EDI-Nachricht mag diesen Sachverhalt verdeutlichen. Ein Unternehmen A übermittelt via EDI eine Bestellung einer Ware bestimmter

---

95   Vgl. dazu Pfeiffer (1992), S. 34.
96   Vgl. Watzlawick/Beavin/Jackson (1990), S. 50-71.
97   Diese Überlegungen treffen nur auf transaktionsbegleitende EDI-Nachrichten zu.

Qualität und Menge an seinen Zulieferer, dem Unternehmen B. Beim Empfänger wird die Nachricht empfangen, als Bestellung von Kunde A interpretiert und in der Datenbank abgelegt. Die EDI-Nachricht kann nun zu handlungsstiftenden Informationen für verschiedene betriebliche Funktionsbereiche werden. Aufgrund des geänderten Datenstandes hat der Produktionsbereich die Bestellung in seine Produktionsablaufplanung zu integrieren, der Beschaffungsbereich wird durch Bestellungen seinerseits die dafür notwendigen stofflichen Ressourcen bereitstellen, der Warenausgang wird entsprechende Transportdispositionen treffen, etc.[98] Die Handlungsfolgen müssen sich demnach nicht nur auf betriebsinterne Prozesse erstrecken, sondern können sich wiederum auf weitere Geschäftspartner fortpflanzen. Eine EDI-Nachricht kann damit sich netzwerkartig ausbreitende Handlungsfolgen initiieren. Treten Fehler bei der Übertragung oder der Interpretation einer EDI-Nachricht auf ,und werden diese nicht erkannt und behoben, so ist leicht vorstellbar, daß diese möglicherweise eine ganze Reihe nicht beabsichtigter Handlungsfolgen bewirken können. Eine willentlich oder auch unwillentlich veränderte und nicht durch Plausibiltätsprüfungen korrigierte Bestellmenge beispielsweise von 1000 statt 100 Autositzen führt zwangsläufig zu nicht intendierten Handlungsfolgen beim Empfänger der Nachricht, die sich etwa auf die eigenen Bestellvorgänge auswirken können.

Auf der pragmatischen Ebene können schließlich auch semantisch richtig interpretierte Nachrichten aufgrund von Fehlern der Verarbeitungsprogramme im Zuge der Weiterverarbeitung zu solchen Handlungsfolgen führen, die von der Intention der gesendeten Nachricht abweichen. Auf der pragmatischen Ebene der EDI-Kommunikation ist daher auch die Anpassung rechtlicher Rahmenbedingungen an die besonderen Kommunikationsbedingungen von EDI anzusiedeln.[99]

2.3 Vom EDI-Regelwerk zum EDI-Standard

Übertragungstechnische sowie zusätzliche für eine EDI-Kommunikation erforderliche semantische Vereinbarungen zwischen zwei Kommunikationspartnern ermöglichen eine bruchlose Übertragung sowie eine hard- und softwareneutrale Weiterverarbeitung von Daten mit einem Minimum an menschlichen Eingriffen. Mit Hilfe entsprechender Vereinbarungen wird somit Kompatibilität zwischen zwei Anwendungssystemen ermöglicht, die in bezug auf ihre Hard- und Softwareausstattung inkompatibel sind. Solche Vereinbarungen werden im Sprachgebrauch dieser Arbeit als EDI-Regelwerke bezeichnet. Sie ermöglichen eine weitgehende Integration von Geschäftsprozessen zweier Kommunikationspartner.

Eine über diese Betrachtungsweise hinausgehende Problemstellung ergibt sich, wenn man danach fragt, ob sich eine Mehrzahl von Kommunikationspartnern auf die Anwendung eines gemeinsamen EDI-Regelwerkes einigt oder in Kommunikationsbeziehungen jeweils indivi-

---

98 Unterstellt sei bei diesem Bespiel, daß beim Kunden B eine umfassende Datenintegration etwa im Rahmen einer CIM-Konzeption existiert.
99 Vgl. dazu z.B. Clemens (1985), Fangmann (1988), Kohl (1988), Büchner (1990), Krähn (1993).

duelle Regelwerke angewendet werden. Diese Betrachtungsweise führt zum Begriff des EDI-Standards.

2.3.1 Bedeutung von EDI-Regelwerken: Integration von Geschäftsprozessen durch Schnittstellen-Kompatibilität

Kompatibilität ist eine technische Eigenschaft von Systemkomponenten.[100] Danach bedeutet Kompatibilität, einen Zustand, der es ermöglicht, daß zwei Produkte »... somehow go together«[101]. Dieses »Zusammenwirken« besagt, daß zwei Produkte – oder allgemein ausgedrückt – zwei Systemelemente in der Weise miteinander verbunden werden können, daß dadurch ein neues System mit einer ganz bestimmten Funktionserfüllung entsteht.[102] Die Verbindung zweier Subsysteme geschieht über Schnittstellen. Nach dieser Auffassung können etwa Soft- und Hardware, Photogehäuse und Objektiv oder Füllfederhalter und Patrone kompatibel sein. Kompatibilität bezieht sich aber nicht nur auf physisch-strukturelle Kopplungen von Systemelementen, wie dies in den aufgeführten Beispielen der Fall ist, sondern auch auf solche Systeme, bei denen über Schnittstellen Stoffe, Energie oder Informationen zwischen Systemelementen ausgetauscht werden.[103] Kompatibilität muß demnach auch z.B. bei Transportvorgängen (etwa die Weitergabe von Fertigungsbauteilen in einer automatischen Fertigungsstraße) oder bei der Kommunikation zwischen zwei Computersystemen wie etwa bei EDI gegeben sein. Eine derartige Kopplung »... liegt vor, wenn Outputs des einen Elements zu Inputs des anderen werden.«[104]

Die Schaffung von Kompatibilität zwischen den Anwendungssystemen zweier EDI-Kommunikationspartner erfordert eine bewußte Gestaltung unterschiedlicher Typen von Schnittstellen. Das Ergebnis einer solchen Gestaltung nennt Kleinaltenkamp eine »Schnittstellen-Spezifikation«.[105] Sie ermöglicht die Integration von Systemkomponenten.[106] Kleinaltenkamp unterscheidet dabei drei Ebenen der Integration: eine physikalische Ebene (physical system integration), eine Anwendungsebene (application integration) sowie eine Geschäftsebene (business integration).[107]

Diese Ebenen einer Schnittstellengestaltung zwischen Kommunikationspartnern und die entsprechende Realisierung von Kompatibilität durch Schnittstellen-Spezifikationen entspre-

---

100 Vgl. Pfeiffer (1989), S. 17; zum Kompatibilitätsbegriff vgl. auch Knieps/Müller/v. Weizsäcker (1981), S. 92-94, Sirbu/Stewart (1985),S. 2.
101 Landis Gabel (1991), S. 1.
102 Vgl. Pfeiffer (1989), S. 11; vgl. auch Kleinaltenkamp (1993), S. 20.
103 Vgl. Kirsch (1978), S. 3.
104 Kirsch (1978), S. 3.
105 Vgl. Kleinaltenkamp (1993), S. 16.
106 Vgl. Kleinaltenkamp (1993), S. 15.
107 Vgl. dazu Kleinaltenkamp (1993), S. 10-13 und die dort angegebene Literatur.

chen dem von der International Standardization Organization (ISO) entwickelten ISO/OSI-Referenzmodell (vgl. Abbildung 5).[108]

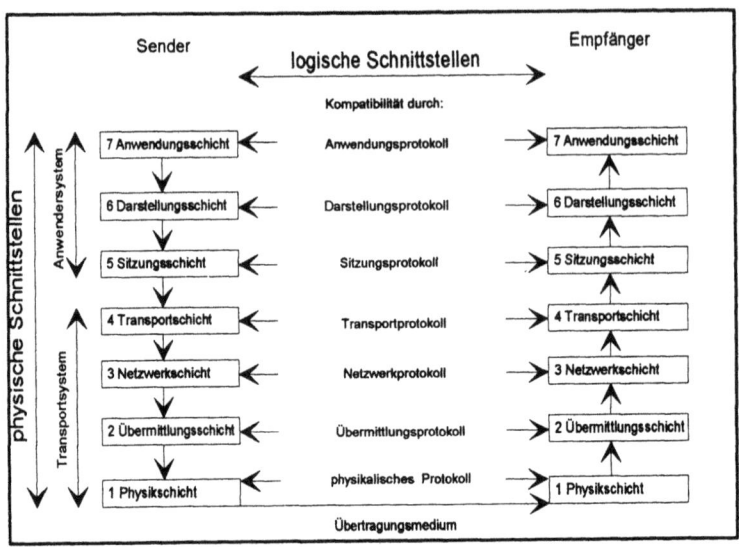

Abb.5: ISO/OSI-Referenzmodell

In diesem Modell wird das Problem der Datenkommunikation in Teilprobleme zerlegt, die in sieben hierarchisch strukturierten Schichten beschrieben werden. Das Gestaltungsprinzip der Schichtung besteht darin, daß die Schnittstellen zwischen zwei benachbarten Schichten so spezifiziert werden, daß ein Schichtübergang möglich ist. Aufgrund der hierarchischen Anordnung der Schichten kann jede Schicht die Leistungen der darunter liegenden Schichten nutzen, ohne auf deren Realisierung Bezug nehmen zu müssen. Im Gegensatz zu diesem physischen Weg der Datenübertragung kommuniziert in logischer Hinsicht jede einzelne Schicht eines Senders mit der gleichen Schicht des Empfängers auf der Basis von kompatibilitätsstiftenden Schnittstellen-Spezifikationen (Protokollen).

Zwar sind geeignete Schnittstellen-Spezifikationen auf den Schichten eins bis fünf auch für eine EDI-Kommunikation notwendig. Diese Schichten weisen jedoch keine EDI-spezifischen Probleme der Schnittstellengestaltung auf. Diese bestehen erst auf der Darstellungsschicht (presentation layer). Diese Schicht beinhaltet die für eine größtmögliche maschinelle Weiterverarbeitbarkeit von Nachrichten notwendigen Vereinbarungen über Formatierung und Kodierung von Texten und Daten. So wird dort etwa die Umwandlung unterschiedlicher

---

108 Vgl. dazu und im folgenden Tanenbaum (1989),S. 18 ff.; Darstellungen des ISO/OSI-Referenzmodells finden sich aber auch in nahezu allen Werken über Grundlagen der Wirtschaftsinformatik.

32

Codes zur Darstellung von Zeichen geregelt. Damit beinhaltet diese Schicht die erste notwendige semantische Bedingung für eine hard- und softwareneutrale Weiterverarbeitung von Nachrichten.

Die Anwendungsschicht regelt darüber hinaus weitere Bedingungen, die die maschinelle Weiterverarbeitbarkeit empfangener Daten steuern. Dazu gehören etwa neben einheitlichen Editorfunktionen auch die spezifischen Bedingungen für einen File-Transfer und Datenbankanwendungen. »Different file systems have different file naming conventions, different ways of representing text lines, and so on.«[109] Die Abstimmung der zu verwendenden Nachrichtenbausteine und die daraus resultierenden Implikationen für die Gestaltung von Datenbanken sind ebenfalls der Anwendungsschicht zuzuordnen.

Wegen dieser Abstimmungsanforderung wird EDI bisweilen – ungeachtet der notwendigen Bedingungen auf der Darstellungsschicht – auf einer Anwendungsschicht 7b oder sogar auf einer zusätzlichen achten Schicht verortet.[110] Eine Differenzierung der siebten Schicht mag aus Abgrenzungsgründen sinnvoll sein. Die Einführung einer achten Schicht erscheint dazu jedoch nicht notwendig.

Festzuhalten bleibt, daß die für eine EDI-Kommunikation typischen Schnittstellenprobleme auf der Darstellungs- und insbesondere auf der Anwendungsschicht liegen. EDI-Kommunikation zwischen zwei Partnern wird demnach durch (zusätzliche) Kompatibilität auf diesen Schichten des ISO/OSI-Referenzmodells ermöglicht. Die Realisierung dieser Kompatibilität und einer damit verbundenen Integration von Geschäftsprozessen erfordert den Entwurf entsprechender Schnittstellen-Spezifikationen, die in ihrer Gesamtheit als ein EDI-Regelwerk bezeichnet werden. Die Bedeutung einer damit bewirkten Integration von Geschäftsprozessen zeigt sich in verschiedener Hinsicht. Damit ergeben sich zum einen Kosten- und Zeitvorteile, da erneute Eingaben von Daten in das Anwendungssystem des Empfängers entfallen und rasche Weiterverarbeitungsmöglichkeiten bestehen. Zum anderen lassen sich damit u.U. verschiedene strategische Nutzenwirkungen erzielen.[111]

2.3.2 EDI-Standards: EDI-Regelwerke mit Netzeffektnutzen

Wenn ein EDI-Anwender eine Mehrzahl von Kommunikationsbeziehungen mit anderen Akteuren unterhält, führen jeweils bilateral vereinbarte EDI-Regelwerke zu einem höheren Entwurfs- und Abwicklungsaufwand, als wenn stattdessen dasselbe EDI-Regelwerk von einer Vielzahl von Kommunikationspartnern eingesetzt wird. Abbildung 6 illustriert diesen Sachverhalt für vier EDI-Anwender.

---

109 Tanenbaum (1989), S. 19.
110 Christiann (1990), S. 9.
111 Eine detaillierte Analyse der verschiedenen Nutzenwirkungen findet sich in Kapitel 3 dieser Arbeit.

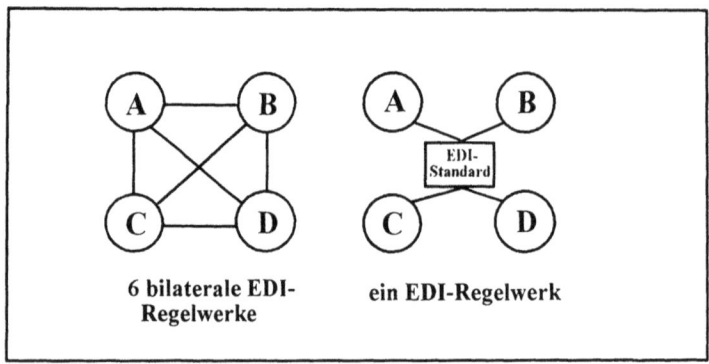

6 bilaterale EDI-   ein EDI-Regelwerk
Regelwerke

Abb.6:   Bilateral vereinbarte EDI-Regelwerke und EDI-Standard

Für jede einzelne Kommunikationsbeziehung müßte jeweils eigens ein EDI-Regelwerk
entworfen bzw. ein bestehendes individuell angepaßt werden (Gesamtzahl: sechs Regelwerke).
Die Abwicklung erfordert für jeden EDI-Anwender, daß er für jede Kommunikationsbeziehung
einen eigenen Konverter einsetzen muß (drei pro EDI-Anwender, Gesamtzahl: 12).[112] Im
Gegensatz dazu erfordert die gemeinsame Anwendung desselben Regelwerkes insgesamt nur
mehr einen einzigen Entwurf. Jeder einzelne EDI-Anwender benötigt nur noch einen einzigen
Konverter (Gesamtzahl: vier).[113]

An diese Überlegungen schließen sich zwei wichtige Standardisierungsfragen an: das Problem
des Entwurfs von EDI-Regelwerken sowie das Problem einer mehrheitlichen Adoption eines
gemeinsamen EDI-Regelwerkes. Zwischen dem Entwurf eines EDI-Regelwerkes und der
Frage seiner mehrheitlichen Adoption läßt sich unter Rückgriff auf Begrifflichkeiten der
allgemeinen Standardisierungsliteratur nicht unterscheiden.[114] Sowohl das Resultat einer
Entwurfsaktivität als auch die erfolgte mehrheitliche Adoption eines Entwurfs wird dort in
undifferenzierter Weise als Standard bezeichnet. Der gängige Begriff des Standards umfaßt
damit zwei unterschiedliche Bedeutungsinhalte. Der erste Bedeutungsinhalt wird folgendermaßen beschrieben:

---

112 Es wird hier der Einfachheit halber unterstellt, daß kein dominierender EDI-Anwender existiert, der ein
     einziges Regelwerk bei mehreren Kommunikationpartnern durchsetzen könnte.
113 Vgl. dazu auch Pfeiffer (1992), S. 36.
114 Lediglich Kleinaltenkamp (1993) zeigt Ansätze für eine begriffliche Unterscheidung zwischen
     Schnittstellen-Spezifikation und Standard, vgl. Kleinaltenkamp (1993), S. 19.

»A prescribed set of rules, conditions, or requirements concerning definition of terms; classification of components; specification of materials, performance, or operations; delineation of procedures; or measurement of quantity and quality in describing materials, products, systems, or practices.«[115]

Damit entspricht dieser Begriff des Standards lediglich dem einer Schnittstellen-Spezifikation, ohne zu berücksichtigen, ob eine solche Spezifikation mehrheitlich eingesetzt wird oder nicht. »Such agreements are called standards, or conventions, or codes.«[116] In diesem Sinne kann der in der Literatur verwendete Begriff des EDI-Standards als entsprechende Schnittstellen-Spezifikation (oder im vorliegenden Fall als EDI-Regelwerk) interpretiert werden. »Standardized products go together because they have been designed in conformance with ... a technical specification – the standard.«[117] Manche Autoren sprechen daher auch von Kompatibilitäts- oder Schnittstellenstandards.[118]

Der zweite Bedeutungsinhalt des in der Literatur gebrauchten Begriffs des Standards betrachtet hingegen die Adoption einer bestimmten Schnittstellen-Spezifikation durch Anwender. Ein Standard in diesem Sinne kann durch die Existenz von Netzeffektnutzen charakterisiert werden. Eine Menge von Kommunikationspartnern, die gemeinsam dieselbe Schnittstellen-Spezifikation verwenden, gehören zu einem Netzwerk.[119] Ein solches Netzwerk zeichnet sich dadurch aus, daß Kommunikationsbeziehungen ohne nennenswerten zusätzlichen Vereinbarungsaufwand hergestellt werden können.

Eine mehrheitliche Adoption einer Schnittstellen-Spezifikation stiftet daher für Anwender i.d.R. einen bestimmten Nutzen, der als Netz- oder Netzeffektnutzen bezeichnet wird.[120] Dieser Nutzen hängt davon ab, wie groß die Gesamtzahl der Anwender ist. Wächst die Anwenderzahl, erhöht sich der Nutzen für alle Anwender, da nun zusätzliche Kommunikationspartner ohne zusätzlichen Vereinbarungsaufwand erreicht werden können.[121]

In dieser Arbeit wird die Gesamtheit der für eine EDI-Kommunikation relevanten Schnittstellen-Spezifikationen in dem Begriff EDI-Regelwerk zusammengefaßt. Dieser Begriff umfaßt damit die Menge aller Vereinbarungen, durch die EDI-relevante Kompatibilität erreicht wird. Er beinhaltet keine Aussagen über die Zahl der Anwender. Dieser Begriff gleicht damit

---

115 National Standards Policy Advisory Commitee (1979), zit. nach OECD (1991), S. 13.
116 Sirbu/Estrin (1989), S. 173.
117 Landis Gabel (1991), S. 3.
118 Vgl. z.B. Landis Gabel (1991), S. 18, Farrell/Saloner (1987), S. 3-5., Sirbu/Estrin (1989), S. 173. Neben Kompatibilitätsstandards gibt es auch monetäre Standards, Maß- und Gewichtsstandards oder Qualitätsstandards, vgl. dazu Kreikebaum (1990), Sp. 2251, Hinterhuber (1975), Sp. 2779. Diese Formen von Standards werden hier nicht behandelt. Matutes/Regibeau (1987) verwenden den Begriff der Kompatibilität als Synonym für den Begriff des Standards, vgl. Matutes/Regibeau (1987), S. 28, Fußnote 1.
119 Zum Begriff des Netzwerkes vgl. Macdonald (1992); Landis Gabel (1991), S. 3.
120 Vgl. z.B. Wiese (1990), S. 1-3.
121 Es entstehen dabei sog. Netzwerkexternalitäten oder externe Effekte, vgl. dazu Sälter (1989); Wiese charakterisiert Kompatibilität als »netzeffekt-relevante Gleichheit«, Wiese (1990), S. 3.

dem ersten Bedeutungsinhalt des in der Literatur üblichen Begriffs des Standards. Dagegen wird in dieser Arbeit erst ein mehrheitlich adoptiertes EDI-Regelwerk als EDI-Standard bezeichnet. Ein EDI-Standard kennzeichnet damit ein EDI-Regelwerk, das aufgrund mehrheitlicher Adoption Netznutzen für Anwender stiftet.[122] Dies impliziert, daß von einem EDI-Standard erst dann gesprochen werden kann, wenn eine mehrheitliche Adoption bereits stattgefunden hat. Die Frage nach der Entstehung von EDI-Standards läßt sich damit durch die Frage nach den Bedingungen des Entwurfs und der Diffusion von EDI-Regelwerken ersetzen.

Der betriebswirtschaftliche Nutzen eines EDI-Standards zeigt sich u.a. bei der Anbahnung wechselnder, kurzfristiger Geschäftsbeziehungen. Denn bei der erstmaligen Anbahnung einer EDI-Kommunikationsbeziehung mit einem neuen Geschäftspartner entstehen bei Verwendung eines EDI-Standards keine oder nur vergleichsweise geringe Abstimmungskosten. Es reduzieren sich damit Transaktionskosten bei der Anbahnung von Geschäftsbeziehungen.[123] Geschäftsbeziehungen können zusätzlich schneller hergestellt werden.

2.4 Exkurs: Grundtypen von EDI-Regelwerken

Die Unterschiedlichkeit von transaktionsbegleitenden und produktbeschreibenden Daten sowie offenen Textdokumenten und ihrer spezifischen Aspekte der hard- und softwareneutralen Weiterverarbeitbarkeit[124] spiegelt sich in der getrennten Entwicklung unterschiedlicher Grundtypen von Regelwerken wider. Für alle drei Formen existiert in der Praxis bereits jeweils eine Mehrzahl von Regelwerken, insbesondere für branchen-, aber zum Teil auch für regionenbezogene Kommunikationserfordernisse. Die International Standardization Organization (ISO) fördert in Zusammenarbeit mit nationalen Standardisierungsinstitutionen dagegen jeweils die Entwicklung und Durchsetzung von allgemein anwendbaren EDI-Regelwerken.

Nachfolgend sollen am Beispiel der von der ISO geförderten EDI-Regelwerke die jeweiligen charakteristischen Besonderheiten der drei Grundtypen beschrieben werden. Für den transaktionsbegleitenden Datenaustausch ist dies das EDIFACT-Regelwerk, für den Produktdatenaustausch das STEP-Regelwerk und für den Dokumentenaustausch das ODA/ODIF-Regelwerk.

---

122 Der Begriff »EDI-Standard« wird im vorliegenden Sprachgebrauch immer dann verwendet, wenn ein EDI-Regelwerk aufgrund mehrheitlicher Adoption Netzeffekte besitzt, also eine Diffusion bereits stattgefunden hat. Standardisierungsüberlegungen beziehen sich daher auf EDI-Regelwerke, EDI-Standards stellen dagegen das Ergebnis von Standardisierungsprozessen dar.
123 Vgl. Knieps/Müller/v. Weizsäcker (1981). S. 193.
124 Vgl. Abschnitt 2.1.2.3 bzw. 2.2.3.

36

2.4.1 EDIFACT als beispielhaftes EDI-Regelwerk für den transaktionsbegleitenden Datenaustausch

Erste Aktivitäten, allgemein anwendbare Regelwerke für den transaktionsbegleitenden Datenaustausch zu entwickeln, gehen bereits in die frühen sechziger Jahre zurück.[125] 1987 verabschiedeten schließlich Standardisierungsgremien der ISO einen ersten Entwurf von UN/EDIFACT (ISO 9735) als allgemein einsetzbares Regelwerk für einen hard- und softwareunabhängigen Austausch transaktionsbegleitender Daten wie z.B. für Aufträge oder Rechnungen. Das Akronym UN/EDIFACT steht für United Nations/Electronic Data Interchange for Administration, Commerce and Transport.[126]

EDIFACT umfaßt ein Regelwerk, durch das transaktionsbegleitende Daten in einer einheitlichen Weise strukturiert werden sollen. Entsprechend einer menschlichen Sprache werden dabei Zeichen als basale Nachrichtenträger auf der Basis grammatikalischer Regeln zu Wörtern und schließlich zu Sätzen zusammengefaßt. Daher umfaßt EDIFACT Regeln für die Zusammenfassung sogenannter Datenelemente in Segmente, die schließlich wiederum zu einzelnen Nachrichten gruppiert werden.[127] Eine Nachricht umfaßt dabei alle Informationen, die für die Darstellung eines geschäftlichen Kommunikationsvorganges wie etwa einer Bestellung notwendig sind. Eine solche Nachricht wird auf der Basis eines festgelegten Zeichenrepertoires dargestellt und als EDIFACT-Datei, die aus einer Kette solcher Zeichen besteht, übertragen.[128]

Ein Datenelement ist die kleinste unteilbare Dateneinheit im EDIFACT-Regelwerk mit einer exakt spezifizierten Bedeutungszuordnung. Beispiele für solche Datenelemente sind etwa Datum, Kundennummer, Rechnungsbetrag, u.ä. Insgesamt gibt es derzeit ca. 600 derartige Datenelemente, die in neun Kategorien aufgeteilt werden.[129] In der Beschreibung von

---

125 Vgl. zur geschichtlichen Entwicklung von EDIFACT Rosenberg (1990), S. 2. Auf andere Standardisierungsinitiativen wird hier nicht eingegangen, dies ist Gegenstand des Kapitels 4.

126 Das Präfix »UN« ist zwar offizieller Bestandteil des Namens dieses Regelwerkes, es wird jedoch in den allermeisten einschlägigen Veröffentlichungen weggelassen. Diese Arbeit folgt ebenfalls diesem Brauch.

127 Vgl. im folgenden Rosenberg (1990), S. 11-12, Frank (1991), S. 105-107, Berge (1989), S. 64-78, Rösch (1991).

128 Der EDIFACT-Standard bietet zwei Typen von Zeichensätzen: der sogenannte Typ A besteht nur aus druckbaren Zeichen, der Typ B enthält darüber hinaus nicht druckbare Zeichen im 7-Bit- oder 8-Bit-Code, gekennzeichnet wird die Verwendung eines bestimmten Types durch das Kürzel »UNB« bzw. »UNA« im Kopf einer EDIFACT-Nachrichtendatei, vgl. Berge (1989), S. 70.

129 Diese sind:
- Servicedatenelemente, Dokumentation, Verweisungen
- Daten, Zeiten, Zeiträume
- Beteiligte, Adressen, Orte, Länder
- Klauseln, Konditionen, Begriffe, Anweisungen
- Beträge, Gebühren, Prozente
- Maßkennziffern, Mengen
- Waren, Artikel, Beschreibungen und Kennzeichnungen
- Transportdaten und -mittel, Behälter
- Datenelemente besonderer Art, vgl. Rosenberg (1990a), S. 11.

EDIFACT bzw. in dem dabei zugrundegelegten Handbuch der Handelselemente der Vereinten Nationen (UNTDED: United Nations Trade Data Elements Directory) wird jedes Datenelement mit einem numerischen Identifizierungszeichen, einem Namen, einer Kennzeichnung der von einem Datenelement repräsentierten Bedeutung und einer Regelung der zu verwendenden Zeichen (alphanumerisch oder numerisch, feste oder variable Satzlänge) versehen.[130] Es gibt zudem die Möglichkeit, durch sog. Qualifier den Inhalt eines Datenelementes zu spezifizieren. So kann etwa eine Gewichtsangabe durch Bezug auf eine bestimmte Maßeinheit näher bestimmt werden. Mehrere Datenelemente bzw. Gruppen von Datenelementen (Datenelementgruppen) werden zu einem Segment zusammengefaßt. Innerhalb eines Segmentes müssen die Datenelemente bzw. Datenelementgruppen in einer genau festgelegten Reihenfolge angeordnet sein, damit die Bedeutung der einzelnen Felder exakt identifiziert werden kann.[131]

Eine in Übereinstimmung mit den Syntaxregeln strukturierte Anzahl von Segmenten wird zu einer Nachricht zusammengefaßt.»Der Begriff»Nachricht« wird zur Beschreibung einer Anzahl von Informationselementen verwendet, die zur Ausübung einer speziellen Geschäfts- oder Verwaltungsfunktion übermittelt werden.«[132] Entsprechend der Kennzeichnung von Datenelementen oder Segmenten verwendet man auch zur Kennzeichnung des Beginns bzw. des Endes einer Nachricht ein sog. Nachrichtenkopfsegment bzw. ein Nachrichtenendsegment.

Es ist naheliegend, daß in bezug auf Art und Umfang von Datenelementen und damit auch von Segmenten zwischen verschiedenen Geschäftsvorfällen zum Teil erhebliche Unterschiede bestehen können. Eine Rechnung etwa enthält überwiegend andere inhaltliche Positionen wie etwa eine Qualitätsnachricht. Um die für bestimmte wiederkehrende Kommunikationserfordernisse benötigten Nachrichtenbausteine in einer einheitlichen Form zusammenzufassen, werden sogenannte Nachrichtentypen entwickelt.»Ein Nachrichtentyp ist gleichsam ein Modell, das sämtliche für eine Kommunikationsart möglicherweise benötigten Datenelemente sowie die zwischen ihnen bestehenden Beziehungen (mit Hilfe von Segmentstrukturen) festlegt.«[133] Daneben ist für jeden Nachrichtentyp geregelt, ob Segmente bzw. Datenelemente obligatorisch sind oder optional verwendet werden können. Auf diese Weise wurden bisher bereits eine Vielzahl an EDIFACT-Nachrichtentypen für unterschiedlichste Kommunikationserfordernisse entwickelt.[134]

---

130 Vgl. Rosenberg (1990a), S. 11.
131 Für die Identifikation der Segmente selbst gibt es sog.»Segmentbezeichner«, die notwendig sind, da in einer Nachricht nicht alle Segmenttypen verwendet werden müssen und einzelne Segmente mehrfach vorkommen können. Es lassen sich zwei Arten von Segmenten unterscheiden: Nutzdatensegmente enthalten inhaltliche Informationen, wie Namen, Beträge u.ä., Servicedatensegmente enthalten dagegen Informationen über eine EDIFACT-Nachricht, wie z.B. Absender der Übermittlung, Datum und Uhrzeit der Übermittlung, Prioritäten u.ä.: vgl. Rosenberg (1990a), S. 11.
132 Rosenberg (1990a), S. 11.
133 Frank (1991), S. 106.
134 Vgl. DIN Deutsches Institut für Normung e.V. (1993).

Jeder Nachrichtentyp setzt sich aus einer bestimmten Teilmenge aus dem gesamten Repertoire von Segmenten und Datenelementen zusammen. Segmente bzw. Datenelemente können demnach zur Erfüllung identischer informationeller Anforderungen unverändert in verschiedenen Typen von Nachrichten verwendet werden. Zum Beispiel kommt das Segment »Name und Anschrift« (Segmentbezeichner NAD) in jedem Nachrichtentyp vor. Eine Nachricht stellt somit eine modulartig aufgebaute und in ihrer Reihenfolge festgelegte Auswahl bestimmter Segmente dar. Mehrere Nachrichten eines Typs lassen sich schließlich zu einer Nachrichtengruppe zusammenfassen. Dadurch kann der Aufwand für die Übertragung von EDIFACT-Dateien zum Teil erheblich reduziert werden, da der Verbindungsaufbau nur einmal hergestellt werden muß und bestimmte Informationen, die normalerweise Bestandteil jeder einzelnen Nachricht wären, nur einmal zu spezifizieren sind.

Die Vorschriften zur Verwendung und Strukturierung von Datenelementen, Segmenten und Nachrichten sind in den EDIFACT-Syntax-Regeln festgelegt und in sogenannten »Directories« aufgeführt.[135] Zu den Syntaxregeln gehören darüber hinaus etwa die bei einem Datenaustausch zu verwendenden Zeichensätze, die zwischen den verschiedenen Bestandteilen einer Nachricht notwendigen Trennzeichen oder die Festlegung obligatorischer oder optionaler Datenelemente oder Segmente. Abbildung 7 zeigt einen schematischen Aufbau einer EDIFACT-Übertragungsdatei.

Basierend auf diesen einheitlichen EDIFACT-Syntax-Regeln hat sich in der Praxis als Ergänzung zu den Nachrichtentypen eine weitere Form der Spezifizierung von Kommunikationsinhalten herausgebildet. In unterschiedlichen Wirtschaftszweigen haben entsprechende Standardisierungsgremien sogenannte Subsets entwickelt.[136] »Grundsätzlich versteht man unter einem Subset eine exakt definierte Untermenge nutzbarer Nachrichtenarten, Datenelemente, Codes und Qualifier aus den umfangreichen Darstellungsmöglichkeiten, die EDIFACT insgesamt bietet.«[137] Alle Syntaxelemente von EDIFACT, die nicht obligatorisch, sondern optional sind, können auf diese Weise ausgewählt werden. Eine Subsetbildung geschieht demnach immer dann, wenn aus dem gesamten EDIFACT-Repertoire Teilmengen für einen Nachrichtentyp ausgewählt werden.

Der Vorteil einer Subset-Bildung besteht darin, daß für spezifische Kommunikationsbedürfnisse eine ausgewählte Teilmenge von EDIFACT-Elementen für einen Nachrichtentyp festgelegt wird, und damit nur diese Auswahl an Elementen von Anwendern des Subsets programmtechnisch vorgehalten und gepflegt werden muß. Jede bilaterale Absprache über zu verwendende Teilmengen des syntaktischen Repertoires von EDIFACT stellt im Prinzip eine Subsetbildung dar. Allerdings führt eine solche Vorgehensweise unweigerlich dazu, daß bei einer Mehrzahl von Kommunikationspartnern eine Mehrzahl an bilateralen Subsets auftritt.

---

135   Data Element Directory (Liste der Datenelemente, Codes und Qualifier), Data Segment Directory (Verzeichnis der Segmente) sowie Data Message Directory (Verzeichnis der Nachrichtentypen).
136   Vgl. dazu etwa Schulte (1991), S. 32.

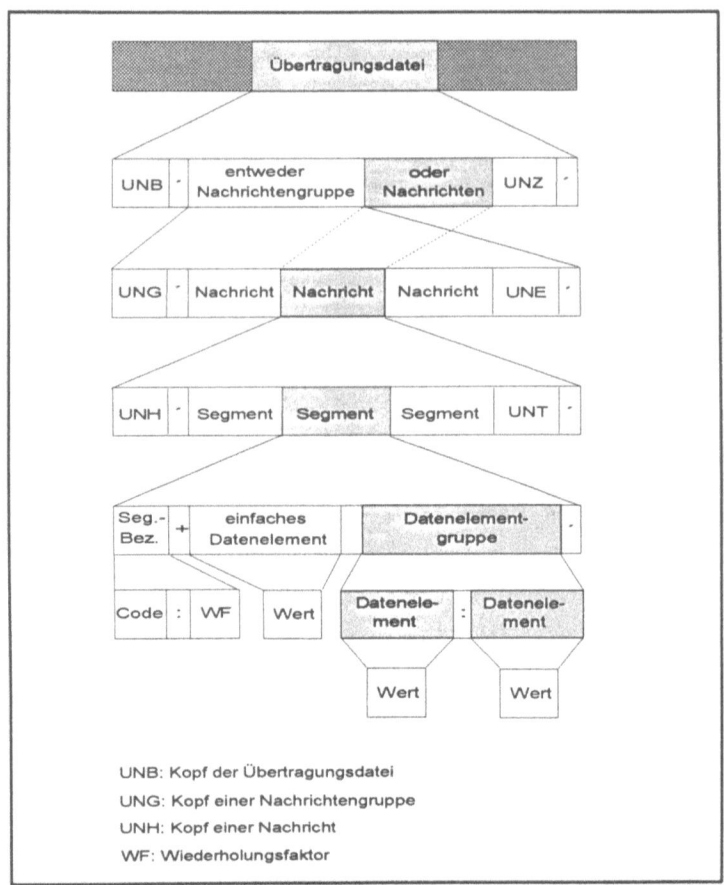

UNB: Kopf der Übertragungsdatei
UNG: Kopf einer Nachrichtengruppe
UNH: Kopf einer Nachricht
WF: Wiederholungsfaktor

Abb.7:   Beispiel einer EDIFACT-Übertragungsdatei

Deshalb haben sich in der Praxis Anwendergruppen gebildet, die sehr ähnliche Kommunikationserfordernisse besitzen, und haben spezielle Subsets für ihre Anwendungen entworfen.[138] Der Vorteil dieser Vorgehensweise liegt darin, daß nun innerhalb dieser Anwendergruppe aufgrund der Verwendung identischer Subsets keine nennenswerten bilateralen Abstimmungserfordernisse mehr notwendig sind. Der Begriff des Subsets wird üblicherweise nicht für
eine bilaterale Vereinbarung verwendet, sondern nur für anwendergruppenbezogene
Vereinbarungen. Es wird ersichtlich, daß zwischen verschiedenen Anwendungsgruppen nach
wie vor ein Abgleich der jeweiligen Subsets erforderlich ist. Sofern jedoch eine Subsetbildung

---

137   Schulte (1991), S. 32.
138   Vgl. auch Abschnitt 2.5.

40

kollisionsfrei zu den festgesetzten EDIFACT-Syntaxregeln erfolgt, reduziert sich der notwendige Abstimmungsaufwand auf die Wahl gemeinsamer EDIFACT-Elemente, ohne darüber hinaus syntaktische Absprachen treffen zu müssen.

Die Subsetbildung zeigt, daß EDIFACT kein allumfassendes »Superregelwerk« ist, dessen umfassende Anwendung immer ohne ergänzenden bilateralen Abstimmungsaufwand möglich ist. Es bietet vielmehr eine gemeinsame syntaktische Basis, auf die aufbauend sich Abstimmungen auf die Wahl von Teilmengen des vorhandenen EDIFACT-Repertoires beschränken. Die Gefahr, die prinzipiell mit der Möglichkeit der Subsetbildung verbunden ist, besteht darin, daß eine Proliferation unterschiedlichster Subsets stattfinden kann. »Besonders wichtig für die Effizienz eines Subsets ist ..., daß sich im Rahmen des möglichen Anwenderpotentials keine Absplitterungen bzw. Zersplitterungen durch individuelle »Sub«-Subsetentwicklungen ergeben; dies wäre der Weg zurück zur bilateralen Absprache!«[139] Diese Gefahr ist in der Tat dann gegeben, wenn Unternehmen eigene, individuelle, auf ihre spezifischen Kommunikationsbedürfnissse abgestimmte Subsets entwickeln.

2.4.2 STEP als beispielhaftes EDI-Regelwerk für den Produktdatenaustausch

Anstelle herkömmlicher Papier-Zeichnungserstellung lassen sich für die Konstruktion von Produkten sowie für die Weiterverarbeitung und Kommunikation der Daten CAD-Systeme einsetzen.[140] Dazu sind vereinheitlichte innerbetriebliche und unternehmensübergreifende Schnittstellen-Spezifikationen erforderlich. Aus dieser Anforderung heraus entstand die Standardisierungsinitiative STEP.

STEP steht als Akronym für »Standard for the External Representation of Product Definition Data« oder teilweise auch für »Standard for the Exchange of Product Definition Data«.[141] Gremien der ISO beschäftigen sich seit 1984 mit der Entwicklung dieses Regelwerkes für eine weltweit anwendbare Vereinheitlichung produktdefinierender Daten (ISO-Norm 10303).

Produktdefinierende Daten sind solche Daten, die in maschinenverarbeitbarer Form die physische Gestalt (Geometrie) sowie sonstige konstruktionsrelevante Beschaffenheitsmerkmale wie etwa Material, Oberflächengestalt u.ä. eines Produktes beschreiben. Für die geometrische Darstellung eines Produktes können verschiedene Modellierungsmethoden für den Konstruktionsentwurf verwendet werden. Dazu zählen etwa zwei- oder dreidimensionale Kanten- und Flächenmodellierungen sowie Volumenmodellierungen.[142] Die Modellierungsformen ermöglichen nicht nur die visuelle Darstellung von Produktentwürfen, sondern beinhalten umfangreiche numerische Informationen über geometrische Eigenschaften eines Produktes wie etwa Kantenlängen, Winkelmaße, Radien, Bohröffnungen und dergleichen mehr. Diese

---

139 Schulte (1991), S. 32.
140 Zu CAD bzw. CAD/CAM-Systemen vgl. Scheer (1988), S. 17-64.
141 Vgl. im folgenden Schlechtendahl (1991), S. 104-106.
142 Vgl. Mund/Bohle (1989), S. 4.

41

komplexen Informationsstrukturen lassen sich nicht mehr alphanumerisch im Sinne einer verbalisierten Beschreibungsweise darstellen wie dies bei transaktionsbegleitenden Daten oder offenen Textdokumenten der Fall ist. Ihre Darstellungsweise erfordert eine eigene formale Sprache zur Spezifizierung dieser Informationsstrukturen.

STEP liefert ein einheitliches Informationsmodell zur Beschreibung solcher Informationsstrukturen. Diese Informationsmodellierung wird im Rahmen von STEP in sechs Klassen von sich ergänzenden partiellen Regeln erreicht.[143]

Zu den Regeln von STEP gehört unter anderem ein 'framework for product modelling'. Er enthält eine Beschreibung der grundsätzlichen Vorgehensweise bei der Modellierung der entsprechenden Informationsstrukturen. Damit werden Instruktionen vorgegeben, wie eine einheitliche Informationsmodellierung auszusehen hat. Ein Werkzeug für eine Spezifizierung der Informationen bezüglich eines Produktmodells ist EXPRESS. Dies ist eine formale Sprache, die syntaktische Verwandtschaft zu der Programmiersprache PASCAL besitzt und teilweise auf Methoden der Objektorientierung basiert.

Mit Hilfe dieser Sprache werden 'entities' beschrieben, die aus Attributen (Eigenschaften von Konstruktionsteilen) und Restriktionen, die den Wertebereich dieser Attribute festlegen, bestehen. Das STEP-Regelwerk beinhaltet unter anderem die Regeln, wie aus den mit Hilfe von EXPRESS gewonnenen Produktbeschreibungen eine STEP-Datei erstellt werden kann.

Abbildung 8 zeigt eine Entity-Beschreibung mit EXPRESS und einen möglichen Inhalt einer sequentiellen, aus ASCII-Zeichen bestehenden STEP-Datei beispielhaft für die Konstruktionsbeschreibung eines Zylinders.

---

143 - Regeln über STEP selbst
      - Regeln zur Implementierung von STEP
      - Regeln zur Konformitätsprüfung
      - Regeln zu Produktmodellen
      - Regeln zu bestimmten technischen Bereichen
      - Applikationsprotokolle
      vgl. dazu und zum folgenden Schlechtendahl (1991), S. 104-106, Grabowski/Anderl (1990).

```
Auszug aus einer Beschreibung eines Zylinders mit EXPRESS


    ENTITY right_circular_cylinder
        SUBTYPE OF (primitive_with_one_axis);
        radius:             real;
        position:           axis1_placement;
        height:             real;

    WHERE
        WR 1:               radius > 0;
        WR 2:               height > 0;
    END_ENTITY;

    Darstellung einer entsprechenden STEP-Datei


    # 1 = AXIS1_PLACEMENT (.....);
    # 2 = Right_CIRCULAR_CYLINDER (15. #1 23.);
    # 33 = &SCOPE
            #34 = AXIS1_PLACEMENT(.....);
        ENDSCOPE
        RIGHT_CIRCULAR_CYLINDER(17.  34#29.);
```

Abb.8: Beispiel einer Produktbeschreibung in EXPRESS und ihrer Darstellung in einer
        STEP-Datei (in Anlehnung an Schlechtendahl (1991), S. 106)

Das STEP-Regelwerk besteht letztlich aus einem Bündel von verschiedenen Vorschriften, die
für eine hard- und softwareneutrale Weiterverarbeitung von produktdefinierenden Daten
notwendig sind. Dieser vergleichsweise große Umfang dieses Regelwerkes hängt mit der
Komplexität der Darstellungsweise von Produktdaten zusammen. Sie lassen sich nicht durch
einfache Übereinkunft über die semantische Bedeutung von Datenfeldern darstellen, sondern
benötigen dezidierte und umfangreiche Einzelvorschriften für die Darstellung der verschie-
densten Konstruktionserfordernisse. Aus diesem Grunde beinhaltet das STEP-Regelwerk mit
EXPRESS eine programmiersprachenähnliche formale Sprache, mit der die Semantik graphi-
scher Symbole beschrieben, aber keine ergänzenden Informationen dargestellt werden können.[144]

---

144 Vgl. Mund/Bohle (1989), S.10, Schmid/Zbornik (1992), S. 6.

2.4.3 ODA/ODIF als beispielhaftes EDI-Regelwerk für den Austausch offener Textdokumente

Es wird geschätzt, daß beispielsweise im Rahmen umfangreicher Auftragsabwicklungen bis zu 95% der Dokumente nicht originär erstellt, sondern für Weiterbearbeitungszwecke mehrfach erfaßt werden.[145] Der Grund dafür liegt in der mangelnden Nutzung von elektronischen Übertragungsmedien sowie in dem Problem mangelnder Weiterverarbeitungsmöglichkeiten der kommunizierten Dokumente.

Im besonderen Maße trifft das Problem der Inkompatibilität auf den unternehmensübergreifenden Dokumentenaustausch zu. In der Regel ist es nicht möglich, Dateien mit offenen Textdokumenten ohne Informationsverlust zwischen inkompatiblen Systemen auszutauschen, weil die Darstellungsweisen und Übertragungsformate differieren. Beim Austausch von Textdateien werden neben den eigentlichen Nachrichten auch Informationen über die Formatgestaltung, wie Layout, Absatz-, Zeichenformate oder Fußnotengestaltung und dergleichen mehr, ausgetauscht. Die meisten Verarbeitungssysteme verwenden jedoch ihre eigenen Formen der Darstellung und Formatierung der Dokumente, so daß diese Zusatzinformationen beim Empfänger nutzlos bleiben und dieser Formatierungsarbeiten erneut ausführen muß.

Aus diesem Grunde wurde von der ISO in Zusammenarbeit mit europäischen Computerherstellern in den achtziger Jahren eine Standardisierungsinitiative begonnen, die das Ziel hat, durch die Formulierung von allgemeinen Regeln für den Dokumentenaustausch das Inkompatibilitätsproblem zu beheben. Als Ergebnis wurde das Regelwerk ODA (Office Document Architecture) 1988 von der ISO verabschiedet (ISO-Norm 8613). Häufig wird es mit dem dazugehörigen Austauschformat ODIF (Office Document Interchange Format) zusammen als ODA/ODIF tituliert.

Ähnlich wie das STEP-Regelwerk umfaßt das vollständige ODA-Regelwerk mehrere, sich ergänzende partielle Festlegungen. Derzeit existieren sieben Arten von Festlegungen.[146] Diese Differenzierung beinhaltet wiederum allgemeine Regeln über Aufbau und Anwendung des ODA-Regelwerkes sowie allgemeine und spezifizierende inhaltliche Beschreibungen. Den Kern

---

145 Vgl. Krönert (1989), S. VII-19-3; »Unter einem Dokument sind dabei Schriftstücke aller Art zu verstehen, angefangen von einfachen Notizen über Briefe, Formulare bis hin zu komplexen Dokumentationen bestehend aus Text, Bild und Grafik.« Karger (1988), S. 34; Appelt (1989), S. 321 sieht den Dokumentenbegriff noch weiter. Er zählt dazu noch andere Informationsarten wie z.B. gesprochene Sprache.

146 Vgl. Appelt (1989), (1990); die sieben Teilfestlegungen sind:
- Introduction and generel principles
- Document architecture
- Document profile
- Office document interchange format
- Charakter content architecture
- Raster graphics content architecture und
- Geometric graphics content architecture.

dieses Regelwerkes bildet die Festlegung einer allgemeinen Dokumentenstruktur (document structures) und die Beschreibung der Austauschmodalitäten (office document interchange format).[147]

Es gibt zwar mit Postscript eine Vereinbarung, die eine hard- und softwareunabhängige Ausgabe von Dokumenten ermöglichen soll.[148] Eine derartige Seitenbeschreibungssprache bezieht sich aber nicht auf die Weiterverarbeitung von Dokumenten. Denn Postscript kann nicht einzelne Dokumentenbestandteile wie etwa Fußnoten als solche erkennen und damit weiterverarbeiten. Genau diese Zielsetzung jedoch verfolgt ODA. Dieses Regelwerk beschreibt in der 'document structure' ein Architekturmodell, das einzelne Bestandteile eines Dokumentes unter Berücksichtigung der auf diese anwendbaren Funktionen umfaßt. Denn bevor ein Austauschformat angewendet werden kann, muß zunächst festgelegt werden, welche Dokumentenbausteine mit Hilfe welcher Eigenschaften zu beschreiben sind. Damit lassen sich Informationsverluste aufgrund unterschiedlicher Strukturierungen von Dokumenten und abweichender Funktionsumfänge bei der Übertragung vermeiden.[149]

In diesem Architekturmodell wird der Inhalt eines Dokumentes auf zwei komplementären Ebenen beschrieben. Die logische Struktur untergliedert ein Dokument in einzelne logische, semantisch unterscheidbare Bausteine wie Überschriften, Kapitel, Unterkapitel, Fußnoten u.ä. Die Layout-Struktur zeigt auf, wie der Inhalt eines Dokumentes bei der Ausgabe auf dem Bildschirm oder auf Papier zweidimensional anzuordnen ist. Dabei wird auf Gestaltungs-merkmale wie Seiten oder Blöcke zurückgegriffen. Das Architekturmodell verfolgt den Ansatz, daß die Struktur eines Dokumentes nicht durch bestimmte Steuerzeichen innerhalb des Dokumentes ausgedrückt wird, sondern durch eine hierarchische Anordnung von Objekten. Solchen Objekten lassen sich Eigenschaftsmerkmale wie z.B. Größe, Position, Schrifttyp oder automatische Numerierungen zuordnen. Ungefähr 40 solcher Attribute sind für die Objektbe-schreibung im ODA-Regelwerk definiert.[150] Sowohl logische als auch Layout-Struktur lassen sich als Baumstruktur darstellen.

Die logische Struktur eines Dokumentes läßt sich im ODA-Regelwerk mit drei verschiedenen Objekttypen beschreiben. Der Objekttyp logische Dokumentwurzel (document logical root) kennzeichnet die oberste oder allgemeinste Strukturebene eines Dokumentes. Er kennzeichnet ein Dokument etwa als Brief oder als Forschungsbericht. Daneben gibt es logische Basisobjekte (basic logical objects), die auf der untersten Ebene der Hierarchie die einzelnen Inhaltsportionen wie Text oder Abbildungen beinhalten. Dazwischen lassen sich beliebig viele zusammengesetzte logische Objekte (composite logical objects) wie etwa Kapitel oder Abschnitte beschreiben. Sie stellen jedoch keinen Inhalt dar, sondern dienen der detaillierteren Strukturierung eines Dokumentes.

---

147 Englischsprachige Fachbegriffe sind auch im Deutschen gängig, vgl. z.B. Appelt (1989), Frank (1991); Krönert (1989) verwendet hingegen deutsche Übersetzungen.
148 Vgl. Frank (1991), S. 101.
149 Vgl. Frank (1991), S. 102.
150 Vgl. Krönert (1989), S. VII-19-04.

Die Layout-Struktur beinhaltet fünf Objekttypen, mit denen die Darstellung eines Dokumentes beschrieben werden kann. Die oberste Stufe der Strukturierung ist die Layout-Dokumentwurzel (document logical root). Sie wird durch eine Anzahl weiterer Objekttypen, die zusammen vollständig das Layout eines Dokumentes beschreiben, spezifiziert. Dazu gehören die Seitengruppen (page sets), in der eine Gruppe von Seiten zusammengefaßt werden kann. Mit solchen Objekttypen lassen sich beliebig viele Hierarchieebenen aufbauen.

Die nächste Strukturebene bilden einzelne Seiten (basic pages). Eine Seite stellt einen zweidimensionalen Bereich dar, auf dem der Inhalt eines Objektes positioniert ist. Auf einer Seite wiederum lassen sich Rahmen (frames) festlegen, in denen der Inhalt einer Seite bei der Layout-Gestaltung formatiert werden kann. Auch mit diesem Objekttyp lassen sich beliebig viele Hierarchieebenen gestalten, d.h., in einem Rahmen können sich wiederum andere Rahmen befinden. Ein Rahmen umfaßt schließlich wiederum einzelne Blöcke (blocks), die den eigentlichen Inhalt eines Dokumentes beinhalten. Ein Block kann dabei immer nur eine Art von Information beinhalten wie z.B. nur Text oder nur Graphik. Durch diese zwei Strukturen wird der Inhalt eines Dokumentes in Portionen von Inhaltsstücken zerlegt. Mehrere logische Basisobjekte lassen sich dabei einem Block zuordnen, wenn z.B. eine Kapitelüberschrift aus einer Kapitelnummer und einem Überschriftstext besteht. Mehrere Blöcke können aber auch einem einzigen logischen Basisobjekt zugeordnet werden, indem etwa ein Abschnitt sich über zwei verschiedene Seiten erstreckt. Abbildung 9 zeigt die logische Struktur und die Layoutstruktur von ODA.

ODA hält sowohl bei der logischen als auch bei der Layout-struktur generische und spezifische Strukturtypen bereit (generic/specific logical structure sowie generic/specific layout structure). Die generischen Strukturen erlauben eine Definition wiederverwendbarer Muster für die Gestaltung von Dokumenten, wodurch bei strukturähnlichen Dokumenten eine effiziente Erstellung möglich ist, weil erneute Spezifizierungen nicht notwendig sind. Spezifische Strukturen beschreiben dagegen ein konkretes Dokument, wobei jedoch auf generische Strukturen zurückgegriffen werden kann.

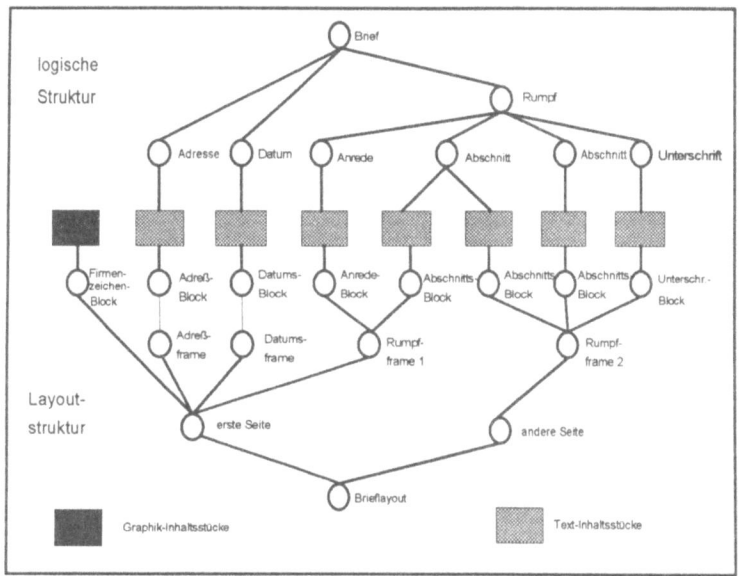

Abb.9:   Logische und Layoutstruktur von ODA

Da häufig nicht nur innerhalb eines Dokumentes gleichartige Strukturen auftreten, sondern unterschiedliche Dokumente gleichartig strukturiert sein können, faßt man derartige Dokumente in Dokumentenklassen (document class) zusammen. Beispiele für Dokumentenklassen sind etwa Geschäftsbriefe, Bestellformulare oder Umsatzberichte. Eine Dokumentenklasse läßt sich als eine Vereinigung generischer logischer und generischer Layout-Strukturen interpretieren. Somit braucht sich der Autor etwa eines Geschäftsbriefes nicht um die logische und Layout-Struktur kümmern, da ein entsprechender Dokumenteneditor diese Aufgaben übernimmt. Eine Dokumenten-Klassenbeschreibung (document profile) enthält zudem notwendige Angaben für eine effiziente Weiterbearbeitung der Dokumente. Diese Informationen stellen u.a. allgemeine Hinweise für die Weiterbearbeitung eines Dokumentes dar wie z.B. die verwendete ODA-Version, die verwendeten Fonts, Angaben über die letztmalige Bearbeitung, Bearbeitungsfreigabe u.ä.

Mit Hilfe einer logischen Strukturierung und der Layout-Struktur lassen sich Dokumente in allgemeiner Weise beschreiben. Diese Beschreibungsweise ist jedoch nicht mit der für den Austausch der Dokumente in Form von Dateien notwendigen Formatierung deckungsgleich. Sie muß in ein entsprechendes Übertragungsformat umgesetzt werden. Ein solches Format ist in ODIF beschrieben. Dieses Format legt fest, wie ein nach dem ODA-Regelwerk erstelltes Dokument in eine zu übertragende Zeichenfolge konvertiert werden kann.[151]

ODA/ODIF besitzt eine große Generalisierungsbreite.[152] Die Gestaltung des Architekturmodells hat das Ziel, möglichst alle Bürodokumente, wie Texte, Graphiken oder Abbildungen zu berücksichtigen. Dazu sind relativ komplexe Festlegungen und Verfahren erforderlich. Regeln, die die Semantik verwendeter Zeichen festlegen, beziehen sich im wesentlichen auf die Grundschemata inhaltlicher Textstrukturierung wie etwa die Festlegung, was eine Überschrift oder was ein Adreßfeld ist.

In diesem Punkt gleicht das ODA/ODIF-Regelwerk dem STEP-Regelwerk für den Produktdatenaustausch. In vergleichbarer Weise wird hier die Bedeutung von Gestaltungselementen wie etwa Linien oder Kurven festgelegt, ohne aber zusätzlich zu beschreiben, welches Objekt bestimmte Linien darstellen sollen oder welches Produkt eine Konstruktionszeichnung repräsentiert. Beide Regelwerke sind dazu geeignet, Dokumente bzw. Produktdaten zwischen zwei inkompatiblen Anwendungssystemen ohne Verlust von Gestaltungs- bzw. Formatierungsinformationen auszutauschen. Das bedeutet, daß eine Weiterverarbeitung entsprechender Dateien durch das Anwendungssystem des Empfängers in der Hinsicht automatisch stattfinden kann, daß die Bedeutung bestimmter Symbole wie etwa Linien oder Kreise bzw. bestimmter Dokumentenfelder wie etwa Überschriften eines Textes ohne ergänzenden oder anpassenden menschlichen Eingriff als solche vom Anwendungssystem erkannt werden können. Dadurch reduzieren sich menschliche Eingriffe auf die Weiterbearbeitung des durch geometrische Symbole repräsentierten Inhalts einer Datei bzw. des Inhalts einer Textdatei.

2.5 Generalisierung versus Spezialisierung von EDI-Regelwerken: Beispiel transaktionsbegleitender Datenaustausch

EDI-Standards ersetzen bilaterale Vereinbarungen bei der Anbahnung einer EDI-Kommunikationsbeziehung. Eine abstimmungsfreie Anbahnung einer EDI-Kommunikationsbeziehung ermöglicht »offene Kommunikation«. Im Sinne ihrer technischen Realisierung spricht man auch von »offenen Systemen« oder »offenen Kommunikationssystemen«.[153] Von Offenheit einer Kommunikation kann jedoch immer nur in bezug auf eine bestimmte Gruppe von Kommunikationspartnern gesprochen werden.

---

151 Dabei lassen sich drei Austausch-Formen unterscheiden: bei einer »formatted form« werden lediglich Layout-Informationen spezifiziert, jedoch keine logischen Strukturen angegeben. Der Empfänger kann daher das Dokument nur ansehen, aber nicht weiterverarbeiten. Bei einer »processable form« werden neben logischen Strukturen nur die generische Layout-Struktur berücksichtigt, der Empfänger muß daher die Layout-Struktur gegebenenfalls noch spezifizieren. Eine »formatted processable form« beschreibt die logische und Layout-Struktur vollständig. Der Empfänger kann ein Dokument unmittelbar weiterverarbeiten.
152 Vgl. Frank (1991), S. 107, vgl. auch folgenden Abschnitt.
153 Vgl. Wende (1993), S. 342.

48

Wie bereits bei der Darstellung des EDIFACT-Regelwerkes gezeigt wurde, sind auch durch seine Anwendung in der Regel ergänzende bilaterale Vereinbarungen notwendig. Nur dann, wenn Kommunikationspartner auf allgemein vereinbarte Subsets zurückgreifen können, ohne daß diese an jeweilige Kommunikationsbedürfnisse angepaßt werden müssen, kann von offener Kommunikation gesprochen werden. Offene Kommunikationsmöglichkeiten bestehen daher in bezug auf die Kommunikationspartner, die bestimmte Subsets ohne Anpassung anwenden können. Da Subsets aber gerade von Kommunikationspartnern mit speziellen Informations- und Kommunikationsinteressen gebildet werden, beschränkt sich eine in der Weise beschriebene offene Kommunikation auf eine solche Anwendergruppe.

In besonderem Maße gilt dies für solche Anwendergruppen, die ein eigenes spezielles EDI-Regelwerk verwenden. Beispiele für anwenderspezifische EDI-Regelwerke für den transaktionsbegleitenden Datenaustausch sind vor allem branchenspezifische und national eingesetzte Vereinbarungen, wie etwa der VDA-Standard der deutschen Automobilindustrie, oder TRADACOMS in England und ANSI X.12 in Nordamerika. Abbildung 10 zeigt beispielhaft den Anwenderbezug solcher EDI-Regelwerke.

Bahnen zwei Geschäftspartner, die jeweils ein anwenderspezifisches EDI-Regelwerk verwenden, eine EDI-Kommunikation an, bestehen wesentlich größere bilaterale Abstimmungserfordernisse, als wenn beide EDIFACT-Subsets einsetzen, auch wenn diese verschieden sind. Abstimmungen sind nicht nur über die Verwendung gemeinsamer Datentypen oder Nachrichtentypen erforderlich, sondern vor allem über syntaktische Regelungen, wie etwa über die Reihenfolge von Datentypen oder über Satzlängen. Da in einem solchen Falle mehr Abstimmungsbedarf besteht, als bei der Verwendung der EDIFACT-Syntax, besitzt eine derartige Anwendergruppe eine geringere Offenheit zur Kommunikation mit einer anderen Gruppe.

Es kann festgehalten werden, daß eine maximale Offenheit von EDI-Kommunikation nur in bezug auf die Gruppe der Kommunikationspartner gegeben ist, die identische EDIFACT-Subsets bzw. dasselbe spezielle Regelwerk verwenden. Der Einsatz von EDIFACT ermöglicht jedoch wegen der Reduzierung des Abstimmungsbedarfs eine im Vergleich zu spezialisierten EDI-Regelwerken offenere Kommunikation. Die umfassende Anwendung der EDIFACT-Syntax beinhaltet daher komparative Nutzenvorteile. Eine vollständige Offenheit der Kommunikation wird aber auch damit nicht erreicht.

	national	international
branchen- neutral	ANSI X.12 TRADACOMS	EDIFACT
branchen- bezogen	VDA SEDAS	RINET SWIFT

Abb. 10: Reichweite beispielhafter EDI-Regelwerke[154]

Dahinter verbirgt sich ein prinzipieller Zielkonflikt bei der Gestaltung von EDI-Regelwerken.[155] Das Ziel einer größtmöglichen offenen Kommunikation erfordert, daß die Menge der zu berücksichtigenden Nutzer mit ihren individuellen Informations- und Kommunikationsbedürfnissen entsprechend groß zu wählen ist. Ein solchermaßen konzipiertes EDI-Regelwerk besitzt einen großen Generalisierungsgrad.

»Diesem Ansinnen stehen allerdings Schwierigkeiten gegenüber: Geht man davon aus, daß die interne Organisation der abzubildenden und übertragenden Daten streut, führt eine Vergrößerung der potentiellen Nutzergemeinde tendenziell zu einem größeren Erhebungs- und Pflegeaufwand und zu einer größeren Komplexität des Modells – bis hin zum Scheitern, weil die vorgefundene Heterogenität keine funktionelle Generalisierung mehr erlaubt.«[156]

Eine zunehmende Generalisierung schränkt die Eignung eines EDI-Regelwerkes für spezielle Informations- und Kommunikationsbedürfnisse ein. Je genauer ein Regelwerk spezifische Informations- und Kommunikationsbedürfnisse abbildet, desto spezieller ist es. Die Eignung

---

154 Bei EDI-Regelwerken für den Produktdatenaustausch bzw. den Austausch offener Textdokumente zeigt sich ein ähnliches Bild. Neben dem Regelwerk STEP für einen internationalen und branchenübergreifenden Produktdatenaustausch existieren nationale Regelwerke wie z.B. IGES in den USA, SET in Frankreich oder VDAFS in Deutschland (vgl. Schlechtendahl (1991), S. 104, Mund/Bohle (1989), S. 6-7). Beispiele für EDI-Regelwerke für den Austausch offener Textdokumente sind: ODA, ein Regelwerk, das von europäischen Computerherstellern entwickelt und von der ISO für eine internationale und branchenunabhängige Anwendung gefördert wird und SGML, das von amerikanischen Verlagen eingesetzt wird (vgl. Appelt (1989), S. 328).
155 Vgl. Frank (1991), S. 107.
156 Frank (1991), S. 107.

50

eines EDI-Regelwerkes geht damit zu Lasten einer entsprechenden Generalisierung. Je spezieller ein EDI-Regelwerk ist, desto kleiner ist dessen Anwendergruppe und umso mehr tendenziell geschlossene Anwendergruppen gibt es. Mit der Entwicklung des EDIFACT-Regelwerkes versucht man – zumindest teilweise – diesem Dilemma zu entrinnen. Die Verwendung der EDIFACT-Syntax-Regeln durch möglichst alle EDI-Anwender soll als Basis für eine möglichst offene Kommunikation dienen, also zur Bildung einer einzigen großen Anwendergruppe führen. Da aber die Eignung des generalisierten EDIFACT-Regelwerkes in bezug auf spezielle Informations- und Kommunikationsbedürfnisse sinkt, versucht man, durch die Bildung von EDIFACT-Subsets einen Ausgleich zu schaffen. Damit bilden sich zwar wiederum unterschiedliche Anwendergruppen von EDIFACT-Subsets. Diese sind aber nunmehr offener hinsichtlich der Kommunikation mit Anwendern anderer Subsets, da vor allem syntaktische Abstimmungserfordernisse entfallen. Abbildung 11 illustriert den Zusammenhang zwischen der Offenheit von Kommunikation und der Eignung von EDI-Regelwerken hinsichtlich der Informations- und Kommunikationsbedürfnisse von Anwendern.[157]

Eine Mehrzahl von Unternehmen, die gemeinsam ein spezielles EDI-Regelwerk und einheitlich festgelegte Nachrichtentypen verwenden, bilden eine Anwendergruppe. Prinzipiell ist die Größe einer Anwendergruppe unbegrenzt. Die größtmögliche Anwendergruppe, die sich denken läßt, umfaßt die Grundgesamtheit aller EDI-Anwender. Eine solche Anwendergruppe würde dann existieren, wenn es nur noch einen einzigen EDI-Standard gäbe, und kein bilateraler Abstimmungsbedarf mehr gegeben wäre. Die Menge der potentiellen EDIFACT-Anwender beinhaltet damit alle Unternehmen und Institutionen, die im Zuge wirtschaftlichen Handelns oder der Ausübung öffentlicher Verwaltungstätigkeiten Geschäfts- oder Verwaltungsdaten mit Kommunikationspartnern austauschen. Dieser Anspruch gilt weltweit und branchenunabhängig. Das EDIFACT-Regelwerk bezieht sich somit auf die größtmögliche Menge von EDI-Anwendern. Diese Maximalforderung beinhaltet das Ziel einer einzigen großen Anwendergruppe, innerhalb der – wie oben gezeigt wurde – im Prinzip offene Kommunikation gegeben wäre. Auch wenn durch die Möglichkeit zur Bildung von EDIFACT-Subsets wiederum fragmentierte Anwendergruppen entstehen, besteht dabei im Vergleich zu spezialisierten EDI-Regelwerken ein höherer Grad an Offenheit der Kommunikation.

---

157 Für die Beurteilung der Offenheit von EDI-Kommunikation ist demnach die Angabe der gewählten Betrachtungsperspektive notwendig. Das heißt, das Phänomen der Offenheit von EDI-Kommunikation hängt davon ab, wie man Anwendergruppen abgrenzt.

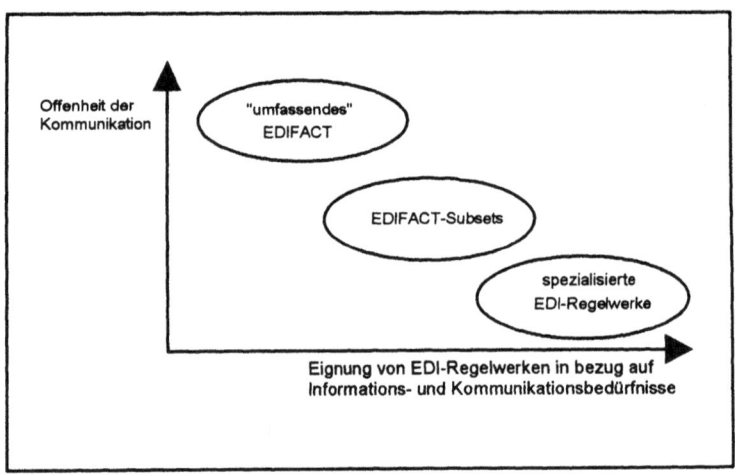

Abb.11: Offenheit der Kommunikation und Eignung von EDI-Regelwerken

Die Tendenz zur Bildung von EDIFACT-Subsets sowie die Existenz zahlreicher spezialisierter EDI-Regelwerke deutet jedoch darauf hin, daß die angestrebte Reichweite von EDIFACT zunächst eine theoretische Forderung darstellt, die nicht den tatsächlichen Interessen aller Akteure zu entsprechen scheint. Die Existenz spezialisierter EDI-Regelwerke zeigt, daß es offensichtlich gewisse Anreizmechanismen gibt, die bestimmte Akteure dazu bewegen, spezialisierte Regelwerke zu entwerfen und zu nutzen.

3 Analyse EDI-spezifischer Standardisierungsdeterminanten

Die Entstehung von EDI-Standards umfaßt zwei Problembereiche. Zum einen ist zu untersuchen, unter welchen Bedingungen welche Akteure bereit sind, Ressourcen für den Entwurf von EDI-Regelwerken einzusetzen. Dazu gehört die Fragestellung, unter welchen Bedingungen Trittbrettfahrerverhalten auftritt mit der Folge, daß private Akteure auf Entwurfsaktivitäten verzichten. Zum anderen sind die Bedingungen zu untersuchen, die das Verhalten von Akteuren hinsichtlich der Adoption von EDI-Regelwerken erklären lassen. Eine mehrheitliche Adoption eines EDI-Regelwerkes fördert i.d.R. den Netzeffektnutzen für Anwender. Die Diffusion eines EDI-Regelwerkes führt damit zur Etablierung eines EDI-Standards. Aus diesen beiden Problembereichen lassen sich in idealtypischer Weise zwei Phasen der Standardisierung ableiten. Die erste Phase bezieht sich auf den Entwurf von EDI-Regelwerken, die zweite Phase betrifft deren Diffusion.

Die Standardisierungsliteratur zeigt verschiedene Überlegungen, wie Standardisierungsphänomene beschrieben werden können. Allerdings existiert bislang kaum eine umfassende Modellbildung zur Erklärung solcher Phänomene. Die partialtheoretischen Überlegungen zeigen darüber hinaus keine vergleichbaren Phasenunterscheidungen. Theoretische Überlegungen zur Modellierung von Bedingungen der Entstehung von EDI-Standards lassen sich bislang nur in groben Ansätzen finden. Die Anwendung allgemeiner Standardisierungsüberlegungen auf das vorliegende Phänomen führt, wie zu zeigen sein wird, nur zu bedingt tragfähigen Aussagen.

Vor diesem Hintergrund sind die nachfolgenden Überlegungen zu sehen. Die Betrachtungsweise basiert auf einem methodologischen Individualismus. Die Beschreibung individueller Nutzenkalküle soll Ansatzpunkte für eine Typologisierung von Unternehmen liefern, die hinsichtlich bestimmter Merkmale vergleichsweise ähnliche Verhaltensmuster im Prozeß der Standardisierung aufweisen. Dies ermöglicht eine differenziertere Sichtweise unterschiedlicher Standardisierungsverhalten. Dabei zeigt sich, daß die Ausprägungen verschiedener ökonomischer Merkmale, mit denen Standards im allgemeinen und EDI-Regelwerke/-Standards im besonderen charakterisiert werden können, von individuellen unternehmerischen Merkmalen und Nutzenkonstellationen abhängen. Diese bilden den Rahmen für eine detaillierte Betrachtung der speziellen Bedingungen und Mechanismen in den beiden Phasen der Standardisierung.

Die nachfolgenden Ausführungen betrachten in erster Linie die Entstehung von EDI-Standards für die stark strukturierbaren transaktionsbegleitenden Daten wie beispielsweise Rechnungen, Aufträge oder Liefermeldungen. Auf den Austausch von Produktdaten oder von offenen Textdokumenten und deren Grundtypen von EDI-Regelwerken wird nur vereinzelt Bezug genommen. Die exemplarische Betonung ersterer Anwendung von EDI läßt sich mit ihrer wesentlich größeren Reife in der Praxis und damit verbundenen Ausführungen in der Literatur begründen. Gleichwohl wird damit nicht der Anspruch abgelehnt, die gewonnenen Erenntnisse auch auf die beiden anderen Anwendungsformen von EDI übertragen zu können.

3.1 Grenzen allgemeiner Standardisierungsüberlegungen

Besen/Saloner (1988) sind eine der wenigen Autoren, die eine Klassifizierung von Determinanten entwickelt haben, mit der Standardisierungsprozesse erklärt werden sollen. Die Klassifizierung wurde entwickelt, um insbesondere die Entstehung von Standards für Telekommunikationsdienste zu erklären. Die Klassifizierung ist jedoch vergleichsweise global. Sowohl die Aussagefähigkeit für den von Besen/ Saloner gewählten Standardisierungsgegenstand, als auch eine Übertragbarkeit der Erkenntnisse auf das vorliegende Standardisierungsphänomen sind begrenzt. Dennoch lassen sich aus ihren Ausführungen erste Ansatzpunkte für die Beschreibung der Entstehung von EDI-Standards ableiten.[158] Da Besen/Saloner (1988) in ihren Ausführungen nicht explizit zwischen dem Entwurf und der Diffusion von Schnittstellen-Spezifikationen unterscheiden, lassen sich daran gleichzeitig verschiedene, damit verbundene Beschreibungsprobleme verdeutlichen.[159]

3.1.1 Standardisierungsdeterminanten von Besen/Saloner

Individuelles Standardisierungsverhalten wird von Ausprägungen zweier Faktoren bestimmt.[160] Der erste Faktor betrifft die privaten Anreize, die ein Akteur haben kann, um eine universelle Adoption eines Standards mit einer beliebigen Technologie zu fördern. Diese Anreize können gering sein, wenn die privaten Kosten einer Teilnahme am Standardisierungsprozeß[161] höher sind als der Nutzen einer Teilnahme, auch wenn alle Akteure einen positiven Nutzen aus der Existenz eines Standards beziehen könnten. Andererseits gibt es die Möglichkeit, daß der erwartete Nutzen der Förderung einer universellen Adoption eines Standards für alle Akteure höher ist als die Kosten, die diese zu tragen haben.

Der zweite Faktor, der den Standardisierungsprozeß beeinflußt, hängt damit zusammen, ob die interessierten Akteure große oder geringe Präferenzen bezüglich einer bestimmten Ausprägung (Technologie) eines Standards besitzen. Anhand dieser Faktoren lassen sich vier typische Fälle eines Standardisierungsprozesses identifizieren, die sich dadurch unterscheiden, ob das

---

158 Vgl. dazu auch Pfeiffer (1988), S. 29-33, der die Ausführungen von Besen/Saloner (1988) im wesentlichen übernimmt, ohne jedoch explizit auf diese Autoren Bezug zu nehmen.
159 Vgl. im folgenden Besen/Saloner (1988); hier wird der allgemeine Begriff »Schnittstellen-Spezifikation« gewählt, da sich die Aussagen der Autoren auf allgemeine Standardisierungsprozesse beziehen. Der überwiegende Teil der Literatur zur Standardisierung macht keinen expliziten begrifflichen Unterschied zwischen Entwurfs- und Diffusionsphase. Dementsprechend werden verschiedene Wege der Standardisierung diskutiert, die sich teils auf den einen teils auf den anderen Problembereich beziehen, vgl. z.B. Kindleberger (1983), S. 377, Carlton/Klamer (1983), S. 449, Farrell/Saloner (1985), S. 71, Farrell/Saloner (1987), S. 3-4, Besen/Saloner (1988), S. 2, OECD (1991), S. 38-42; Kindleberger (1983), S. 377 und Kleinaltenkamp (1990), S. 31 deuten dagegen eine explizite Unterscheidung an.
160 Vgl. zu folgendem Besen/Saloner (1988), S. 2-12.
161 Hier meinen die Autoren implizit die Entwurfsphase.

Interesse an einer universellen Adoption eines beliebigen Standards hoch oder niedrig ist und ob die Präferenzen für eine bestimmte Technologie eines Standards groß oder gering sind (vgl. Abbildung 12).

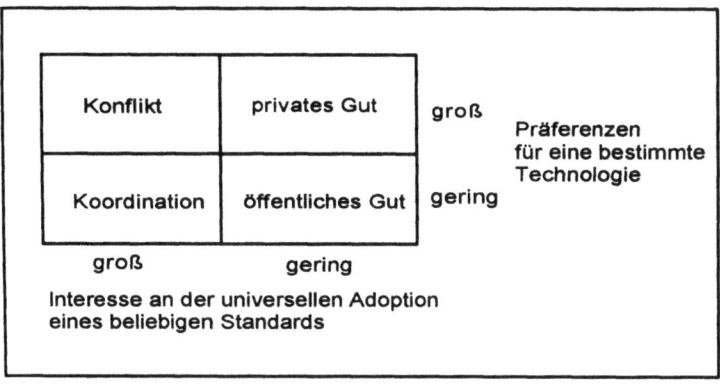

Abb.12: Standardisierungsdeterminanten von Besen/Saloner
(vgl. in Anlehnung an Besen/Saloner (1988), S. 10)

Ein reiner Koordinationsfall liegt vor, wenn einerseits das Interesse an der universellen Adoption eines beliebigen Standards hoch ist und andererseits geringe Präferenzen für eine bestimmte Technologie bestehen, »... and the *per capita* rewards to participation in standard setting are large enough to induce everyone to participate.«[162] Damit beinhaltet der Standardisierungsprozeß lediglich eine Übereinkunft darüber, welche Alternative zu wählen ist. Diese Übereinkunft wird im Rahmen von Standardisierungsgremien erzielt. Ist schließlich eine Übereinkunft erreicht worden, hat kein Akteur ein Interesse daran, einen anderen Standard zu wählen. Ein solcher Standard maximiert den gesamten Nutzen der betroffenen Akteure.

Wenn einerseits die Präferenzen der Akteure für eine bestimmte Technologie gering sind und andererseits nur ein geringes Interesse an der universellen Adoption eines beliebigen Standards besteht, scheitert die freiwillige Form der Standardisierung. Die Akteure verhalten sich dann als Trittbrettfahrer. In diesem Fall hat der Standard den Charakter eines öffentlichen Gutes. »Although everyone desires that standardization be achieved, and differences in preferences are small, no agent has a sufficiently large interest to develop the standard.«[163] Ein Standard kann in dieser Situation nur durch staatlichen Eingriff entwickelt werden.

---

162 Besen/Saloner (1988), S. 5.
163 Besen/Saloner (1988), S. 6.

Im Gegensatz zu Standards, die nahezu den Charakter öffentlicher Güter besitzen, haben solche Standards den Charakter privater Güter, bei denen das Interesse an einer universellen Adoption eines beliebigen Standards gering und zugleich die Präferenzen für eine bestimmte Technologie eines Standards hoch sind. Das Ergebnis ist entweder die Existenz einer Mehrzahl von imkompatiblen Standards mit privatem Charakter oder die Selektion eines Standards durch den Marktprozeß. Davon unterscheiden Besen/Saloner schließlich den Konfliktfall, der sich dadurch auszeichnet, daß neben großen individuellen Technologie-Präferenzen ein großes Interesse an einer universellen Adoption eines beliebigen Standards besteht. Gibt es in diesem Falle einen dominanten Akteur, ist es wahrscheinlich, daß dessen Spezifikation sich gegenüber anderen durchsetzt. Oder es bilden sich Koalitionen, in denen Akteure gemeinsam versuchen, die Diffusion der präferierten Technologie zu fördern.

3.1.2 Kritik und Erweiterung der Betrachtungsweise

Die wesentliche Erkenntnis, die sich aus dieser Klassifizierung gewinnen läßt, besteht darin, daß es verschiedene Formen der Standardisierung gibt. »There is no standard way in which standards are developed.«[164] Der Grund dafür ist, daß Akteure unterschiedliche individuelle Interessen besitzen können, die zu unterschiedlichem Standardisierungsverhalten führen. Drei prinzipielle Formen der Entstehung von Standards lassen sich daraus ableiten: eine Standardisierung auf administrativem Wege bei Existenz von Trittbrettfahrerverhalten, kooperatives Standardisierungsverhalten seitens privater Akteure bei gleichartigen Technologiepräferenzen und erforderlichem Netzeffektnutzen sowie konkurrierendes Standardisierungsverhalten bei hinreichend großem privaten Nutzen.

Aus verschiedenen Gründen ist diese Klassifizierung zur Beschreibung der Entstehung von EDI-Standards jedoch nur bedingt anwendbar.[165] Ein Kritikpunkt besteht darin, daß ein Standardisierungsproblem jeweils nur durch eine der vier Möglichkeiten charakterisiert werden kann. Damit ist die Annahme verbunden, daß sich die individuellen Interessenlagen von Akteuren jeweils nur einer dieser vier Möglichkeiten zuordnen lassen. Diese Klassifizierung schließt die Existenz konkurrierender Standardisierungsformen aus. Konkurrierendes Standardisierungsverhalten etwa ist lediglich innerhalb des Feldes 'Konflikt' zugelassen, aber nicht zwischen verschiedenen Feldern.

Gleichzeitig sind in dieser Klassifizierung bestimmte Überschneidungen enthalten. Eine konfliktäre Standardisierungssituation tritt nicht nur in der von Besen/Saloner geschilderten Konfliktsituation auf, sondern ebenfalls im Feld 'privates Gut'. In beiden Fällen können aber eine Mehrzahl von Technologien (im Sinne von Schnittstellen-Spezifikationen) existieren, bei denen die jeweiligen Akteure um die Adoption ihrer eigenen Technologie konkurrieren.

---

164 Besen/Saloner (1988), S. 2.

Dadurch, daß Besen/Saloner begrifflich nicht zwischen Entwurf und Diffusion einer Technologie unterscheiden, ist eine spezielle Analyse dieser Teilprobleme kaum möglich. Die Autoren vermischen deshalb zum Teil eine ex-ante- und eine ex-post-Perspektive. Nur dadurch läßt es sich erklären, daß eine hohe Präferenz für eine bestimmte Technologie mit einem hohen Interesse an einer universellen Adoption eines beliebigen Standards verbunden werden kann. Denn wenn Akteure eine besondere Präferenz für eine bestimmte Technologie besitzen, kann ihnen nicht gleichzeitig ein hohes Interesse an der Diffusion eines beliebigen Standards unterstellt werden, sondern nur ein Interesse an der Adoption des eigenen.

Dieser Widerspruch läßt sich nur dadurch beheben, indem man zusätzlich unterstellt, daß die Konfliktparteien bereits Anwender einer bestimmten Technologie sind, ein ausreichender Netzeffektnutzen notwendig ist und sie beim Scheitern der Diffusion ihrer Technologie Wechselkosten zu befürchten haben, obwohl es ihnen ex ante gleichgültig ist, welche Technologie sie anwenden. In dieser Situation konkurrieren demnach Anwender, die auf einen ausreichenden Netzeffektnutzen angewiesen sind, um die universelle Adoption ihrer präferierten Technologie.

Die Dimension 'Interesse an der Adoption eines beliebigen Standards' skizziert eine ex-ante-Situation, eine 'hohe Präferenz für eine bestimmte Technologie' jedoch eine ex-post-Situation. Damit ist auch denkbar, daß eine – ex ante – reine Koordinationssituation zu einer Konfliktsituation ex post werden kann. Dies ist etwa dann der Fall, wenn eine Mehrzahl von Koordinationsgremien eigene Technologien entwerfen, die schließlich um ihre Adoption konkurrieren. Andererseits kann ebenfalls im Falle eines 'privaten Gutes' Konkurrenz zwischen verschiedenen (privaten) Technologien um ihre Akzeptanz am Markt und damit eine Konfliktsituation bestehen.[166]

Die Kritik an dieser Klassifizierung kann damit im wesentlichen auf zwei Problembereiche bezogen werden. Zum einen enthält diese Klassifizierung insofern ein Erklärungsdefizit, als der Standardisierungsprozeß nicht in die beiden Phasen Entwurf bzw. Adoption einer Technologie differenziert wird. Somit lassen sich auch damit verbundene Standardisierungsprobleme nicht explizit beschreiben und ihre Wirkungen auf den Standardisierungsprozeß beurteilen. Zum anderen reicht die vergleichsweise einfache und pauschalierende Differenzierung möglicher Interessenlagen von Standardisierungsakteuren zumindest für eine adäquate Beurteilung der Entstehungsbedingungen von EDI-Standards nicht aus.

Denn wie nachfolgend gezeigt werden soll, lassen sich die individuellen Interessenlagen von Akteuren zur Beurteilung des Standardisierungsverhaltens nur durch eine detaillierte Analyse ihrer individuellen Nutzungsmöglichkeiten von EDI-Regelwerken adäquat beschreiben. Dabei

---

165 Das Schema von Besen/Saloner ist dennoch innerhalb der wenigen in der Literatur beschriebenen Klassifizierungen der Determinanten von Standardisierungsprozessen die aussagefähigste; vgl. dazu z.B. auch die Klassifizierung von Landis Gabel (1991), S. 11-14, sowie etwa die Ausführungen von Kindleburger (1983), Carlton/Klamer (1983), Farrell/Saloner (1987), (1988), OECD (1991).
166 Besen/Saloner (1988) sehen hier implizit selbst eine Konfliktsituation, vgl. Besen/Saloner (1988), S. 7.

ist zusätzlich zu berücksichtigen, daß deren Nutzen auch von bestimmten Eigenschaften der Kommunikationsbeziehungen zwischen Akteuren abhängt. Deshalb sind auch Beziehungseigenschaften und Beziehungsstrukturen zur Beurteilung der Nutzenwirkungen zu beurteilen.

3.2 Analyse von Nutzenwirkungen und Beziehungsmerkmalen: Ansätze zu einer Typologisierung von Standardisierungsverhalten

Die nachfolgenden Überlegungen basieren auf der Grundthese, daß EDI bzw. EDI-Regelwerke sich nur dann in wirtschaftlichen Kommunikationsbeziehungen durchsetzen werden, wenn mit deren Anwendung nachhaltige individuelle Nutzenvorteile verbunden sind. Durch die Analyse der allgemeinen Nutzenpotentiale von EDI, der individuellen Realisierungsmöglichkeiten dieser Nutzenpotentiale sowie die Nutzenwirkungen bestimmter Beziehungseigenschaften und - strukturen lassen sich detailliertere Aussagen über Art und Ausmaß individueller Nutzenvorteile gewinnen.

3.2.1 Nutzenpotentiale von EDI

Ansatzpunkte für einen betrieblichen Einsatz von EDI bestehen in allen funktionalen Bereichen eines Unternehmens, bei denen kommunikative Beziehungen zu anderen Unternehmen bestehen.[167] Die funktionalen Einsatzmöglichkeiten von EDI lassen sich beispielhaft anhand der Porter'schen Wertkette illustrieren (vgl. Abbildung 13).[168]

Der Einsatz von EDI dominiert insbesondere dort, wo Geschäftsbeziehungen angebahnt und Aufträge abgewickelt werden. Der Grund für die Dominanz von EDI für den transaktionsbegleitenden Datenaustausch und den damit verbundenen Einsatzschwerpunkt in den primären Wertschöpfungsaktivitäten liegt zum einen darin, daß in diesen Bereichen im Zuge von Geschäftsanbahnung und Auftragsabwicklung viele »natürliche« Transaktionsschnittstellen zwischen beteiligten Geschäftspartnern bestehen.[169] Andererseits erleichtert die strukturelle Gleichartigkeit sowie die Häufigkeit der dabei kommunizierten Nachrichten den Einsatz von EDI-Regelwerken in diesen Bereichen. Die vergleichsweise geringe Spezifität und Komplexität

---

167 Hier werden zwar die Nutzenpotentiale von Unternehmen beleuchtet, in analoger Weise ließen sich aber auch die Nutzenpotentiale staatlicher Institutionen rekonstruieren.
168 Vgl. zur allgemeinen Charakteristik der Porter'schen Wertkette: Timmermann (1982), Kogut (1984), Porter (1986), Esser/Ringlstetter (1991). Im Sinne der Weiterentwicklung des Ansatzes von Porter durch das »Aufgabenspektrum« eines strategischen Managements durch Kirsch, bezieht sich EDI und dessen Einsatzmög-lichkeiten auf den »Sekundärbereich« eines Unternehmens; zu diesem Begriff vgl. Kirsch (1991), Kirsch/Knyphausen/Ringlstetter (1989). Aus dieser Perspektive lassen sich die kommunikationstechnischen Potentiale von EDI in den einzelnen Wertschöpfungsgliedern hinsichtlich des Beitrags zur Realisierung unternehmerischer Strategien verdeutlichen; vgl. auch zur Bedeutung der Unternehmensressource Information in den einzelnen Wertschöpfungsgliedern Fischbacher (1986).
169 Vgl. Sedran (1991), S. 18.

der Kommunikationsinhalte unterstützt die Integration und Verlagerung von Teilprozessen zwischen verschiedenen Unternehmen.[170]

Unternehmensinfrastruktur	Elektronischer Austausch von Rechnungen Elektronische Abgabe von Steuermeldungen			
Personalwesen	Elektronische Weitergabe von Gehaltszahlungen und Sozialabgaben			
Forschung & Entwicklung	Elektronischer Austausch von Konstruktionsdaten Elektronische Vorgabe von Entwicklungsrichtlinien			
Beschaffung	Elektronische Bestellung Qualitätskontrolle beim Lieferanten			
Beschaffungs-logistik	Produktion	Marketing/ Vertrieb	Vertriebs-logistik	Kunden-service
Materialbestände für Lieferanten Elektronische Verfolgung der Lieferspediteure	Daten zum Produktionsfortschritt für Lieferanten und Kunden	Kundeninformations-systeme Bestelldaten-austausch mit Kunden	Elektronische Verbindung zu Speditions-betrieben	Produkt-informationen

Abb.13: Betriebliche Einsatzmöglichkeiten von EDI
(vgl. in Anlehnung an Schumann (1990))[171]

Ein originärer Nutzen des Einsatzes von EDI resultiert aus der Einsparung von Zeit und Kosten beim unternehmensübergreifenden Austausch von Informationen durch die Substitution herkömmlicher kosten- und zeitintensiver Übertragung von Informationen auf Papierbasis und postalischer Beförderungsdienste und durch den Wegfall von erneuten Dateneingaben in das Empfängersystem.[172] Verschiedene empirische Untersuchungen und Erfahrungsberichte aus der Praxis bestätigen diesen originären Nutzen von EDI.[173] Dieser Nutzen ist das Resultat eines substitutiven Einsatzes von EDI im operativen Tagesgeschäft.[174]

---

170 Vgl. Sedran (1991), S. 18, der sich jedoch in seiner Argumentation auf die Merkmale der abzuwickelnden Aufgaben bezieht.

171 Vgl. auch Sedran (1991), S. 18, Picot/Neuburger/Niggl (1992b), S. 50-51.

172 Es ist jedoch zu beachten, daß eine bruchlose innerbetriebliche Weiterverarbeitbarkeit empfangener EDI-Nachrichten eine ausreichende Integration innerbetrieblicher Datenströme voraussetzt. Dies kann zur Folge haben, daß zur Realisierung dieser Kosten- und Zeitvorteile innerbetriebliche Reorganisationsmaßnahmen erforderlich werden.

173 Vgl. z.B. Pfeiffer (1992), Picot/Neuburger/Niggl (1992a), S. 40, Kilian/Picot//Neuburger/Niggl/ Scholtes/Seiler (1994).

174 Vgl. Sedran (1991), S. 19-20, Neuburger (1994), S. 29-36.

In der Folge dieser operativ wirksamen Kosten- und Zeitvorteile eines Einsatzes von EDI ergeben sich Möglichkeiten, EDI als Vehikel zur Realisierung von Unternehmensstrategien einzusetzen und damit Wettbewerbsvorteile zu erreichen. Ein solcher derivativer Nutzen von EDI ist das Resultat unterschiedlicher strategisch relevanter Handlungsoptionen auf der Basis der originären Nutzenwirkungen. Die strategische Nutzbarkeit von EDI äußert sich im Produkt-/Marktbereich einerseits in der Unterstützung der Strategie der Kostenführerschaft, indem unterschiedliche Kostensenkungsformen in Kundennutzen transformiert werden, und andererseits in verschiedenen Ansatzpunkten, sich durch Differenzierung von Wettbewerbern abzuheben.[175] EDI unterstützt darüber hinaus unterschiedliche Gestaltungsmöglichkeiten zwischenbetrieblicher Arbeitsteilung und unternehmensübergreifender Koordinationsformen (vgl. Abbildung 14).

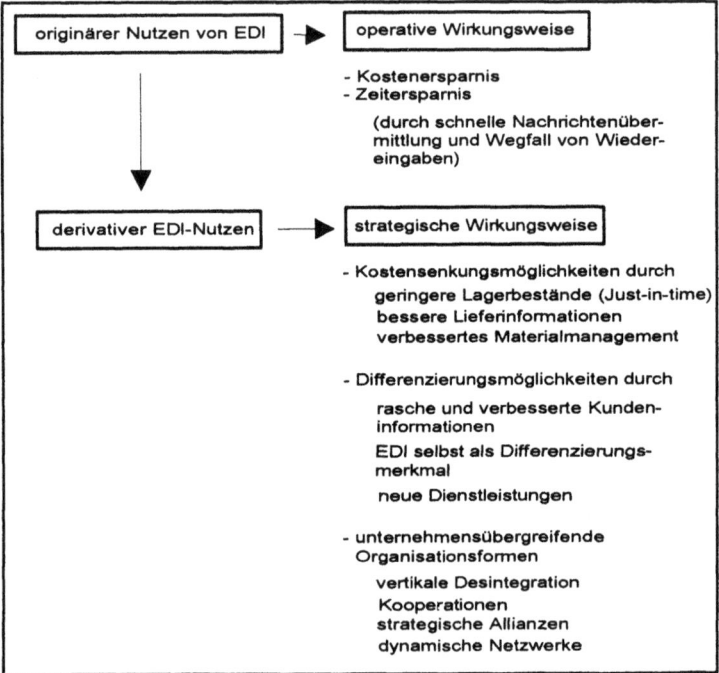

Abb.14: Nutzenpotentiale von EDI

Die durch EDI hervorgerufene Beschleunigung des Informationsflusses ermöglicht die Realisierung neuer Beschaffungs- und Logistikkonzepte. Dazu zählt insbesondere die Just-in-

---

175 Zu den beiden grundlegenden Strategien der Kostenführerschaft und der Differenzierung vgl. Porter (1985), S. 11-126.

time-Beschaffung.[176] In vielen Fällen stellt EDI eine notwendige Voraussetzung für eine Optimierung dieses Beschaffungskonzeptes dar. Durch rasche, sichere und kostengünstige Übertragung beschaffungsrelevanter Informationen läßt sich der Materialfluß zwischen Zulieferern und Abnehmern optimieren.

Die Optimierung der Logistik setzt nicht primär am Materialfluß an, sondern an den Informationsflüssen, die einen Materialfluß begleiten. Der Engpaßfaktor Informationsfluß kann durch den Einsatz von EDI entschärft werden. Dies ermöglicht zeitpunktgenauere Lieferinformationen und damit eine zeitpunktgenauere Steuerung von Materialflüssen.[177] Schnellere Durchlaufzeiten, genauere Terminzusagen, der Abbau von Lagerbeständen sowie eine Tendenz zu schnelleren Zahlungseingängen können die Folge sein. Geringere Lagerbestände führen zu einer Reduzierung der Kapitalbindung und damit der Kapitalkosten, was neben schnelleren Zahlungseingängen einen erhöhten Liquiditätsspielraum für Unternehmen ergibt. Im Zuge einer EDI-Anwendung läßt sich der Verwaltungsaufwand in vielen Funktionsbereichen reduzieren, so daß weniger Abteilungen erforderlich sind. EDI unterstützt damit die Realisierung von »lean production« bzw. »lean management«.[178]

Kostenvorteile lassen sich darüber hinaus auch durch bessere Lieferinformationen hinsichtlich der Qualität von Lieferteilen sowie durch ein verbessertes Materialmanagement etwa aufgrund aktuellerer Informationen über den Status bestellter Teile in den Zulieferbetrieben verwirklichen. Neben verbesserter Kontrolle von Bank- und Handelsinformationen sind beispielsweise Lagerhaltungsanalysen, Analysen der logistischen Effektivität oder die Beurteilung verkaufsfördernder Maßnahmen ohne aufwendige zusätzliche Datenerfassung möglich. Eine qualitativ verbesserte Datenbasis erhöht die Qualität von Entscheidungen.[179] Diese exemplarische Aufzählung zeigt insgesamt, daß der Einsatz von EDI eine Vielzahl von kostensenkenden Gestaltungsoptionen bietet.

Differenzierungsvorteile sind durch den Einsatz von EDI ebenfalls in mehrerer Hinsicht denkbar. Ein Differenzierungsansatz besteht darin, daß der Einsatz dieser Kommunikationsform selbst ein wettbewerbswirksames Differenzierungsmerkmal darstellen kann. Sofern Geschäftspartner EDI praktizieren, kann eine fehlende »EDI-Fähigkeit« zu einem »Knock-out-Faktor« werden, d.h., daß solche Geschäftspartner u.U. wegen fehlender Möglichkeit zu EDI-Kommunikation die Geschäftsbeziehung abbrechen.[180] Oder positiv ausgedrückt: die Fähigkeit, EDI als Kommunikationsmedium bei geschäftlichen Transaktionen einsetzen zu können,

---

176 Zu diesem Konzept vgl. z.B. Wildemann (1988), Dear (1988).
177 Im Rahmen von Feinabrufen von Zulieferteilen durch den Abnehmer lassen sich tagesgenaue und z.T. stundengenaue Materialdispositionen durchführen. Der Nutzen von EDI für Just-in-time-Konzepte zeigt sich beispielsweise in der Automobilindustrie besonders deutlich.
178 Zu »lean production« vgl. Womack/Jones/Roos (1991), Bullinger/Wasserloos (1992); zum Einfluß von EDI auf lean production vgl. Hartley/Mortimer (1991), Picot/Neuburger/Niggl (1993).
179 Vgl. Picot/Neuburger/Niggl (1992b), S. 53; die Erhöhung von Entscheidungsqualität reduziert Opportunitätskosten einer Entscheidung.
180 Vgl. Sedran (1991), S. 20.

kann – zumindest in einer frühen Ausbreitungsphase – Vorteile bei der Anbahnung von neuen Geschäftsbeziehungen bieten.

Ein weiterer Differenzierungsvorteil kann darin bestehen, daß durch raschere und verbesserte Kundeninformationen zusätzliche verkaufsfördernde Leistungen angeboten werden können. Die Verbesserung des mit einem physischen Produkt verbundenen Informationservices kann u.U. zu einer »unique selling position«, also zu einem unverwechselbaren Qualitätsmerkmal aus der Sicht eines Käufers führen.[181] Zusätzlich kann durch raschen Informationsfluß auf differenzierte Kundenbedürfnisse eingegangen werden. Ein Beispiel für eine solche Verbesserung der Befriedigung von Kundenbedürfnissen zeigt sich etwa in der Automobilproduktion, wo vielfach versucht wird, Änderungen von Kundenwünschen so lange wie möglich bei der Produktion berücksichtigen zu können. Dadurch kann einem Kunden das Angebot gemacht werden, Änderungswünsche für ein bestelltes Auto etwa hinsichtlich der Innenausstattung selbst dann noch zu äußern, wenn sich das Automobil im Extremfall bereits in der Produktion befindet. Dies ist jedoch nur möglich, indem schnelle Übermittlung und automatische Weiterverarbeitbarkeit der Informationen vom Händler zum Automobilhersteller gegeben sind.

Neue Dienstleistungen, die erst auf der Basis von EDI ermöglicht werden, können ebenfalls zu Differenzierungsvorteilen gegenüber Mitbewerbern führen. Damit bietet EDI auch Ansatzpunkte für innovative geschäftliche Einsatzmöglichkeiten. Dabei sind neue Dienstleistungen wie etwa externe Dienstleistungszentren, die Lagerhaltungsfunktionen übernehmen[182], oder elektronische Transportbörsen bzw. Leerfahrtenbörsen[183] zur besseren Bewirtschaftung von Lastkraftwagen ebenso denkbar, wie die Übernahme bestimmter Datenverarbeitungsaufgaben von Geschäftspartnern (Buchhaltungsaufgaben oder Stammdatenverwaltung).[184]

EDI ermöglicht neben produkt-/marktbezogenen Strategieoptionen verschiedene Ansätze für unternehmensübergreifende Reorganisationsvorhaben. Durch EDI können sich möglicherweise unterschiedliche unternehmensübergreifende Koordinationsformen[185] für arbeitsteilige Aufgabenerfüllung als effizienter erweisen als eine innerbetriebliche Aufgabenerfüllung. Erst damit können möglicherweise Synergieeffekte realisiert werden. Sowohl der produktbezogene Austausch von Konstruktions- oder Produktdaten etwa im Forschungs- und Entwicklungsbereich oder im Produktionsbereich als auch der Austausch von Geschäftsdaten können verschiedene unternehmerische Auslagerungs- und Kooperationsstrategien unterstützen. EDI erleichtert in diesen Bereichen die überbetriebliche Zusammenarbeit, indem einerseits die Kosten der Kommunikation im Vergleich zu herkömmlichen Kommunikationsformen

---

181 Vgl. dazu Trux/Müller/Kirsch (1985), S. 5-6.
182 Vgl. z.B. Bierschenk (1990), S. 235.
183 Vgl. o.V. (1989).
184 Vgl. Picot/Neuburger/Niggl (1993), S. 21.
185 Vgl. Ochsenbauer (1989).

vermindert werden können und andererseits zeitkritische Kommunikationsprozesse keinen Hinderungsgrund mehr für unternehmensübergreifende Zusammenarbeit darstellen.

Der Einsatz von EDI unterstützt tendenziell die Auslagerung von bislang unternehmensintern erstellten Aufgaben. Man kann diese Aussage daran verdeutlichen, daß man den Einfluß von EDI auf die Transaktionskosten der Aufgabenabwicklung in Gegenüberstellung zu den auftretenden Informations- und Kommunikationsproblemen bei einer Transaktion betrachtet (vgl. Abbildung 15).[186]

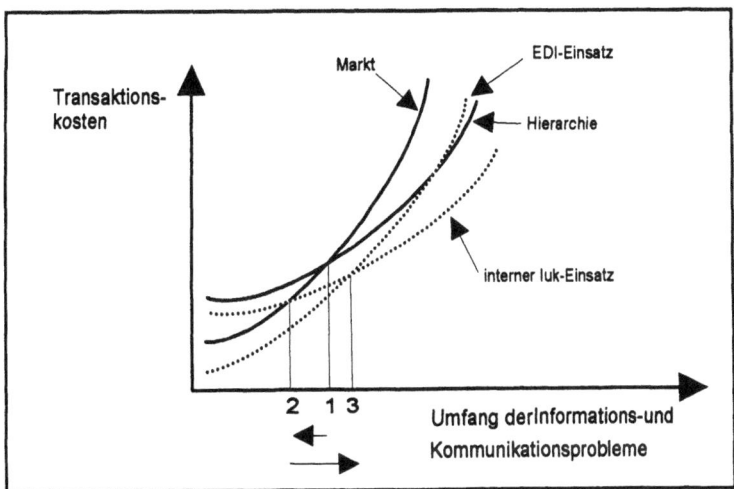

Abb.15: Tendenz zu marktlicher Koordination durch EDI-Einsatz
(vgl. in Anlehnung an Picot (1989), S. 369)

Die Grundüberlegung besteht darin, daß der ökonomische Vorteil marktlicher bzw. hierarchischer (unternehmensinterner) Aufgabenerstellung davon abhängt, wie groß die bei der Aufgabenkoordination auftretenden Informations- und Kommunikationsprobleme sind.[187] Der Verlauf der Kurven zeigt an, daß eine marktliche Aufgabenkoordination bei vergleichsweise geringen Kommunikationsproblemen effizienter ist als eine hierarchische Koordination. Ab einem bestimmten Ausmaß an Kommunikationsproblemen (Punkt 1 in Abbildung 15) ist eine hierarchische Aufgabenkoordination transaktionskostengünstiger.

---

186   Zur Bedeutung der Transaktionskosten zur Beurteilung der Organisation unternehmerischer Aufgaben vgl. z.B. Williamson (1975), Picot (1982), Michaelis (1985).

Betrachtet man nun vor dem Hintergrund einer entwicklungsgeschichtlichen Abfolge, daß Informations- und Kommunikationstechnologien zunächst für unternehmensinterne Aufgabenerfüllung (interner IuK-Einsatz) eingesetzt werden, bedeutet dies eine Tendenz zu verstärkter unternehmensinterner Koordination vormals marktlich effizienter koordinierter Aufgaben und demnach zu vertikaler Integration (Punkt 2 in Abbildung 15). Durch den zusätzlichen Einsatz von Kommunikationstechnologien in der unternehmensübergreifenden Aufgabenabwicklung, insbesondere durch die Kommunikation auf der Basis von EDI, entsteht eine verstärkte Tendenz zu marktlicher Koordination von Aufgaben (vgl. Punkt 3 in Abbildung 15). EDI unterstützt demnach die Auslagerung (Outsourcing) von Aufgaben aufgrund der Reduzierung der Kommunikationsprobleme.[188] Es erhöht sich die Tendenz zu vertikaler Desintegration.[189]

Die Reduzierung der Probleme unternehmensübergreifender Kommunikation durch EDI erklärt sich neben Kosten- und Zeitersparnissen insbesondere durch den Integrationseffekt durch die automatische Weiterverarbeitbarkeit kommunizierter Nachrichten. Damit wird der ursprüngliche Vorteil unternehmensinterner Koordination ausgeglichen. Die Integrationstendenz geht über die kommunikative und informationelle Verbindung von Wertschöpfungsgliedern (innerhalb eines Unternehmens) hinaus, indem nun die Wertschöpfungsketten unterschiedlicher Unternehmen integrativ verknüpft werden können.

Dies verstärkt die Tendenz zu verschiedenen Formen unternehmensübergreifender Kooperation. Bei horizontaler Kooperation findet eine Zusammenarbeit zwischen denselben Wertschöpfungsgliedern verschiedener Unternehmen statt. Neben solchen horizontalen Kooperationsformen begünstigt EDI auch vertikale Kooperationen, indem ein integrierter Datenfluß entlang primärer Wertschöpfungsaktivitäten verschiedener Unternehmen ermöglicht wird.

In der Folge verstärkter Auslagerungs- und damit verbundener Spezialisierungstendenzen begünstigt EDI die Entstehung dynamischer Netzwerke.[190] Charakteristisch für diese Form unternehmensübergreifender Koordination ist die vertikale Aufspaltung einzelner betrieblicher Funktionen in selbständige Unternehmen. Der wesentliche Vorteil solcher dynamischer Netzwerke besteht in kürzeren Reaktionszeiten auf Veränderungen in der marktlichen oder technologischen Umwelt und einer damit verbundenen Steigerung unternehmerischer Flexibilität. Schließlich kann EDI die effiziente (arbeitsteilige) Realisierung gemeinsamer Strategien

---

187　In anderen Ausführungen werden die Informations- und Kommunikationsprobleme der Aufgabenabwicklung auf den Grad der Spezifität, Unsicherheit und Komplexität einer Transaktion bezogen, vgl. dazu z.B. Picot/Dietl (1990), S. 181. Dieser Bezug soll hier nicht gemacht werden. Im Mittelpunkt stehen hier primär die unmittelbaren Kommunikationsprobleme der Abwicklung einer Aufgabe.

188　Vgl. Picot/Neuburger/Niggl (1993), S. 21, zur Bedeutung von Informations- und Kommunikationstechnologien für neue Formen der Organisation vgl. Benjamin/Malone/Yates (1986).

189　Vgl. dazu Picot (1992b).

190　Vgl. dazu z.B. Miles/Snow (1986).

mehrerer Unternehmen im Rahmen strategischer Partnerschaften (Allianzen)[191] maßgeblich beeinflussen.[192]

3.2.2 Realisierbarkeit der Nutzenpotentiale

Das beschriebene allgemeine Nutzenpotential von EDI stellt lediglich prinzipiell denkbare Optionen für einen wirtschaftlichen Einsatz dieser Kommunikationsform dar. Inwieweit ein Unternehmen tatsächlich dieses Nutzenpotential umsetzt bzw. umsetzen kann, hängt von verschiedenen Faktoren ab. Es kann vermutet werden, daß beispielsweise ein Handwerksbetrieb oder ein mittelständisches Unternehmen möglicherweise geringere, aber sicherlich andere Nutzungsmöglichkeiten hat als etwa ein Großunternehmen oder ein weltweit agierender multinationaler Konzern.

3.2.2.1 Bewertungsprobleme als Nutzungshemmnis

Die Beurteilung der individuellen Vorteilhaftigkeit des Einsatzes von EDI, d.h. die Identifizierung und Bewertung von Kosten- und Leistungskonsequenzen, beinhaltet einige für Informations- und Kommunikationstechnologien typische Problemstellungen.[193] Für Unternehmen stellt die Einführung von EDI eine Investition dar, bei der wie bei jeder anderen Investition nach der wirtschaftlichen Vorteilhaftigkeit gefragt wird.[194] EDI weist jedoch einige Besonderheiten auf, die eine aussagefähige Wirtschaftlichkeitsbeurteilung erschweren oder zum Teil sogar unmöglich machen. Denn quantitative, d.h. in Geldeinheiten bewertende Kalküle scheiden als alleiniger Maßstab für eine Vorteilhaftigkeitsbeurteilung aus. Der Großteil der Kosten- und Nutzenfaktoren läßt allenfalls qualitative Beurteilungsformen zu. Unternehmen, die sich bei ihrer Entscheidungsfindung auf rechenbare Kalküle stützen, haben demnach große Schwierigkeiten, einen positiven Nutzen von EDI zu erkennen.

Ein Problem besteht im Auffinden geeigneter Maßgrößen, die die Wirtschaftlichkeit hinreichend genau widerspiegeln. Denn sowohl auf der Kosten- als auch auf der Nutzenseite gibt es eine große Anzahl von Faktoren, die sich einer quantitativen Beurteilung mehr oder weniger entziehen. Dies trifft insbesondere auf personelle und organisatorische Anpassungsmaßnahmen sowie auf den Zuwachs an unternehmerischen Handlungsoptionen und Wettbewerbsvorteilen zu. Weiterhin gibt es eine erschwerte Zurechenbarkeit von Kosten- und Leistungskonsequenzen, da entsprechende Effekte häufig zeitlich verzögert sowie räumlich und organisatorisch verteilt auftreten können. Diese Ungewißheiten erschweren Prognosen über den

---

191 Vgl. Gahl/Backhaus (Hrsg. 1989), Gahl (1991), Lewis (1991).

192 Der Einfluß von EDI bezieht sich dabei weniger auf die Anbahnung strategischer Partnerschaften als vielmehr auf die arbeitsteilige Umsetzung gemeinsam entwickelter Strategien. Allerdings ist denkbar, daß ohne den Einsatz von EDI bisweilen eine operative Umsetzung gemeinsamer Strategien an der Ineffizienz notwendiger Kommunikation scheitern kann. In einem solchen Falle wäre EDI eine notwendige infrastrukturelle Voraussetzung für das Eingehen einer strategischen Partnerschaft.

193 Vgl. dazu Schumann (1990).

194 Vgl. im folgenden Picot/Neuburger/Niggl (1992a), Picot/Reichwald (1987), Schumann (1992).

Nutzen von EDI erheblich. Eine tragfähige Nutzenprognose wird dann zusätzlich erschwert, wenn ein Unternehmen einen ausreichenden Nutzen einer Anwendung von EDI erst durch die Realisierung von Netzeffektnutzen erwarten kann, es aber unsicher ist, ob eine entsprechend hohe Anwenderzahl von EDI und eines bestimmten EDI-Regelwerkes erreicht wird.

Da einerseits bei Einführung und Anwendung von EDI in der Regel auch andere Unternehmen betroffen sind, und andererseits sich insbesondere strategische Nutzeffekte erst im Zusammenspiel mit anderen unternehmerischen Entscheidungen ergeben, stellt die Verbund- oder Interdependenzproblematik[195] einen weiteren schwierig zu beurteilenden Problembereich dar. Schließlich kann EDI als eine technologische Innovation betrachtet werden, die innovationstypische Diffusionsprobleme[196] aufwirft. EDI erfordert daher eine ganzheitliche Beurteilung, die gegenwärtige und zukünftige sowie monetäre und nicht-monetäre Kosten- und Leistungskonsequenzen berücksichtigen muß.

Klassische Verfahren der Wirtschaftlichkeitsbeurteilung, wie z.B. traditionelle statische oder dynamische Verfahren[197] oder auch mehrdimensionale Verfahren wie die Nutzwertanalyse[198] werden diesen Beurteilungsproblemen nur unzureichend gerecht. Entscheidungsträger, die sich auf solche Verfahren zur Vorteilhaftigkeitsbeurteilung stützen, gehen in ihren Entscheidungen von einer unzureichenden Informationsgrundlage aus. Die Wahrscheinlichkeit, eine falsche Entscheidung zu treffen, steigt dadurch. Probleme der wirtschaftlichen Bewertung von EDI können damit positive Einführungsentscheidungen behindern.[199]

Die Unsicherheiten in der Bewertung der verschiedenen Nutzungsmöglichkeiten von EDI kann dazu führen, daß Entscheidungsträger primär die operativen Kosten- und Nutzenkomponenten bei ihrer Entscheidungsfindung berücksichtigen und möglicherweise vorhandene, aber nicht unmittelbar ersichtliche strategisch wirksame Nutzenvorteile als Entscheidungskriterien unberücksichtigt lassen. Dies kann gerade für Unternehmen ohne ausreichendes substituierbares Belegvolumen einen Hinderungsgrund für die Anwendung von EDI darstellen.

3.2.2.2 Einführungs- und Einsatzkosten von EDI

Den individuellen Nutzungsmöglichkeiten von EDI stehen verschiedene Kostenfaktoren der Einführung und des Einsatzes gegenüber, die unternehmensbezogen unterschiedliche Ausprägungen haben können.[200] Die Höhe der Implementierungskosten hängen zwar u.a. davon ab, inwieweit entsprechende Anwendungssysteme bereits vorhanden sind bzw. im Zuge der EDI-

---

195 Vgl. Marr/Picot (1991), S. 715-716.
196 Vgl. z.B. Rogers (1983).
197 Vgl. z.B. Perridon/Steiner (1991).
198 Vgl. Kappler/Rehkugler (1991), S. 943-947.
199 Verschiedene neuere Ansätze der Wirtschaftlichkeitsbeurteilung versuchen, die skizzierte Bewertungsproblematik in unterschiedlicher Weise zu berücksichtigen, vgl. z.B. das Vier-Ebenen-Modell von Picot/Reichwald/Behrbohm (1985), vgl. auch Horváth (Hrsg. 1988).
200 Vgl. Pfeiffer (1992), S. 92-93.

Einführung erst beschafft werden müssen. Sie dürften aber bei kaum einem Unternehmen ernsthaft ins Gewicht fallen. Sie sind i.d.R. leicht bestimmbar und stellen somit kaum ein Bewertungsproblem dar. Ebenso fallen Kosten für den laufenden Einsatz von EDI wie Systempflege, Operating-Kosten, Kosten der Pflege von Konvertierungssoftware weniger stark ins Gewicht.

Bei der Einführung von EDI fallen daneben u.U. zusätzliche Personalkosten etwa in Form von internen oder externen Beratungsleistungen, Personalschulungsmaßnahmen oder Gehältern für zusätzlich beschafftes Personal an. Inbesondere zusätzliches Personal kann möglicherweise zu einem dauerhaft hohen Kostenfaktor führen.

Damit empfangene Nachrichten automatisch weiterverarbeitet werden können, ist neben den kommunikationstechnischen Anforderungen eine geeignete unternehmensinterne informations- und kommunikationstechnische Infrastruktur sowie eine Anbindung zu unternehmensinternen Datenbeständen und Anwendungssystemen erforderlich. Je nach dem Ausstattungsgrad eines Unternehmens mit geeigneter informations- und kommunikationstechnischer Infrastruktur sowie dem innerbetrieblichen Integrationsgrad der Anwendungssysteme und Datenbestände ergeben sich unterschiedliche Kostenkonsequenzen.

Diese Kosten werden vor allem dann vergleichsweise hoch sein, wenn im Zuge einer EDI-Einführung zusätzliche innerbetriebliche Anwendungssysteme implementiert sowie notwendige Datenintegrationen durchgeführt werden müssen. Solche Maßnahmen sind in aller Regel mit Anpassungen organisatorischer Abläufe verbunden, deren Kosten vom notwendigen Anpassungsbedarf abhängen. Je weniger ablauforientiert eine bestehende Organisation gestaltet ist, desto höher dürften die Kosten der Reorganisation ausfallen. Insgesamt kann festgehalten werden, daß die Kosten der Einführung von EDI umso höher ausfallen, je mehr informations- und kommunikationstechnischer sowie organisatorischer Anpassungsbedarf besteht, um die Nutzenpotentiale von EDI realisieren zu können.

3.2.2.3 Beurteilung der Höhe des Belegvolumens als operative Nutzungsdeterminante

Das Ausmaß von Kosten- und Zeitersparnissen bei der Übertragung und der automatischen Weiterverarbeitung von Nachrichten hängt unmittelbar vom substituierbaren Belegvolumen ab. Das bedeutet, je größer das in einer bestimmten zeitlichen Periode betrachtete Volumen an Belegen ist, das auf herkömmliche Weise in Papierform durch postalische Beförderungsdienste zwischen einem Unternehmen und seinen Kommunikationspartnern ausgetauscht wird, desto größer sind die Kosten- und Zeitersparnisse, die durch die Substitution der herkömmlichen Kommunikationsform durch EDI realisiert werden können.

Das Belegvolumen einer Periode als Maßstab für das substitutive Nutzungspotential von EDI ergibt sich aus dem durchschnittlichen Belegvolumen pro Transaktion multipliziert mit der Anzahl der Transaktionen in dieser Periode. Ein großes Belegvolumen besteht dann, wenn bei einer einzigen Transaktion viele Belege kommuniziert werden (belegintensive Transaktion) und/oder die Anzahl der Transaktionen (Häufigkeit) groß ist. Wie groß das Belegvolumen eines Unternehmens ist, ist eine empirische Fragestellung. Dennoch lassen sich theoretische Anhaltspunkte finden, die Hinweise auf die Höhe eines betrieblichen Belegvolumens geben können.

In der Regel dürfte das Belegvolumen von der Größe eines Unternehmens abhängen.[201] Es erscheint offensichtlich, daß ein Großunternehmen mehr Belegvolumen abzuwickeln hat als etwa ein Handwerksbetrieb. Der Zusammenhang zwischen Unternehmensgröße und Belegvolumen gilt jedoch nicht prinzipiell. Es ist der Fall denkbar, daß ein großes Unternehmen nur wenige Großaufträge wie etwa den Bau von Anlagen in einer Periode hat und damit aufgrund der geringen Häufigkeit von Transaktionen ein vergleichsweise geringes Belegvolumen abzuwickeln hat.

Weiterhin können bestimmte Merkmale von Transaktionen Hinweise auf die Höhe des Belegvolumens geben. Die Häufigkeit von Transaktionen[202] in einem Zeitabschnitt hängt u.a. davon ab, in welchen Bestellzyklen Vorprodukte beschafft bzw. geliefert werden. Je kürzer ein Bestellzyklus ist, desto häufiger sind dafür notwendige transaktionsbegleitende Kommunikationsvorgänge wie z.B. Bestellungen, Auftragsbestätigungen oder Lieferabrufe. Unternehmen, die in Just-in-time-Lieferbeziehungen involviert sind, haben daher ein höheres Belegvolumen abzuwickeln, als vergleichbare Unternehmen, die nur gelegentlich größere Bestellungen (mit Lagerhaltung) durchführen.[203]

Ähnlich verhält es sich bei Unternehmen, die standardisierte Güter über den Markt beziehen bzw. veräußern. Solche Güter benötigen zwar weniger Kommunikationsaufwand zu ihrer Beschreibung, gleichzeitig aber bieten standardisierte Güter wegen ihrer geringen Spezifität Auswahlmöglichkeiten zwischen verschiedenen Anbietern. Dadurch steigt der Kommunikationsaufwand zur Herstellung notwendiger Markttransparenz etwa durch eine erhöhte Anzahl an

---

201 Eine geeignete Grundlage zur Messung der Unternehmensgröße als Maßstab für das Belegvolumen anzugeben, ist jedoch sehr schwierig. Sowohl die Anzahl der Beschäftigten als auch der Umsatz läßt keine unmittelbaren Rückschlüsse auf die Höhe des Belegvolumens zu. Ähnlich verhält es sich mit der betrieblichen Wertschöpfung; vgl. zur Messung der Unternehmensgröße Picot (1990), S. 117.

202 Vgl. Picot (1990), S. 117-118, der einen unmittelbaren Zusammenhang zwischen Häufigkeit von Transaktionen und der Unternehmensgröße herstellt: »Die Dimension der Häufigkeit bezieht sich auf das erwartete Volumen der in einem Zeitabschnitt zu bewältigenden Einheiten einer Aufgabenart (z.B. Produktion von 1000 oder 1 Mio. Jahrestonnen, Betreuung von 10 oder 200 Kunden, Abwicklung von 15 oder 50 Forschungsprojekten pro Jahr).« Picot (1990), S. 117 (Zitat ohne Hervorhebung).

203 Das bedeutet, daß EDI nicht nur Just-in-time-Logistikkonzepte unterstützen kann, sondern bestehende Just-in-time-Lieferbeziehungen umgekehrt auch Hinweise auf ein ausreichendes Einsatzpotential von EDI sein können. Bei Gütern, die just-in-time bezogen werden, handelt es sich meist um großvolumige, variantenreiche und teure Vorprodukte, die zu hoher Kapitalbindung und Lagerhaltung führen und in relativ konstanten Mengen benötigt werden, vgl. Nagel/Riess/Theis (1989).

Anfragen oder Angeboten.[204] Standardisierte Güter, die eigenerstellt werden, können wegen ihrer Auslagerungsmöglichkeiten Hinweise auf ein erhöhtes zukünftiges Belegvolumen geben.

Ein vergleichsweise hohes Belegvolumen kann aber auch dann vorliegen, wenn zwar die Transaktionshäufigkeit gering, dafür aber die Belegintensität pro Transaktion groß ist. Dies ist verstärkt dann der Fall, wenn wegen der Spezifität des Transaktionsgutes ein umfangreicher Beschreibungsbedarf für ein Gut besteht und vielfältiger Klärungs- und Abstimmungsbedarf zwischen den Geschäftspartnern notwendig ist. Sofern Güter wegen ihres Spezifitätsgrades nicht selbsterstellt werden, können sie (trotz möglicherweise geringer Transaktionshäufigkeit) ein vergleichsweise hohes Belegvolumen bewirken. Ein Beispiel dafür sind unternehmensübergreifende Forschungs- und Entwicklungstätigkeiten, bei denen in der Regel zahlreiche Kommunikationsvorgänge in bezug auf ein Transaktionsobjekt bestehen.

Es kann festgehalten werden, daß das Belegvolumen ein Maßstab für das operative Nutzenpotential von EDI ist. Die Unternehmensgröße ist in der Regel ein Gradmesser für die Höhe des abzuwickelnden Belegvolumens. Zusätzlich lassen sich bestimmte Merkmale von Transaktionen zur Beurteilung der Höhe des Belegvolumens heranziehen. Güter, die für Just-in-time-Lieferungen geeignet sind, bewirken aufgrund reduzierter Bestellzyklen einen Anstieg des Belegvolumens. Die Standardisierung von Gütern bewirkt nicht nur eine Tendenz zu Fremdbezug[205] und damit zu einer Erhöhung des Belegvolumens, sondern erlaubt Auswahlmöglichkeiten von Geschäftspartnern. Die Herstellung ausreichender Markttransparenz hat eine Steigerung des Kommunikationsbedarfs und damit des abzuwickelnden Belegvolumens zur Folge. Spezifische, fremdbezogene Güter benötigen mehr Koordinationsaufwand zwischen den Geschäftspartnern und bewirken damit eine höhere Belegintensität und damit höheres Belegvolumen. Das Belegvolumen wird somit dann vergleichsweise groß sein, wenn mit der Unternehmensgröße die Häufigkeit von Transaktionen steigt und/oder (zusätzlich) einzelne Transaktionen erhöhten Kommunikationsbedarf erforderlich machen.

3.2.2.4 Beurteilung strategischer Nutzungsdeterminanten

Zur Beurteilung, unter welchen Voraussetzungen und in welchem Maße strategische Nutzenpotentiale von EDI durch ein Unternehmen realisiert werden können bzw. tatsächlich realisiert werden, sollen im folgenden die Wettbewerbsintensität, der sich ein Unternehmen gegenübersieht, sowie die unternehmerische Findigkeit zur Generierung und Nutzung von Innovationen und die damit verbundene allgemeine unternehmerische Grundhaltung gegenüber Neuerungen analysiert werden.

Die Wettbewerbssituation kann Anhaltspunkte dafür liefern, inwieweit ein Unternehmen aufgrund von Konkurrenzdruck veranlaßt wird, strategische Nutzenpotentiale von EDI zu re-

---

204 Daran läßt sich die Bedeutung von EDI für die Bildung elektronischer Märkte erkennen, vgl. dazu Hubmann (1989).
205 Vgl. Picot (1992b), Baur (1990).

alisieren. Dieser Sachverhalt beinhaltet insofern eine reaktive Handlungsweise, als aus Gründen der Verhinderung von Wettbewerbsnachteilen EDI eingesetzt wird. Die unternehmerische Findigkeit[206] stellt dagegen ein aktives Handlungselement dar, indem nach innovativen Einsatzmöglichkeiten von EDI gesucht wird, durch die Wettbewerbsvorteile realisiert werden können.[207] Die strategische Grundhaltung[208] wirkt sich zwar primär auf die unternehmerische Findigkeit aus, sie beeinflußt jedoch ebenfalls das Ausmaß reaktiver strategischer Handlungsweisen.

Unternehmen, die in einem Wettbewerbsumfeld agieren, das nur wenige Handlungsoptionen zur Differenzierung oder zur Realisierung von Kostenvorteilen bietet, stehen unter einem hohen Handlungsdruck, gegebene Optionen zu nutzen, um nicht Wettbewerbsnachteile zu erleiden. Eine strategische Nutzung von EDI etwa im Rahmen von Auslagerungs- oder Kooperationsstrategien führt solange zu Wettbewerbsvorteilen, so lange Konkurrenten diese Handlungsoptionen nicht ebenfalls nutzen. Wenn alle Konkurrenten dieselben Einsatzmöglichkeiten von EDI nutzen, kommt es zu einer Nivellierung der Wettbewerbsvorteile. Es entsteht damit eine »strategische Notwendigkeit«[209] für eine Nutzung von EDI.

Porter beschreibt die Wettbewerbsintensität anhand der Kriterien 'Verhandlungsmacht der Lieferanten bzw. Abnehmer', 'Bedrohung durch neue Konkurrenten bzw. Ersatzprodukte' sowie der 'Rivalität unter den bestehenden Wettbewerbern einer Branche'.[210] Eine starke Verhandlungsmacht von Zulieferern bzw. Abnehmern bewirkt über den Preisdruck einen starken Rationalisierungsdruck, der einen Akteur zur Anwendung von EDI veranlassen kann. Unternehmen mit einer starken Verhandlungsmacht können überdies einen schwächeren Geschäftspartner dazu zwingen, EDI einzusetzen, da ansonsten mit Abbruch der Geschäftsbeziehung gedroht werden kann. Fehlende EDI-Fähigkeit würde damit zu einem Knock-out-Faktor für eine Geschäftsbeziehung.

Die Anwendung von EDI kann die Markteintrittsbarrieren für potentielle neue Konkurrenten erhöhen, sofern EDI ein gängiges Kommunikationsmedium in einem Markt darstellt. In ähnlicher Weise kann die Gefahr von Ersatzprodukten u.U. gemildert werden, wenn durch den Einsatz von EDI ein höherer Kundennutzen – etwa über Differenzierung oder kostenbedingte Preissenkungen – gestiftet werden kann, der von Ersatzprodukten nicht erreicht wird.

In bezug auf die strategische Notwendigkeit einer Anwendung von EDI ist vor allem das Ausmaß der Rivalität von Konkurrenten ausschlaggebend. Rivalität entsteht, wenn Konkurren-

---

206 Zu diesem Begriff vgl. Kirzner (1978), S. 28-52, (1979), S., 154-181, Picot/Laub/Schneider (1989), S. 28-45, Schneider (1988), S. 74-110.
207 Diese beiden Faktoren sollen zur Verdeutlichung aktiver bzw. reaktiver Motive zur Anwendung von EDI analytisch getrennt werden, obwohl Interdependenzen bestehen. Denn auch oder gerade Konkurrenzdruck kann eine innovative Findigkeit initiieren.
208 Zu diesem Begriff vgl. Miles/Snow (1978), Kirsch/Trux (1981).
209 Vgl. Sedran (1991), S. 20.
210 Vgl. Porter (1988), S. 25-61, er bezeichnet diese Faktoren als Triebkräfte des Branchenwettbewerbs, S. 25-29.

ten durch bestimmte Maßnahmen ihre Wettbewerbsposition zu verbessern suchen. Dies hat Auswirkungen auf die Position anderer Unternehmen. Es entsteht dadurch eine wechselseitige Abhängigkeit. Die Bedeutung der Rivalität als Faktor für die Höhe der Wettbewerbsintensität soll anhand ausgewählter wichtiger Kriterien illustriert werden.[211]

Eine geringe Zahl von Wettbewerbern in einer Branche sowie eine große Ähnlichkeit unter ihnen bewirkt, daß sich Wettbewerbsvorteile durch eine Anwendung von EDI unmittelbar auf das Konkurrenzverhältnis auswirken und von Mitwettbewerbern sofort erkannt werden. Das bedeutet, daß eine entsprechende EDI-Anwendung eines oder weniger Unternehmen unmittelbar zu Wettbewerbsnachteilen der Konkurrenten führt, die ihrerseits »nachziehen« müssen.

Das Wachstum einer Branche ist ein weiterer wichtiger Indikator für das Ausmaß der Rivalität. Ein langsames oder stagnierendes Markt- bzw. Branchenwachstum bewirkt eine stärkere Konkurrenz um Marktanteile. »Die Konkurrenz um Marktanteile ist hier wesentlich intensiver als bei schnellem Wachstum, wo alle Unternehmen ihre Ergebnisse verbessern, wenn sie nur mit der Branche mithalten ...«.[212]

Je höher Fix- und Lagerkosten und damit verbundene Kapitalbindungen von Unternehmen einer Branche sind, desto größer ist der Rationalisierungs- und Reorganisationsdruck. Der Einsatz von EDI kann dabei ein notwendiges Instrument für die Realisierung eines Just-in-time-Konzeptes zur Senkung der Lagerkosten oder für Auslagerungsstrategien zur Senkung von Fixkosten darstellen. Schließlich tragen fehlende Differenzierungsmöglichkeiten oder hohe Umstellungskosten auf ein differenzierendes Produktangebot zu einer Intensivierung des Wettbewerbs bei.

Ein anderes Bild ergibt sich, wenn die Möglichkeiten zur Realisierung von Wettbewerbsvorteilen zahlreich sind, so daß EDI-induzierte strategische Handlungsoptionen nur eine von mehreren Möglichkeiten darstellen und der Verzicht auf ihre Nutzung nicht zwangsläufig zu Wettbewerbsnachteilen führt. In solchen Fällen stellt EDI keine strategische Notwendigkeit dar. Eine Anwendung von EDI wird vielmehr von der unternehmerischen Findigkeit bestimmt, Handlungsoptionen zu erkennen und innovativ zu nutzen. Solche innovativen Nutzungsmöglichkeiten zeigen sich beispielsweise im Angebot neuer Dienstleistungen, in der Bereitstellung neuartiger Bestellsysteme oder der Erhöhung des Kundennutzens durch neuartige Informationsangebote.

Beide Ansatzpunkte für eine strategische Nutzung von EDI müssen vor dem Hintergrund der strategischen Grundhaltung[213] eines Unternehmens betrachtet werden. Sie stellt einen

---

211 Vgl. dazu Porter (1988), S. 42-49.
212 Porter (1988), S. 43.
213 Vgl. dazu Miles/Snow (1978), Kirsch/Trux (1981), S. 304-306, Trux/Müller/Kirsch (1985), S. 11-13, Kupsch/Marr/Picot (1991), S. 1093-1094.

Teilaspekt der Identität eines Unternehmens dar, in der die Tiefenstruktur von Normen, Werten und Regeln oder allgemein von Handlungsorientierungen verankert ist.[214] Miles/Snow (1978) differenzieren die strategische Grundhaltung hinsichtlich des generellen Strategie- und des generellen Strukturverhaltens (vgl. Abbildung 16).[215]

generelles Strukturverhalten \ generelles Strategie-Verhalten	passiv	aktiv
passiv	Reactor	Defender
aktiv	Analyzer	Prospector

Abb.16: Formen strategischer Grundhaltungen
(vgl. Miles/Snow (1978))

Für 'Reactor-Unternehmen', die primär auf Umweltveränderungen reagieren, spielen Innovationen eine untergeordnete Rolle. Ebenso verhalten sich 'Analyzer-Unternehmen'. Letztere betreiben aber zusätzlich eine aktive Entwicklung ihrer Organisationsstrukturen. Beide Formen schließen eine unternehmerische Findigkeit weitgehend aus. Sie weisen hinsichtlich Innovationen ein Nachahmerverhalten auf. Die Reserviertheit gegenüber innovativen Einsätzen von EDI bewirkt, daß diese Technologie erst dann eingesetzt wird, wenn sie sich bei anderen Unternehmen bewährt hat. Wegen der konservativen Einstellung reagiert ein solches Unternehmen und setzt EDI möglicherweise erst aufgrund strategischer Notwendigkeit ein.

Demgegenüber besitzen der 'Defender' und 'Prospector' eine innovationsfreundliche Einstellung, die eine unternehmerische Findigkeit für innovative Anwendungsmöglichkeiten von EDI fördert. Die Grundhaltung des 'Prospectors' beinhaltet jedoch ein großes Maß an Unsicherheit und erfordert eine gewisse »Abenteurer-Natur«[216]. Er gehört zu den Pionieranwendern dieser Technologie.

3.2.3 Beziehungseigenschaften und -strukturen

Der realisierbare Nutzen von EDI und die Präferenz für ein bestimmtes EDI-Regelwerk hängen auch von der Anzahl und den Eigenschaften der Beziehungen eines Unternehmens zu seinen

---

214 Vgl. Trux/Müller/Kirsch (1985), S. 11.
215 Vgl. auch Kupsch/Marr/Picot (1991), S. 1094.
216 Kirsch/Trux (1981), S. 306.

72

Geschäftspartnern sowie von der Beziehungsstruktur, in die ein Unternehmen eingebettet ist, ab. Beziehungseigenschaften und -strukturen lassen sich im Lichte der Netzwerktheorie beschreiben.

3.2.3.1 Ausgangspunkt: Analyse von Netzwerken

Unternehmen stehen in aller Regel in vielfältigen Geschäftsbeziehungen zu ihrer Umwelt. Die Gesamtzahl der Beziehungen von Unternehmen ergibt ein komplexes Geflecht direkter und indirekter Verbindungen. Ein solches Geflecht von Beziehungen kann als Netzwerk bezeichnet werden.[217]

Zur Analyse von Netzwerken beschreibt Schenk (1984) eine Anzahl von Variablen, die je nach Ausprägungen bestimmte Eigenschaften von Netzwerken spezifizieren.[218] Als Variablen zur Beschreibung von Beziehungseigenschaften, die den Nutzen von EDI-Regelwerken und damit das unternehmerische Standardisierungsverhalten beeinflussen, sind insbesondere die Stabilität bzw. der Vertrauensgrad einer Geschäftsbeziehung, die Machtverhältnisse zwischen zwei Geschäftspartnern sowie, in einer strukturellen Betrachtung, der Grad der Dichte von Beziehungsgeflechten von Bedeutung.

3.2.3.2 Beziehungseigenschaften

Die Stabilität einer Geschäftsbeziehung sagt aus, wie konstant die geschäftliche Verbindung zwischen zwei Geschäftspartnern im Zeitablauf ist. Eine stabile Geschäftsbeziehung liegt dann vor, wenn zwei Geschäftspartner dauerhafte, und nicht nur auf wenige Transaktionen beschränkte Beziehungen unterhalten. Das bedeutet, daß auch bei vergleichsweise geringer Häufigkeit von Transaktionen mit einem Geschäftspartner in einer Zeitperiode (etwa einem Jahr) auf längere Sicht die Häufigkeit von Transaktionen dennoch hoch sein kann. Ein solcher Sachverhalt wirkt sich damit auf die Höhe des auf längere Sicht zu erwartenden Belegvolumens, das mit einem Geschäftspartner abzuwickeln ist, aus. Ein im Zeitablauf zu erwartendes hohes Belegvolumen läßt Degressionseffekte der Einführungskosten von EDI erwarten und kann damit auch bereits bei einem oder wenigen EDI-Kommunikationspartnern zu positiven Nutzenwirkungen von EDI führen.

Ähnlich verhält es sich mit dem Potential von EDI, Kooperationsbeziehungen zwischen Geschäftspartnern zu unterstützen. Je stabiler eine Geschäftsbeziehung in der Vergangenheit war, desto leichter lassen sich Kooperationsbeziehungen eingehen. Denn Stabilität einer Be-

---

217 Vgl. z.B. Barnes (1969b), Schenk (1984), S. IIX. Die Netzwerktheorie liefert in den Sozialwissenschaften eine detaillierte Methodik zur Analyse sozialer Beziehungen. Auch in den Wirtschaftswissenschaften wächst die Bedeutung und die Anwendungsbreite dieser Theorie, vgl. dazu Mitchell (Hrsg. 1969), Schenk (1984), Granovetter (1985), Jarillo (1988), Thorelli (1986), Jarillo/Ricart (1987), Ghoshal/Bartlett (1990), Oliver (1990), Sydow (1992).
218 Vgl. Schenk (1984), S. 30-78, 249-252, Tichy (1981), S. 229, Meyer/Scott (1983), Granovetter (1985), Thorelli (1986), Zucker (1988), Oliver (1990), Sydow (1992).

ziehung dokumentiert ein bestimmtes Maß an Vertrauen zwischen den Geschäftspartnern, was eine wichtige Bedingung für Kooperationen ist.[219] Besteht eine stabile und vertrauenswürdige Geschäftsbeziehung, erhöht sich die Möglichkeit, daß EDI zur Unterstützung einer Kooperation eingesetzt wird.

Sofern eine stabile und vertrauenswürdige Geschäftsbeziehung ausreichende Nutzenvorteile von EDI bewirkt, bedeutet das, daß die Erzielung eines positiven Nutzens von EDI und die Wahl eines bestimmten EDI-Regelwerkes nicht oder nur in geringerem Maße von einer großen Anwenderzahl abhängt. Damit entkoppelt sich der Nutzen von EDI für zwei Geschäftspartner von der Notwendigkeit von Netzeffekten. Dieser Sachverhalt kann Auswirkungen auf das Standardisierungsverhalten und auf die Einführung von EDI besitzen. Zwei Unternehmen dieser Art sind nicht gezwungen, auf eine Anwendung von EDI zu verzichten, bis eine ausreichende Anwenderzahl Netzeffekte schafft. Sie können bereits in einem frühen Ausbreitungsstadium ohne Netzeffekte ausreichende Nutzenvorteile realisieren und damit zu ersten Anwendern (Pionieranwendern) von EDI werden. Gleichzeitig kann es – sofern das realisierbare Nutzenpotential von EDI für beide Unternehmen entsprechend hoch ist – ökonomisch sinnvoll sein, gemeinsam ein eigenes EDI-Regelwerk zu entwickeln, womit im Hinblick auf die bilateralen Informations- und Kommunikationsinteressen ein sehr hoher Spezialisierungsgrad verwirklicht werden kann.

Das Machtverhältnis spiegelt sich in der Verhandlungs- oder Marktmacht zwischen zwei Partnern wider.[220] Je nachdem wie ungleich die Marktmacht zwischen zwei Geschäftspartnern verteilt ist, besitzt der Mächtigere Druckpotentiale, um vom Partner bestimmte Handlungsweisen zu erwirken. Hinsichtlich der Anwendung von EDI bedeutet Marktmacht, daß der Schwächere veranlaßt werden kann, EDI einzusetzen, auch wenn dieser keinen positiven Nutzen aus einer solchen Anwendung ziehen kann. Das mächtigere Unternehmen kann drohen, die Geschäftsbeziehung zu beenden, wenn der Geschäftspartner nicht EDI-fähig ist.[221] Der Druck kann solange ausgeübt werden, solange der Nutzen für den Schwächeren durch die Aufrechterhaltung der Geschäftsbeziehung größer ist als die Nutzeneinbuße durch eine Anwendung von EDI.[222] Derartige Machtbeziehungen treten vor allem in oligopolistischen oder

---

219 Vgl. zur Notwendigkeit von Vertrauen für Kooperationen Casson (1990), S. 107-114.
220 »Macht bedeutet jede Chance, innerhalb einer sozialen (und ökonomischen; Anm.d.Verf.) Beziehung den eigenen Willen auch gegen Widerstreben durchzusetzen, gleichviel worauf diese Chance beruht.« Weber (1972), S. 28; es gibt in der Literatur viele Versuche, Machtgrundlagen zu klassifizieren, vgl. Kirsch (1991), S. 138-139.
221 Fehlende EDI-Fähigkeit kann damit zum 'Knock-out-Faktor' für eine Geschäftsbeziehung werden, vgl. Sedran (1991), S. 20.
222 Das bedeutet, daß das Residuum des Schwächeren aus einer geschäftlichen Transaktion durch den mächtigeren Partner abgeschöpft wird, vgl. dazu auch den Begriff der Quasi-Rente bei Picot/Dietl (1990), S. 179.

monopolistischen Wirtschaftszweigen auf, in denen wenige Unternehmen eine marktbeherrschende Stellung einnehmen, wie dies etwa in der Automobilbranche der Fall ist.[223]

Das Machtverhältnis kann auch Auswirkungen auf die Wahl eines bestimmten EDI-Regelwerkes haben. Der mächtigere Geschäftspartner kann einen schwächeren durch Androhung von Sanktionen zur Anwendung eines von ihm präferierten EDI-Regelwerkes zwingen. Unter Umständen muß ein Akteur mit vergleichsweise wenig Marktmacht sogar eine Mehrzahl von EDI-Regelwerken für die Kommunikation mit verschiedenen Geschäftspartnern einsetzen.

Die marktmachtbedingte Anwendung von EDI und Übernahme von EDI-Regelwerken führt einerseits dazu, daß Unternehmen bis zu einem bestimmten Grad auch dann bereits EDI einsetzen und zur Erhöhung der Anwenderzahl eines EDI-Regelwerkes beitragen, wenn sie keinen positiven Nutzen etwa aufgrund von Netzeffekten realisieren können. Ungleich verteilte Marktmacht kann somit die Diffusion von EDI-Regelwerken erleichtern. Andererseits kann die Existenz verschiedener Machtzentren mit unterschiedlichen Informations- und Kommunikationsinteressen dazu führen, daß auf diese Weise verschiedene EDI-Regelwerke um ihre jeweilige Ausbreitung konkurrieren.

3.2.3.3 Beziehungsstrukturen

Die Gesamtbetrachtung der bilateralen Beziehungen eines Netzwerkes führt zur Beurteilung der Dichte bzw. unterschiedlicher Dichtegrade verschiedener Ausschnitte von Beziehungsgeflechten.[224] Die Dichte bringt das Ausmaß der jeweiligen Vernetzung eines Beziehungsgeflechts zum Ausdruck.[225] Damit lassen sich dichtere oder weniger dichte Ausschnitte innerhalb eines Netzwerkes identifizieren. Dichtere Ausschnitte zeigen, daß Unternehmen in diesen Bereichen untereinander enger verbunden sind als mit anderen Unternehmen des Netzwerkes. Relativ dichtere Ausschnitte bezeichnet man auch als Cluster (vgl. Abbildung 17).[226]

223 Vgl. dazu vor allem Hamer (1988). der insbesondere die Diskriminierung von Zulieferern beleuchtet.
224 Vgl. Schenk (1984). S. 250. S. 57-63.
225 Barnes (1969b) beschreibt die Dichte eines Netzwerkes als das Verhältnis der tatsächlichen Anzahl von Verbindungen zu der potentiell möglichen Anzahl von Verbindungen; zu Veraussetzungen und Anwendungsmöglichkeiten der Dichte-Beurteilung vgl. Schenk (1984). S. 57-59.
226 Zu diesem Begriff und zur Unterscheidung von Cliquen Vgl. Schenk (1984). S. 59-63.

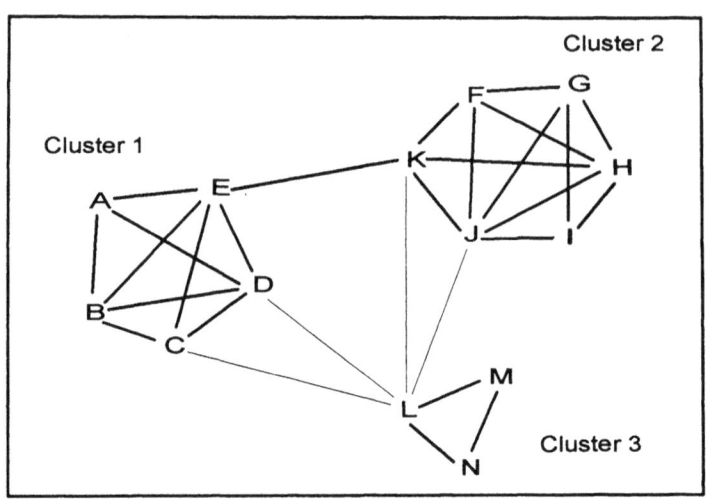

Abb.17: Kommunikationsbeziehungen innerhalb und zwischen Clustern

Branchen oder Regionen sind Beispiele für Clusterbildungen. Regionen wie etwa einzelne Länder weisen im Inneren in der Regel eine größere Dichte an Beziehungen auf als im Verhältnis zu anderen Regionen.[227] Ob Branchen die Merkmale von Clustern aufweisen, hängt davon ab, inwieweit die Mehrzahl von Geschäftsbeziehungen mit Partnern innerhalb einer Branche bzw. mit Geschäftspartnern anderer Branchen bestehen.[228] Beispielsweise kommunizieren Unternehmen der Banken- oder der Transportbranche nicht nur mit Unternehmen der eigenen Branche (etwa Zahlungsabwicklungen zwischen Banken), sondern mehr oder weniger intensiv mit Unternehmen anderer Branchen (z.B. Zahlungsabwicklungen von Banken mit Geschäftskunden). In der Regel aber bestehen innerhalb einer Branche wie etwa bei Geschäftsbeziehungen zwischen Zulieferern und Abnehmern von Industriegütern engere Verbindungen als zwischen Unternehmen verschiedener Branchen.

Für die Entstehung von EDI-Standards hat die Clusterbildung bestimmte Konsequenzen. Es bestehen zwischen Unternehmen innerhalb eines Clusters im Vergleich zu Unternehmen anderer Cluster ähnlichere Informations- und Kommunikationsinteressen. Dies führt dazu, daß der

---

227 Dies hängt jedoch von der Größe der betrachteten Region ab, da die Exportquote und damit die Anzahl regionen-überschreitender Geschäftsbeziehungen mit der Größe einer Region abnimmt.
228 Im Gegensatz zur Abgrenzung wirtschaftlicher Regionen, bei denen politische Grenzen existieren, ist die Branchenabgrenzung definitionsabhängig; Porter beispielsweise grenzt eine Branche durch das Merkmal des Wettbewerbs ab, vgl. Porter (1986), S. 19; In ähnlicher Weise knüpft Bain (1968) bei seiner Abgrenzung an einer Gruppe von Produkten an, die von ihren Käufern als enge Substitutionsprodukte angesehen werden, vgl. Bain (1968), S. 124 f.; in der Praxis wird meist das Schema des »Standard Industrial Classification« zur Abgrenzung von Branchen herangezogen, vgl. vgl. Trux/Müller-Stevens/Kirsch (1988), S. 85, vgl. auch Statistisches Bundesamt (1979).

Entwurf clusterbezogener EDI-Regelwerke einen höheren Spezialisierungsgrad ermöglicht als der Entwurf eines EDI-Regelwerkes für eine Vielzahl von Clustern. Dieser Unterschied ist in der Praxis beispielsweise bei einer Vielzahl branchenbezogener EDI-Regelwerke im Vergleich zum EDIFACT-Regelwerk zu beobachten. Die vergleichsweise homogene Interessenlage sowie die geringere Anzahl an Mitgliedern innerhalb einer Branche erleichtert den Entwurf eines spezialisierten EDI-Regelwerkes. Überwiegend brancheninterne Kommunikation beschränkt den Zuwachs des Netznutzens eines EDI-Regelwerkes im wesentlichen auf die Mitglieder der betreffenden Branche. Branchenübergreifend akzeptierte EDI-Regelwerke würden einen vergleichsweise geringen Zuwachs an Netznutzen stiften. Daher besteht die Tendenz zur Bildung von clusterbezogenen, spezialisierten EDI-Regelwerken.

Dem stehen solche Branchen gegenüber, deren Mitglieder Geschäftsbeziehungen mit Unternehmen anderer Branchen unterhalten (z.b. Banken oder Transportunternehmen, Sortimenthandel). Solche Unternehmen haben ein größeres Interesse daran, daß sich ein generalisiertes, branchenunabhängiges EDI-Regelwerk wie z.b. EDIFACT als Standard etabliert.

3.2.4 Zusammenfassung und Entwicklung einer Unternehmenstypologie

Die bisherigen Ausführungen zeigen, daß EDI unterschiedliche Nutzenpotentiale besitzt. Auf der operativen Ebene ermöglicht EDI die Substitution von Papier als Trägermedium von Nachrichten. Aufgrund der raschen und bruchlosen Datenübertragung und automatischen Weiterverarbeitbarkeit mit einem Minimum an menschlichen Eingriffen lassen sich Kosten- und Zeitersparnisse realisieren. Darin besteht das originäre Nutzenpotential von EDI. Darauf basierende derivate Nutzenpotentiale von EDI wirken auf strategischer Ebene. Sie zeigen sich in verschiedenen Möglichkeiten zu strategisch relevanten Kostensenkungen, in Differenzierungschancen sowie in der Möglichkeit zur Realisierung neuartiger unternehmensübergreifender Organisationsformen.

Allerdings sind diese Nutzenpotentiale nicht von allen Akteuren in gleicher Weise realisierbar. Es bestehen zum Teil erhebliche Probleme der Beurteilung der wirtschaftlichen Vorteilhaftigkeit einer EDI-Anwendung. Insbesondere der Nutzen der strategisch wirksamen Einsatzmöglichkeiten von EDI läßt sich nur schwer abschätzen. Das bedeutet, daß solche Entscheidungsträger, die ihre Entscheidungen insbesondere durch quantitative Beurteilungskalküle begründen möchten, dazu tendieren werden, auf die Nutzung strategisch wirksamer EDI-Anwendungen zu verzichten. Dagegen ist das Belegvolumen als Substitutionspotential einer EDI-Anwendung vergleichsweise leicht abschätzbar. Dies läßt die Annahme zu, daß die Höhe des Belegvolumens vielfach das dominante Kriterium für die Anwendung von EDI oder für dessen Verzicht sein dürfte.

Die Realisierung des operativ wirksamen Nutzenpotentials von EDI hängt von der Höhe des substituierbaren Belegvolumens ab. Je höher das Belegvolumen, desto nutzbringender ist eine operativ wirksame EDI-Anwendung. Für den Regelfall kann angenommen werden, daß die Höhe des Belegvolumens mit der Unternehmensgröße korrelliert. Große Unternehmen besitzen daher ein vergleichsweise hohes operativ wirksames Nutzenpotential, das darüber hinaus möglicherweise schon mit wenigen Kommunikationspartnern realisiert werden kann. Kleinere Unternehmen benötigen dagegen u.U. eine Mehrzahl von mit EDI erreichbaren Kommunikationspartnern. Sie sind dann auf Netzeffekte angewiesen.

Die Motive für einen strategisch wirksamen EDI-Einsatz hängen insbesondere von der Wettbewerbssituation, der Innovationsfreudigkeit und der damit verbundenen individuellen Einstellung gegenüber Neuerungen ab. Wiederum vereinfacht kann argumentiert werden, daß die Bereitschaft zum strategisch wirksamen Einsatz von EDI mit der Intensität des Wettbewerbs wächst. Ein früher EDI-Einsatz kann dabei zu temporären Wettbewerbsvorteilen führen. Möglicherweise wird EDI auch deshalb eingesetzt, um bestehende Geschäftsbeziehungen aufrechtzuerhalten. Fehlende EDI-Fähigkeit würde ansonsten u.U. zu einem Knock-out-Faktor.

Ein findiger Unternehmer kann darüber hinaus u.U. innovative Einsatzmöglichkeiten von EDI erkennen, mit denen er Wettbewerbsvorteile gewinnen kann. Demgegenüber tendiert ein eher konservativer Unternehmer zu einer abwartenden Haltung. Er reagiert insofern, als er erst dann zu einem EDI-Einsatz tendiert, wenn sich diese Kommunikationsform bei anderen Unternehmen als ökonomisch zweckmäßig erwiesen hat.

Die Bedeutung der einzelnen Nutzenfaktoren kann unterschiedlich sein. Die Höhe des realisierbaren Nutzenpotentials einer EDI-Anwendung bestimmt sich zwar aus dem gesamten Bündel von Nutzenfaktoren. Ein bestimmtes Nutzenniveau kann aber im Einzelfall möglicherweise bereits durch einen einzelnen Nutzenfaktor wie etwa das Belegvolumen erreicht werden. In anderen Fällen tragen möglicherweise mehrere Faktoren zu einem bestimmten Nutzenniveau bei.

Die Eigenschaften der Beziehungen eines Unternehmens zu Kommunikationspartnern ergänzen diese Nutzenbetrachtung. Stabile und vertrauenswürdige Kommunikationsbeziehungen ermöglichen u.U. auch eine erst auf längere Sicht nutzenstiftende EDI-Anwendung mit entsprechenden Kommunikationspartnern und unterstützen damit u.U. sowohl die Bereitschaft zu einem frühzeitigen Einsatz von EDI als auch die Bereitschaft, dafür geeignete EDI-Regelwerke zu entwerfen.

Die Marktmacht, die ein Unternehmen gegenüber seinen Geschäftspartnern ausüben kann, fördert ebenfalls die Bereitschaft zur Anwendung von EDI und zum Entwurf geeigneter EDI-Regelwerke. Denn große Marktmacht erleichtert es einem Unternehmen, Zwang auf die Bereitschaft von Geschäftspartnern hinsichtlich der Anwendung von EDI und eines präferierten EDI-Regelwerkes auszuüben.

Zur Beurteilung der Realisierbarkeit eines insgesamt positiven Nutzens einer EDI-Anwendung für ein Unternehmen müssen zusätzlich die mit der Einführung und der Anwendung von EDI verbundenen Kosten betrachtet werden. Eine prinzipielle Bereitschaft zur Einführung von EDI und einer damit verbundenen Anwendung eines bestimmten EDI-Regelwerkes besteht dann, wenn das realisierbare Nutzenpotential die Einführungs- und Anwendungskosten von EDI übersteigt. Abbildung 18 illustriert diesen Sachverhalt.

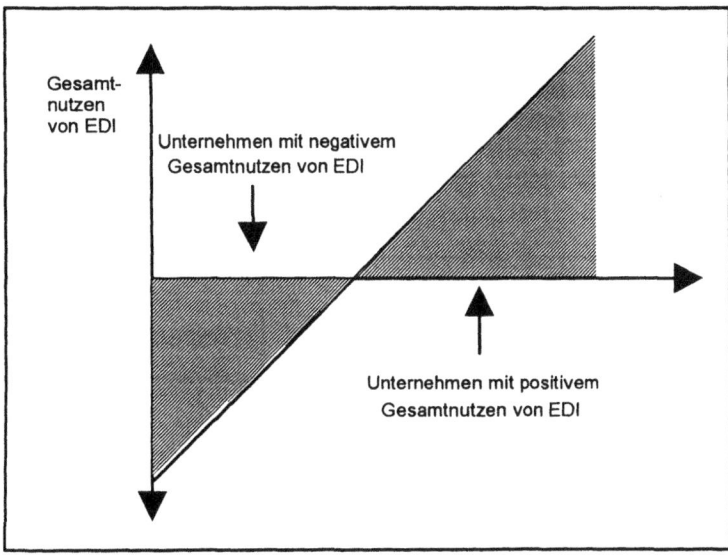

Abb.18: Gesamtnutzen einer EDI-Anwendung

Darin wird verdeutlicht, daß für bestimmte Unternehmen eine EDI-Anwendung einen negativen Gesamtnutzen stiften würde. Solche Unternehmen zeigen damit auch keinerlei Bereitschaft zum Entwurf und/oder zur Adoption eines EDI-Regelwerkes.[229] Eine solche Bereitschaft kann dagegen im Prinzip solchen Unternehmen unterstellt werden, die einen positiven Gesamtnutzen durch EDI realisieren können. Ein positiver Gesamtnutzen ist damit notwendige Bedingung für ein positives Standardisierungsverhalten.

Gleichzeitig könnte angenommen werden, daß die Bereitschaft, Ressourcen für den Entwurf eines EDI-Regelwerkes einzusetzen und/oder ein EDI-Regelwerk zu adoptieren mit der Höhe des realisierbaren Gesamtnutzens zunimmt. In der Tendenz mag diese Annahme sicherlich richtig sein. Wie aber später zu zeigen sein wird, hängt die Bereitschaft zum Entwurf bzw. zur Adoption eines EDI-Regelwerkes noch von weiteren Faktoren bzw. Problemstellungen ab.[230]

---

229 Bei diesen Unternehmen kann u.U. jedoch die Bereitschaft zur Adoption von EDI bzw. eines bestimmten EDI-Regelwerkes durch Markmacht von Geschäftspartnern erzwungen werden.
230 Vgl. Kapitel 4.

Eine weitere Schlußfolgerung läßt sich aus der Betrachtung der Beziehungsstruktur ziehen, in die ein Unternehmen eingebettet ist. Eine Mehrzahl von Unternehmen, die dauerhafte und enge gegenseitige Kommunikationsbeziehungen unterhalten und gleiche oder ähnliche Kommunikationsbedürfnisse besitzen, bilden zusammen ein Cluster. Branchen oder Regionen sind Beispiele dafür. Für eine EDI-Kommunikation innerhalb eines Clusters eignen sich besonders Regelwerke, die speziell den Kommunikationsbedürfnissen der beteiligten Unternehmen entsprechen. Für Unternehmen wie etwa Banken oder Transporteure, die mit Geschäftspartnern verschiedener Cluster kommunizieren, besteht das Problem, daß sie u.U. mit einer Mehrzahl spezialisierter EDI-Regelwerke operieren müssen. Dadurch senkt sich deren Gesamtnutzen einer EDI-Anwendung. Unternehmen mit clusterübergreifenden Kommunikationsbeziehungen werden deshalb ein clusterübergreifendes generalisiertes EDI-Regelwerk bevorzugen.

Netzeffekt-bedarf Beziehungs-struktur	geringer Netzeffektbedarf	großer Netzeffektbedarf
cluster-intern	Typ	Typ 2
cluster-übergreifend	Typ 3	Typ 4

Abb.19: Typologisierung von Unternehmen hinsichtlich Beziehungsstruktur und Netzeffektbedarf

Differenziert man die Unternehmen, die prinzipiell einen positiven Gesamtnutzen durch eine EDI-Anwendung realisieren können, danach, in welchem Ausmaß diese Realisierung von der Anzahl der mit EDI erreichbaren Kommunikationspartner abhängt, also entsprechend hohen

Netzeffektnutzen[231] erforderlich macht, und in welche Beziehungsstrukturen sie eingebettet sind, d.h. welche Präferenzen hinsichtlich Spezialisierungs- bzw. Generalisierungsgrad eines EDI-Regelwerkes bestehen, lassen sich vier Typen von Unternehmen bilden, die sich in ihrem Standardisierungsverhalten prinzipiell unterscheiden (vgl. Abbildung 19).

Unternehmen von Typ 1 lassen sich dadurch charakterisieren, daß bei ihnen Beziehungen zu Geschäftspartnern mit sehr ähnlichen Kommunikationsbedürfnissen dominieren und damit eher spezialisierte EDI-Regelwerke präferiert werden, und daß sie einen positiven Gesamtnutzen bereits mit wenigen Kommunikationspartnern erzielen können, sie also nur in geringem Ausmaß auf Netzeffektnutzen angewiesen sind. Zu diesem Typ gehören auch solche Unternehmen, die EDI unternehmensintern etwa zwischen verschiedenen Sparten oder innerhalb eines Konzerns unter Anwendung eines dafür hochspezialisierten EDI-Regelwerkes einsetzen.

Unternehmen von Typ 2 unterscheiden sich davon, daß sie zwar primär clusterinterne Kommunikationsbeziehungen unterhalten und damit spezialisierte EDI-Regelwerke präferieren, aber ein positiver Gesamtnutzen erst durch die Erreichbarkeit einer Mehrzahl von Kommunikationspartnern erzielt werden kann.

Unternehmen von Typ 3 und 4 zeichnen sich dagegen dadurch aus, daß sie Kommunikationsbeziehungen mit Geschäftspartnern verschiedener Cluster unterhalten, wie dies insbesondere bei Banken oder Transportunternehmen der Fall ist. Solche Unternehmen bevorzugen daher ein clusterübergreifendes EDI-Regelwerk, das ihnen die Notwendigkeit, mit einer Mehrzahl verschiedener EDI-Regelwerke zu operieren, vermindert. Diese beiden Typen lassen sich aber wiederum dadurch unterscheiden, in welchem Ausmaß ein positiver Gesamtnutzen von der Realisierung von Netzeffektnutzen abhängt.

Diese allgemeine Typologisierung von Unternehmen ließe sich noch weiter differenzieren, indem man einerseits die beiden in Abbildung 19 zugrundegelegten Dimensionen verstetigt und andererseits ganz konkret einzelne Unternehmen in diesem Raster positioniert. Damit könnte man letztlich konkrete Hinweise gewinnen, wie sich ein bestimmtes Unternehmen im Standardisierungsprozeß verhalten würde. Umgekehrt ließe sich diese Typologisierung auch als (unterstützende) Methode zur Planung der richtigen Vorgehensweise eines Unternehmens heranziehen. Abbildung 20 illustriert beispielhaft mögliche Positionierungen von Unternehmen verschiedener Branchen.

---

231 Vgl. Abschnitt 5.1.

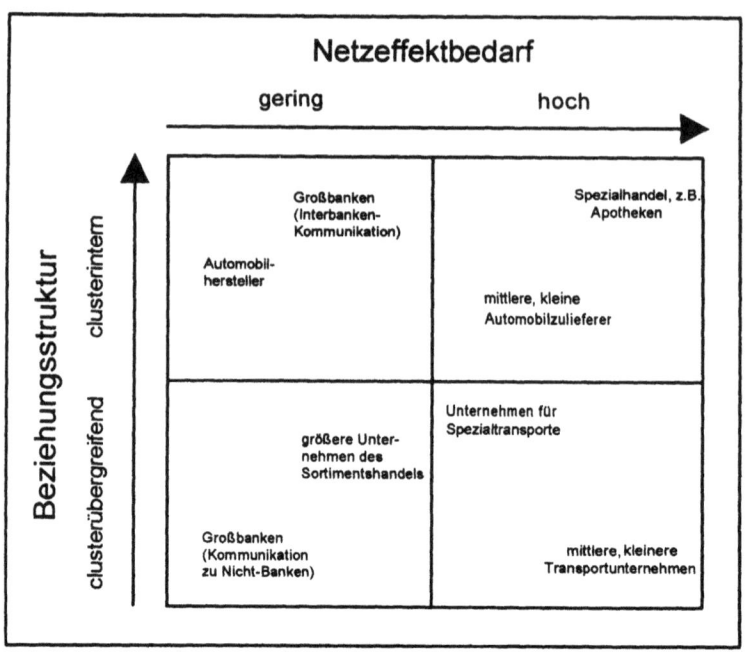

Abb.20: Beispielhafte Positionierung von Unternehmen nach Beziehungsstruktur und Netzeffektbedarf

Wenngleich diese Typologie eine stark vereinfachte Differenzierung von Unternehmen bietet, bei der etwa das konkrete Ausmaß an erforderlichen Netzeffektnutzen oder die konkrete Höhe des Gesamtnutzens einer EDI-Anwendung unberücksichtigt bleiben, lassen sich daran dennoch unterschiedliche Verhaltensweisen hinsichtlich der Bereitschaft zum Entwurf- bzw. zur Adoption von EDI-Regelwerken idealtypisch verdeutlichen. Zugleich kann anhand dieser Betrachtungsweise analysiert werden, inwieweit EDI-Regelwerke öffentliche Güter sind und Netzeffektcharakter besitzen.

4 Der Entwurf von EDI-Regelwerken

Von verschiedenen Faktoren hängt es ab, ob Akteure bereit sind, Ressourcen für den Entwurf von EDI-Regelwerken zu investieren. Die Frage, ob und in welcher Weise EDI-Regelwerke entworfen werden, kann als eine notwendige Bedingung für die Entstehung von EDI-Standards betrachtet werden. Daran anschließend ist erst die Diskussion über mögliche Mechanismen der Diffusion von EDI-Regelwerken führbar.

Anknüpfungspunkt für die Analyse des Entwurfs ist die im letzten Kapitel geführte Diskussion über positive Nutzenwirkungen von EDI. Dabei kann hier bereits festgehalten werden, daß nur solche Wirtschaftssubjekte als Entwurfsakteure in Frage kommen, die einen insgesamt positiven Nutzen einer EDI-Anwendung erwarten können. Dabei ist zu vermuten, daß das Entwurfsinteresse umso größer sein dürfte, je früher ein positiver Gesamtnutzen realisiert werden kann und je höher und besser prognostizierbar dieser Gesamtnutzen ist. Im umgekehrten Falle ist dagegen zu vermuten, daß Wirtschaftssubjekte sich als Trittbrettfahrer verhalten und auf Entwurfsergebnisse anderer Entwurfsakteure warten.

Bei der nachfolgenden Betrachtung ökonomischer Eigenschaften von EDI-Regelwerken wird untersucht, inwieweit sie öffentliche Güter darstellen und damit Trittbrettfahrerverhalten hinsichtlich des Entwurfs ermöglichen. Dabei wird zu zeigen sein, daß es nur unter bestimmten Bedingungen Spielräume für Trittbrettfahrerverhalten gibt. Anschließend soll gezeigt werden, daß neben dem Trittbrettfahrerproblem auch Zeit-, Kosten- und Qualitätsaspekte das Verhalten hinsichtlich des Entwurfs von EDI-Regelwerken beeinflussen können.

4.1 Der Öffentliche Gut-Charakter von EDI-Regelwerken: Spielräume für Trittbrettfahrerverhalten

Ein EDI-Regelwerk ist ein immaterielles Gut, das nicht abgenutzt oder verbraucht werden kann. Es besitzt selbst Informationscharakter.[232] Ein EDI-Regelwerk stellt daher ein geistiges Gut dar. Landis Gabel (1991) behauptet nun, »... like all intellectual property it is a *public good*.«[233] Diese Aussage ist – so pauschal – jedoch falsch.[234]

Private Güter zeichnen sich unabhängig davon, ob sie auf Märkten gehandelt werden oder nicht, durch zwei Eigenschaften aus: durch das Ausschlußprinzip und durch die Rivalität im Konsum. Das Ausschlußprinzip besagt, daß derjenige, der nicht bereit ist, den Preis für ein Gut

---

232 Die in einem EDI-Regelwerk enthaltenen Festlegungen können als Informationen darüber interpretiert werden, wie die semantische Schnittstelle zwischen zwei unabhängigen Anwendungssystemen für hard- und softwareneutrale Weiterverarbeitbarkeit von Nachrichten zu gestalten ist. Damit weisen EDI-Regelwerke für Informationen typische Eigenschaften auf. Zu Informationseigenschaften vgl. Picot/Franck (1988).

233 Landis Gabel (1991), S.10.

234 Beispielsweise läßt sich ein geistiges Gut durch Patente oder schlicht durch Geheimhaltung schützen.

zu entrichten, vom Konsum dieses Gutes ausgeschlossen ist. Er hat keine sonstige Möglichkeit, dieses Gut zu nutzen. Rivalität im Konsum bedeutet, daß ein Gut, das von einem Wirtschaftssubjekt konsumiert wird, nicht gleichzeitig von einem anderen Wirtschaftssubjekt konsumiert werden kann.[235] Güter mit diesen Eigenschaften werden als private Güter bezeichnet.[236] Demgegenüber sind öffentliche Güter solche, bei denen mindestens eines der beiden Kriterien nicht erfüllt ist.[237]

Besitzt ein EDI-Regelwerk die Merkmale eines öffentlichen Gutes? Dazu muß mindestens eine der beiden Gütereigenschaften erfüllt sein. Da ein EDI-Regelwerk als Information über die konkrete Gestaltung einer entsprechenden Schnittstelle interpretiert werden kann, wird es bei der Nutzung nicht verzehrt oder verbraucht. Es besteht demnach keine Rivalität im Konsum.

Die Frage, ob für ein EDI-Regelwerk das Ausschlußprinzip gilt, muß dagegen differenzierter betrachtet werden. Das Fehlen des Ausschlußprinzips hat eine wichtige ökonomische Wirkungsweise. In einer solchen Situation kann es für Akteure rational sein, keinen eigenen Beitrag zur Erstellung eines EDI-Regelwerkes zu leisten, sondern sich als Trittbrettfahrer (free rider) zu verhalten.

»Once a standard is set, it may be possible for firms that did not support its creation to use it at no cost to society. If enough firms try to be 'free riders', there will be insufficient investment in standardization.«[238]

Ein solcher Fall würde im Prinzip bedeuten, daß für den Entwurf eines EDI-Regelwerkes keine ausreichenden individuellen Anreize gegeben sein könnten.

»Dies gilt insbesondere dann, wenn die Gruppe der Betroffenen groß ist, so daß der eigene Beitrag für die Produktion dieses Gutes vernachlässigbar ist. ... Eine freiwillige Koordination zur Herbeiführung der Kooperation ist kaum mehr möglich. Ohne (staatliche) Zwangsgewalt wird das entsprechende Gut deshalb nicht oder nur in suboptimalem Ausmaß produziert.«[239]

Öffentliche Güter, die im Konsum zwar nicht rivalisieren, für die aber das Ausschlußprinzip gegeben oder durchführbar ist, bezeichnet man als öffentliche Güter im engeren Sinne.[240] Ein Beispiel dafür ist wiederum Information. Für eine Information etwa in Form einer Innovation,

---

235 Vgl. Kirchgässner (1991), S. 54, Samuelson (1969), S. 108; Musgrave spricht von »non-rivalness in consumption«, Musgrave (1969), S. 126.
236 Vgl. Claassen (1988), S. 140.
237 Vgl. Claassen (1988) S. 54, vgl. auch Arnold (1992), S. 1, der öffentliche Güter als Teilmenge kollektiver Güter betrachtet. Kollektive Güter zeichnen sich für ihn dadurch aus, daß sie gemeinschaftlich von mehreren Wirtschaftssubjekten in Anspruch genommen werden können.
238 Landis Gabel (1991), S. 10.
239 Kirchgässner (1991), S. 55.
240 Vgl. Kirchgässner (1991), Fußnote 98, S. 54-55; Öffentliche Güter im weiteren Sinne sind solche Güter, bei denen zwar das Ausschlußprinzip nicht gilt, deren Konsum aber rivalisierend ist.

die nach patentrechtlichen Kriterien geschützt ist, gilt das Ausschlußprinzip.[241] Ein Nutzer kann diese Innovation daher nur dann in Anspruch nehmen, wenn er dem Urheber einen Preis für die Nutzung bezahlt.

Die Frage, ob ein EDI-Regelwerk ein öffentliches Gut im engeren Sinne oder ein reines öffentliches Gut ist, hängt einmal davon ab, ob dessen Nutzungsmöglichkeiten vom Urheber mit Hilfe rechtlicher Schutzmöglichkeiten eingeschränkt wird. In einem solche Falle müßten die Nutzer eines solchen EDI-Regelwerkes ein entsprechendes Entgelt etwa in Form einer Lizenz an dessen Urheber bezahlen. Ein zweiter Ansatzpunkt zur Beurteilung des Ausschlußprinzips besteht in der Fragestellung, ob andere als rechtliche Ausschlußmöglichkeiten gegeben sind.

Die Beantwortung der Frage, ob und inwieweit das Ausschlußprinzip gilt, kann anhand des Generalisierungsgrads eines EDI-Regelwerkes vorgenommen werden. Der Entwurf eines hochspezialisierten EDI-Regelwerkes etwa für eine konzerninterne Anwendung bedeutet, daß dieses durch die exakte Abstimmung auf die betreffenden Informations- und Kommunikationsbedürfnisse für andere Anwender mehr oder weniger nutzlos ist. Das heißt, je spezieller ein EDI-Regelwerk auf die individuellen Informations- und Kommunikationsbedürfnisse von Anwendern abgestimmt ist, desto kleiner wird die Zahl der Anwender, die ein solches EDI-Regelwerk überhaupt einsetzen können. Olson argumentiert dazu in allgemeiner Weise,

»daß die meisten Kollektivgüter nur in Hinblick auf eine bestimmte Gruppe definiert werden können. Ein Kollektivgut paßt nur zu einer Gruppe..., ein anderes Kollektivgut nur zu einer anderen Gruppe; eines mag der ganzen Welt nützen, ein anderes nur zwei bestimmten Menschen.«[242]

Ein Ausschlußprinzip liegt damit in einem solchen Falle in bezug auf Anwender mit anderen Informations- und Kommunikationsbedürfnissen vor. Je spezialisierter ein EDI-Regelwerk ist, desto mehr nimmt es den Charakter eines öffentlichen Gutes im engeren Sinne an. Läßt man den Aspekt der Konsumrivalität unberücksichtigt, könnte man nach Maßgabe des Spezialisierungsgrades auch von einem privaten Gut sprechen. Ein konzerninternes EDI-Regelwerk besitzt damit mehr den Charakter eines privaten Gutes als etwa ein branchenspezialisiertes EDI-Regelwerk. Je spezialisierter ein EDI-Regelwerk ist, desto unnötiger ist ein rechtlicher Schutz vor unerlaubter Anwendung aufgrund der praktischen Wirkung des Ausschlußprinzips.[243] Ein clusterinternes EDI-Regelwerk besitzt damit insbesondere für Unter-

---

241 Vgl. dazu Patentgesetz (1981).
242 Olson (1992), S. 13.
243 Damit ist jedoch nicht ausgeschlossen, daß bei einem Fremdbezug eines EDI-Regelwerkes zwischen Auftraggeber und Auftragnehmer detaillierte vertragliche Vereinbarungen über die Verwendungs- und Veränderungsbedingungen des Regelwerkes getroffen werden.

nehmen des Typs 3 und 4 nach Maßgabe der Clustergröße den Charakter eines privaten Gutes.[244]

Bei einem generalisierten EDI-Regelwerk vergrößert sich die relevante Öffentlichkeit insofern, als ein solches EDI-Regelwerk für eine Vielzahl von Anwendern geeignet sein soll, um clusterübergreifende offene Kommunikationsmöglichkeiten zu schaffen. Das Konstruktionsprinzip eines solchen EDI-Regelwerkes besteht gerade darin, das praktische Ausschlußprinzip zu minimieren. Je generalisierter daher ein EDI-Regelwerk ist, desto mehr nimmt es den Charakter eines reinen öffentlichen Gutes an. Ein Beispiel dafür ist das für eine weltweite und branchenunabhängige EDI-Kommunikation entworfene EDIFACT-Regelwerk.

Eine Realisierung des Ausschlußprinzips durch rechtliche Schutzmechanismen wäre in diesem Falle kontraproduktiv. Denn eine derartige Einschränkung der unentgeltlichen Nutzungsmöglichkeit eines generalisierten EDI-Regelwerkes würde bedeuten, daß dazu konkurrierende spezialisiertere EDI-Regelwerke ohne rechtliche Nutzungsbeschränkungen bevorzugt würden. Damit würde die Adoption eines generalisierten EDI-Regelwerkes jedoch behindert, was wiederum nicht in der Absicht des Schutzinteressenten liegen würde. Denn dieser würde ja nur deshalb seinen Entwurf eines EDI-Regelwerkes rechtlich schützen lassen, um durch dessen möglichst zahlreiche Adoption seine Nutzungsentgelte zu maximieren. Je generalisierter daher ein EDI-Regelwerk beschaffen ist, desto mehr nimmt es den Charakter eines reinen öffentlichen Gutes an.

Dies hat bestimmte Folgen für den Entwurf von EDI-Regelwerken. Denn je mehr ein EDI-Regelwerk den Charakter eines reinen öffentlichen Gutes annimmt, desto mehr besteht die Möglichkeit zu Trittbrettfahrerverhalten.

»In einer solchen Situation ist es für eigennützige Individuen rational, keinen Beitrag zur Erstellung dieses Gutes zu leisten, d.h. sich als "Trittbrettfahrer" ("Free Rider") zu verhalten. Dies gilt insbesondere dann, wenn die Gruppe der Betroffenen groß ist, so daß der eigene Beitrag für die Produktion dieses Gutes vernachlässigbar wird.«[245]

Dies läßt die Schlußfolgerung zu, daß Trittbrettfahrerverhalten umso wahrscheinlicher ist, je generalisierter ein EDI-Regelwerk konzipiert wird und je größer damit die betreffende Gruppe potentieller Anwender wird. Die Möglichkeit für Trittbrettfahrerverhalten hinsichtlich des Entwurfs von EDI-Regelwerken tritt demnach insbesondere bei Unternehmen des Typs 3 und 4 auf. Für Unternehmen des Typs 1 und 2 besitzt ein EDI-Regelwerk in der Tendenz den Charakter eines privaten Gutes.

---

244 Damit wird aber nicht ausgeschlossen, daß gegebenenfalls Unternehmen des Typs 3 und 4 ein solches Gut durch Zwang des Geschäftspartners anwenden müssen. Es wird damit nur argumentiert, daß eine freiwillige Anwendung eines entsprechend spezialisierten EDI-Regelwerkes durch solche Unternehmen unwahrscheinlich ist.

4.2 Entscheidungs- und Koordinationsformen des Entwurfs von EDI-Regelwerken

Im folgenden wird der Frage nachgegangen, wann beim Entwurf von EDI-Regelwerken die Notwendigkeit besteht, individuelle Handlungsweisen zu koordinieren und welche Formen der Handlungskoordination dabei auftreten können. Den Ausgangspunkt für die nachfolgende Beschreibung eines möglichen Koordinationsbedarfs bilden interdependente Handlungsweisen, durch die sich kollektive Entscheidungssituationen ergeben.[246] Einige der folgenden Aussagen beziehen sich dabei auch auf Handlungsinterdependenzen bei der Diffusion von EDI-Regelwerken.

Kollektive Entscheidungen basieren auf der Existenz von Entscheidungs- bzw. Handlungsinterdependenzen.[247] »Kollektive Entscheidungsprozesse liegen vor, wenn mehrere Entscheidungsträger an einem Entscheidungsprozeß beteiligt sind.«[248] In einem solchen Entscheidungsprozeß treffen zwar mehrere Entscheidungsträger individuelle Entscheidungen.[249] Die einzelnen Entscheidungsträger sind jedoch insofern voneinander abhängig, als die Konsequenzen der Entscheidungen bzw. des Verhaltens eines Akteurs die Entscheidungen bzw. das Verhalten eines anderen Akteurs beeinflussen.[250] Als individuelle Entscheidungsträger können auch einzelne Unternehmen in Erscheinung treten. Eine kollektive unternehmensübergreifende Entscheidungssituation liegt dann vor, wenn einzelne Unternehmen durch ihre Entscheidungen das Entscheidungsverhalten anderer Unternehmen beeinflussen.

Entscheidungsinterdependenzen beinhalten stets die Existenz externer Effekte[251]. Denn ein Entscheidungsträger steht insofern in Beziehung zu anderen Entscheidungsträgern, als er die Zielerreichung und damit das Nutzenniveau anderer Entscheidungsträger direkt oder über eine Kette von Auswirkungen beeinflußt, ohne daß diese Beeinflussung auf irgendeine Art und Weise ausgeglichen würde.[252] Aber nicht jeder externe Effekt ist umgekehrt auf eine Entscheidungsinterdependenz zurückzuführen.

Diese Zusammenhänge zeigen sich sowohl in der Entwurfs- als auch in der Diffusionsphase von EDI-Regelwerken, allerdings in unterschiedlicher Weise. In beiden Phasen können externe Effekte auftreten. In der Entwurfsphase besteht im Falle von EDI-Regelwerken mit dem Charakter eines reinen öffentlichen Gutes die Möglichkeit für Unternehmen, sich als Trittbrettfahrer zu verhalten. Solche Unternehmen profitieren von den Entwurfsergebnissen anderer Akteure. Diese Akteure produzieren damit für Trittbrettfahrer einen positiven externen Effekt. Bei der Diffusion von EDI-Regelwerken entstehen dadurch positive externe Effekte,

---

245 Kirchgässner (1991), S. 54-55.
246 Vgl. Kirsch (1976), S. 15.
247 Vgl. dazu Kirsch (1977). S. 60-70.
248 Kirsch/Michael/Weber (1973), S. 94.
249 Vgl. Rehkugler/Schindler (1989), S. 249.
250 Vgl. Kirsch (1976), S. 14, Kirsch (1977), S. 60.
251 Zu diesem Begriff vgl. Sälter (1989).
252 Vgl. Lindblom (1965), S. 21-22.

daß durch die Adoptionsentscheidung eines Akteurs das Nutzenniveau anderer potentieller oder tatsächlicher Anwender beeinflußt wird. Das bedeutet, daß positive externe Effekte in der Diffusionsphase vor allem in bezug auf solche Unternehmen auftreten, deren Gesamtnutzen einer EDI-Anwendung sehr stark von der Realisierung eines Netzeffektnutzens abhängt.

In der Diffusionsphase existieren zusätzlich Entscheidungsinterdependenzen. Dagegen liegen in der Entwurfsphase keine Entscheidungsinterdependenzen zwischen Entwurfsakteuren und unbeteiligten Nutznießern vor. Die Ursachen dafür lassen sich anhand der Unterscheidung zwischen Teilnehmern und Betroffenen eines Entscheidungsprozesses verdeutlichen.[253]

Teilnehmer zeichnen sich dadurch aus, daß sie aktiv an einem Entscheidungsprozeß partizipieren, wogegen Betroffene Veränderungen ihres Nutzenniveaus zu tragen haben, auch wenn sie nicht an dem relevanten Entscheidungsprozeß beteiligt sind. Entscheidungsinterdependenzen bestehen demnach nur zwischen den Teilnehmern an einem Entscheidungsprozeß, aber nicht im Verhältnis zu den Betroffenen, die nicht an einem Entscheidungsprozeß partizipieren.

Trittbrettfahrer von Entwurfsaktivitäten profitieren zwar von den Ergebnissen entsprechender Entscheidungsprozesse. Sie sind damit Betroffene. Da sie aber keine Teilnehmer an einem entsprechenden Entscheidungsprozeß zum Entwurf eines EDI-Regelwerkes sind, besteht zu ihnen auch keine Entscheidungsinterdependenz. Im Gegensatz dazu sind in der Diffusionsphase alle Unternehmen zugleich Betroffene und Teilnehmer eines kollektiven Entscheidungsprozesses. Denn jedes Unternehmen kann durch sein Entscheidungsverhalten das Nutzenniveau aller anderen Unternehmen beeinflussen.

Diese unterschiedlichen Zusammenhänge zwischen Entscheidungsinterdependenz und der Existenz externer Effekte verweisen auf verschiedene Formen der Koordination von Handlungsweisen von Entscheidungsträgern. Kirsch unterscheidet zwischen zentraler und dezentraler Koordination.[254] Bei einer zentralen Koordination existiert eine Person oder eine Gruppe von Personen, die Koordinationsentscheidungen trifft, d.h., es besteht eine asymmetrische Beziehung der Über- bzw. Unterordnung, in der ein übergeordneter Koordinator für die interdependenten Entscheidungsträger Beschränkungen festlegt. Dies entspricht einer hierarchischen Koordinierung von Handlungen, was für hierarchische Organisationsformen kennzeichnend ist.

---

253 Vgl. zu diesen Begriffen Kirsch (1991), S. 98-103.
254 Vgl. Kirsch (1977), S. 80-82.

Bei einer dezentralen Form der Koordination existiert kein übergeordneter Koordinator, sondern die interdependenten Entscheidungsträger koordinieren sich selbst.[255] Diese Selbstkoordination kann auf zweierlei Weise geschehen. Zum einen können Entscheidungsträger, die gleichberechtigt einem Entscheidungsgremium angehören, durch wechselseitige Einflußnahme oder Manipulation ihre Handlungsweisen koordinieren. Die andere dezentrale Koordinationsform geschieht über den Markt- bzw. Preismechanismus. Ein wesentlicher Unterschied zwischen diesen beiden dezentralen Formen der Koordination besteht in der Art der Informationsübermittlung zwischen den beteiligten Entscheidungsträgern. Während bei marktlicher Koordination anonyme Marktsignale etwa in Form von Preisen Informationen über das Verhalten anderer Entscheidungsträger vermitteln, findet in Entscheidungsgremien ein unmittelbarer und wechselseitiger Informationsaustausch etwa in Form von Manipulationsversuchen oder Absprachen statt. Beim Entwurf von EDI-Regelwerken ist sowohl eine hierarchische (zentrale) als auch eine dezentrale Form der Koordination denkbar.

Eine hierarchische Koordination kann dann stattfinden, wenn ein Unternehmen im Alleingang ein EDI-Regelwerk entwickelt und somit eine unternehmensinterne zentrale Koordination der Aktivitäten möglich ist. Zum anderen kann ein dominierendes Unternehmen hierarchisch koordinieren, wenn Entwurfsaktivitäten von mehreren Unternehmen, die in rechtlichen oder wirtschaftlichen Abhängigkeitsverhältnissen zueinander stehen, durchgeführt werden. Dies kann etwa bei Entwurfsaktivitäten innerhalb eines Konzerns der Fall sein. Beispiele dafür sind große Unternehmen des Typs 1 bzw. 3 wie etwa der Automobilhersteller FORD oder der Nutzfahrzeughersteller MAN.

Dezentrale Koordinationsmechanismen liegen beim Entwurf von EDI-Regelwerken dann vor, wenn eine Mehrzahl von Unternehmen gemeinsam ein Gremium bildet, in dem eine Koordination der individuellen Handlungsweisen und Zielvorstellungen durch parteiische wechselseitige Abstimmung (partisan mutual adjustment) stattfindet.[256] Diese Abstimmung – so Kirsch – kann durch Manipulation oder durch Anpassung geschehen.[257] Ein Anpasser nimmt die tatsächlichen oder erwarteten Entscheidungen anderer Akteure als Datum hin und richtet seine Entscheidung danach aus. Bei der Manipulation ergreifen Akteure hingegen Maßnahmen, daß die ihren Entscheidungen zugrundeliegenden Erwartungen über das Verhalten anderer Akteure tatsächlich eintreffen. Je ähnlicher die Präferenzen der einzelnen Teilnehmer eines Entwurfsgremiums sind, desto mehr nimmt der kollektive Entscheidungsprozeß den Charakter eines kooperativen Problemlösens an, bei dem gegenseitiges Anpassen genügt. Je heterogener die Präferenzen sind, desto mehr treten Elemente des Aushandelns und der Manipulation in den

---

255 Kirsch (1977) unterscheidet bei dieser Koordination direkte und indirekte Anpassungen, deren Unterschiede insbesondere vor dem Hintergrund der Art der Informationsvermittlung nicht hinreichend transparent werden. Denn auch bei indirekter Anpassung über den Marktmechanismus durch Preissignale bilden Entscheidungsträger Erwartungen. Anpassung durch Erwartungsbildung kennzeichnet Kirsch jedoch als direkt, vgl. Kirsch (1977), S. 81.

256 Vgl. Kirsch (1977), S. 81, Lindblom (1965).

257 Vgl. Kirsch (1977), S. 69.

Vordergrund.[258] Der erstere Fall trifft insbesondere auf Entwurfsgremien zu, in denen Unternehmen des Typs 1 bzw. 2 mitwirken. Der letztere Fall trifft dagegen eher auf Gremien mit Unternehmen des Typs 3 bzw. 4 zu.

»Das eine Extrem bildet das reine Problemlösen. Je mehr man sich auf dem Kontinuum in Richtung des anderen Extrempunktes bewegt, desto mehr ist das Problemlösen durch wechselseitige Überredungsversuche "durchsetzt", desto mehr kommen Elemente des mit Drohungen, Versprechungen und Ausgleichszahlungen operierenden "Aushandelns" zum Tragen ...«[259]

Die Abhängigkeit der Kooperationsbereitschaft von der Gleichartigkeit oder Ähnlichkeit der Präferenzen hat eine wichtige Konsequenz für die Bildung von Entwurfsgremien. Ein großes Maß an Übereinstimmung der Präferenzen – und das ist beim Entwurf von EDI-Regelwerken nur die Übereinstimmung der Informations- und Kommunikationsbedürfnisse der beteiligten Unternehmen – erleichtert nicht nur die Bildung solcher Gremien, an denen die Teilnahme freiwillig ist und daher von der ex ante erwarteten Kooperationsbereitschaft abhängt, sondern reduziert aufgrund geringerer Verhandlungsnotwendigkeiten und Manipulationsversuche sowie der in der Regel kleinen Teilnehmerzahl die Kosten der Entscheidungsfindung.[260]

Darin liegt ein wichtiger Grund für die Bildung von vergleichsweise kleinen Gremien zum Entwurf spezialisierter EDI-Regelwerke.[261] Je größer die Zahl der Teilnehmer eines Entwurfsgremiums ist, desto ungleichartiger sind in der Regel die Präferenzen. Dies führt dazu, daß die Entscheidungsfindungskosten nicht nur aufgrund der höheren Anzahl der Teilnehmer und der damit verbundenen Abstimmungserfordernisse, sondern vor allem aufgrund erhöhter Tendenzen zum Aushandeln und zur Manipulation ansteigen. Dies ist bei Gremien, die ein generalisiertes EDI-Regelwerk wie etwa EDIFACT entwerfen, stärker der Fall als bei Gremien zum Entwurf von spezialisierten Regelwerken (Unternehmenstyp 1/2 bzw. 3/4).

Hinsichtlich des Entwurfs von EDI-Regelwerken implizieren kollektive Entscheidungsmechanismen verschiedene Gestaltungsprobleme. Dies führt dazu, daß die Probleme im Zusammenhang mit der Handhabung von Entscheidungsinterdependenzen und die verschiedenen Möglichkeiten kollektiver Entscheidungsfindung ebenfalls das individuelle Standardisierungsverhalten beeinflussen.

---

258 Kirsch bezeichnet kooperative Entscheidungsprozesse mit gleichgerichteten Präferenzen als integrative Entscheidungsprozesse; je mehr Manipulationselemente auftreten, desto distributiver ist der Entscheidungsprozeß, vgl. Kirsch (1977), S. 57-59.
259 Kirsch (1977), S. 58.
260 Vgl. dazu Sauter (1985), S. 101-107, sowie die dort angegebene Literatur, insb. Buchanan/Tullock (1962), Vanberg (1982), vgl. auch Abschnitt 4.3.3.
261 Ergänzend kommt hinzu, daß in solchen Gremien ex ante Kooperationsbereitschaft aufgrund wechselseitigen Vertrauens bestehen kann, das sich aufgrund stabiler und dauerhafter Geschäftsbeziehungen der Teilnehmer gebildet hat.

4.3 Einflußfaktoren auf das Entwurfsverhalten

Die Problematik des Entwurfs von EDI-Regelwerken zeigt sich in den Fragestellungen, unter welchen Bedingungen welche Akteure Kosten für einen Entwurf zu tragen bereit sind und für welche Organisationsform des Entwurfs sich Akteure gegebenenfalls entscheiden. Wie bereits gezeigt wurde, muß ein Unternehmen als notwendige Bedingung einen positiven Gesamtnutzen einer EDI-Anwendung erwarten, um Ressourcen für den Entwurf von EDI-Regelwerken einzusetzen. Darüber hinaus existieren jedoch verschiedene weitere Faktoren, die das individuelle Verhalten beeinflussen.

Den Anknüpfungspunkt einer weitergehenden Analyse des Entwurfsverhaltens bildet das unternehmensindividuell realisierbare Nutzenpotential einer Anwendung von EDI mit einem bestimmten EDI-Regelwerk. Vereinfacht ausgedrückt kann gesagt werden: Je höher das realisierbare Nutzenpotential einer EDI-Anwendung ist, desto größer ist ceteris paribus das Interesse an einer eigenen Entwurfsaktivität. Der Zeitpunkt des Beginns einer Entwurfsaktivität sowie deren Zeitdauer und damit letztlich der Zeitpunkt der erstmaligen Verfügbarkeit eines entsprechenden EDI-Regelwerkes kann unter bestimmten Bedingungen ebenso die Interessenlagen von Akteuren beeinflussen. Schließlich ergeben sich je nach Entwurfsform unterschiedliche absolute bzw. individuell zu tragende Kosten für den Entwurf eines EDI-Regelwerkes, was insbesondere von der Anzahl der an einer Entwurfsaktivität beteiligten Akteure abhängt.

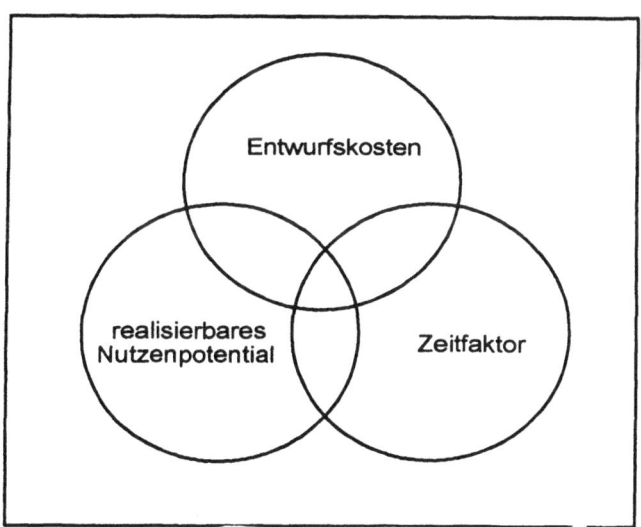

Abb.21: Determinanten für das Verhalten beim Entwurf von EDI-Regelwerken

Diese Entwurfsdeterminanten sind in Abbildung 21 dargestellt. Anhand verschiedener, vielfach sich gegenseitig beeinflussender Ausprägungen dieser Determinanten lassen sich unterschiedliche Interessenkonstellationen diskutieren, die schließlich unterschiedliche Entwurfsverhalten zur Folge haben können.

4.3.1 Anknüpfungspunkt: Höhe und Form des realisierbaren Nutzenpotentials von EDI

Der Einfluß des individuell realisierbaren Nutzenpotentials einer EDI-Anwendung auf das Entwurfsverhalten und eines damit verbundenen Bedarfs an einem EDI-Regelwerk läßt sich in zweierlei Weise beschreiben. Zum einen ist allgemein zu berücksichtigen, welchen individuellen Nutzen ein Akteur aus einer EDI-Anwendung ziehen kann.[262] Diese Nutzendeterminanten von EDI wurden bereits an anderer Stelle beschrieben.[263] Wenn demnach die erwarteten Nutzungsmöglichkeiten entsprechend groß sind, reduziert sich die Wahrscheinlichkeit, daß ein Akteur sich als Trittbrettfahrer verhält und auf das Entwurfsergebnis anderer Akteure wartet, da er auf die frühzeitige Realisierung möglicher Nutzenvorteile verzichten müßte.

Zusätzlich beeinflußt der individuelle Netzeffektbedarf die Realisierbarkeit des Nutzen-potentials von EDI. Je größer die notwendige Anzahl von Anwendern ist, desto geringer ist das Interesse für einen Akteur, sich allein oder in einer kleinen Gruppe für einen Entwurf zu engagieren, da noch nicht die Fertigstellung eines EDI-Regelwerkes, sondern erst eine ausrei-chende Diffusion Nutzen stiftet.

In dieser Situation besteht aber die Unsicherheit, ob ein EDI-Regelwerk überhaupt ausreichend diffundiert und damit den Entwurfskosten ein entsprechender Nutzen gegenübergestellt werden kann. Im Falle einer Netzeffektabhängigkeit, wie dies auf Unternehmen des Typs 2 bzw. 4 zutrifft, ist demnach Trittbrettfahrerverhalten wahrscheinlicher als bei Akteuren mit einem großen Nutzenpotential ohne Netzeffektbedarf. Die Diffusionsunsicherheit vermindert sich, wenn die Anzahl der benötigten Anwender gering ist und/oder wenn die Marktmacht eines Akteurs ausreicht, die benötigte Anzahl an Kommunikationspartnern zu einer Anwendung von EDI mit dem entsprechenden EDI-Regelwerk zu bewegen. Je größer das Nutzenpotential einer (frühzeitigen) EDI-Anwendung und je geringer der dafür benötigte Netzeffektbedarf ist, desto wahrscheinlicher ist ceteris paribus eine Entwurfsaktivität solcher Akteure, sei es im Alleingang, sei es durch Kooperation in einem vergleichsweise kleinen Entwurfsgremium, und umso geringer ist die Wahrscheinlichkeit für Trittbrettfahrerverhalten. Dies trifft insbesondere auf größere Unternehmen des Typs 1 und 2 zu.

---

262 Hier soll zunächst von möglichen nutzenmindernden Entwurfskosten abgesehen werden, also der Bruttonutzen betrachtet werden.
263 Vgl. Abschnitt 3.2.2.

4.3.2 Beginn und Zeitdauer des Entwurfs

Der zeitliche Beginn sowie die Zeitdauer einer Entwurfsaktivität können das Entwurfsverhalten von Akteuren insofern beeinflussen, als durch einen frühzeitigen sowie einen raschen Entwurf u.U. eine frühe vorteilhafte Nutzung von EDI ermöglicht wird. Solche Akteure müßten auf frühzeitig realisierbare Nutzenvorteile verzichten, wenn erst zu einem späteren Zeitpunkt ein EDI-Regelwerk für eine EDI-Anwendung verfügbar wäre. Der Nutzen einer frühzeitigen Verfügbarkeit eines EDI-Regelwerkes erhöht jedoch wiederum die Tendenz zur Kleingruppenbildung bzw. zum Entwurf im Alleingang. Mehrere Gründe sprechen dafür.

Zum einen bewirkt der Neuigkeitsgrad von EDI zu einem frühen Zeitpunkt, daß nur relativ wenig Akteure Kenntnis von EDI und dessen Nutzenpotentialen besitzen. Die Initiierung eines Entwurfsgremiums mit einer größeren Zahl von Teilnehmern scheitert daher aufgrund des fehlenden allgemeinen Bekanntheitsgrades von EDI. Eine Erhöhung des Bekanntheitsgrades durch eine offensive Informationspolitik seitens privater Akteure würde aber mögliche Nutzenvorteile einer frühen Anwendung eines EDI-Regelwerkes verringern oder aufzehren. Zusätzlich würde sich der Nutzenvorteil von frühen Interessenten durch den erhöhten Koordinationsaufwand zur Initiierung einer großen Entwurfsgruppe reduzieren. Zum anderen steigt die Zeitdauer einer Entwurfsaktivität durch die Anzahl der Teilnehmer und der damit verbundenen Zahl unterschiedlicher Entwurfspräferenzen aufgrund erhöhter Abstimmungserfordernisse.

Damit läßt sich die Annahme begründen, daß ein Entwurfsergebnis von größeren Gruppen im Vergleich zu dem kleinerer Gruppen zeitlich vergleichsweise spät realisiert werden kann. Der frühzeitigere Beginn von Entwurfsaktivitäten und die kürzere Entwurfszeit durch die Bildung kleiner Entwurfsgremien führt schließlich dazu, daß in einer historischen Betrachtung der Entwicklung von EDI-Regelwerken zunächst der Entwurf kleingruppenbezogener, spezialisierter EDI-Regelwerke dominiert.[264] Gleichzeitig führen solche punktuellen und voneinander unabhängigen Aktivitäten zu einer Proliferation von spezialisierten EDI-Regelwerken, denen weniger spezialisierte EDI-Regelwerke von größeren Entwurfsgruppen zeitlich später nachfolgen.

4.3.3 Entwurfskosten

Von der Anzahl der Teilnehmer an einem Entwurf eines EDI-Regelwerkes und der Unterschiedlichkeit der individuellen Präferenzen hängen neben unterschiedlichen Nutzenperspektiven auch verschiedene Kostenkonsequenzen des Entwurfs ab. Die Kosten des Entwurfs lassen sich in Produktionskosten sowie in Kosten für die Koordination der Entwurfsaktivitäten unterscheiden. Zu den Produktionskosten zählen insbesondere Kosten der Informationsbe-

---

264 Vgl. Abschnitt 4.4.

schaffung[265] sowie Kosten für Personal, die unmittelbar dem Entwurf zuzurechnen sind. Die Höhe der Produktionskosten, insbesondere in Form von Personalkosten, hängt von der Komplexität des zu entwerfenden EDI-Regelwerkes ab. Das bedeutet, daß der Entwurf eines generalisierenden EDI-Regelwerkes wegen der höheren Komplexität aufgrund der Berücksichtigung einer Vielzahl von individuellen Informations und Kommunikationsbedürfnissen höhere Produktionskosten verursacht als der Entwurf eines vergleichsweise einfachen spezialisierten Regelwerkes. Betrachtet man die Produktionskosten in Abhängigkeit von der Anzahl der Akteure mit jeweils individuellen Informations- und Kommunikationsbedürfnissen, läßt sich der in Abbildung 22 dargestellte Verlauf der Produktionskosten vermuten.

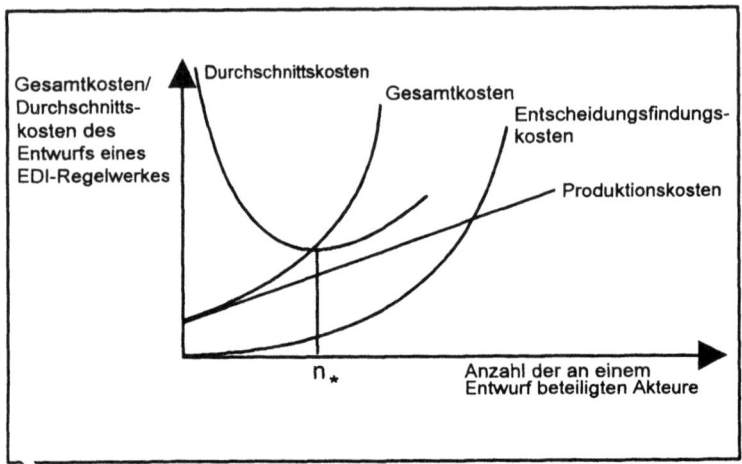

Abb.22: Verlauf der Entwurfskosten in Abhängigkeit von der Zahl beteiligter Akteure

Bei diesem Verlauf wird einerseits unterstellt, daß die Produktionskosten mit der Abnahme der Zahl der Beteiligten nicht auf null zurückgehen, da auch bei einer sehr kleinen Anzahl an Beteiligten ein Mindestumfang an Regelungen zu treffen ist. Andererseits ist ein linearer Verlauf der Produktionskosten zu vermuten, da die Komplexität des zu entwerfenden EDI-Regelwerkes proportional zur Anzahl der Akteure und damit zu den zu berücksichtigenden Informations- und Kommunikationsbedürfnissen steigt.

Daneben entstehen bei einer arbeitsteiligen Vorgehensweise Kosten für die Koordination der Entwurfsaktivitäten, also Transaktionskosten.[266] Die Höhe der Transaktionskosten hängt

---

265 Die Ressource Information ist hier als Produktions- oder Inputfaktor für den Entwurf eines EDI-Regelwerkes zu betrachten, vgl. zur Information als Produktionsfaktor z.B. Picot (1988a), (1988b), Picot/Franck (1988).
266 Vgl. Lehner (1981), S. 53.

insbesondere von der Anzahl der an einem Entwurf beteiligten Akteure ab.[267] Sofern aufgrund der vorher skizzierten Interessenlage ein Alleingang eines Akteurs sinnvoll ist, besteht die Auswahlmöglichkeit zwischen Eigenfertigung und Fremdbezug der Entwurfsaufgabe. In diesem Falle läßt sich das Auswahlproblem durch die aus der Transaktionskostentheorie abgeleiteten Bedingungen beschreiben.[268] Sofern jedoch ein Alleingang als Alternative ausscheidet, bleibt als Koordinationsform die Bildung eines Gremiums, an dem eine Mehrzahl von Akteuren beteiligt ist. Dabei besteht zum einen keine Wahlmöglichkeit mehr zwischen unternehmensinterner bzw. -externer Aufgabenerstellung, zum anderen ist die Anzahl der an der Aufgabenerstellung im Rahmen eines Gremiums beteiligten Akteure abhängig von jeweils ähnlichen Interessenlagen in bezug auf die Zielsetzung des EDI-Regelwerkes. Das heißt, die Größe eines Gremiums ist nicht beliebig wählbar.

Die Bildung eines Gremiums als Organsisationsform für eine Entwurfsaktivität läßt sich als Ressourcenzusammenlegung im Sinne Vanbergs interpretieren.[269]

>»Unter Ressourcenzusammenlegung versteht VANBERG ökonomische Prozesse, bei denen individuelle Träger ökonomischer Verfügungsrechte alle oder einen Teil ihrer Ressourcen in einen "gemeinsamen Pool" einbringen ... Diese Ressourcenzusammenlegung findet statt ..., weil sich hierdurch Ziele für die beteiligten Individuen realisieren lassen, die ohne diese Zusammenlegung nicht realisierbar wären.«[270]

Bei der transaktionalen Gestaltung von Ressourcenzusammenlegungen lassen sich jedoch im Gegensatz zur transaktionalen Gestaltung von Tauschen, bei denen Gegenstand der Transaktion lediglich die zu tauschenden Rechte der Akteure sind, zwei Problembereiche feststellen. Zum einen besteht ein Entscheidungsproblem über die gemeinsame Verwendung der von den beteiligten Akteuren eingebrachten Ressourcen, also ein Entscheidungsproblem über die konkrete Einigung über den Entwurf eines EDI-Regelwerkes, zum anderen muß das Verhältnis zwischen den eingebrachten Ressourcen im Vergleich zum jeweilig individuell zurechenbaren Nutzen des Ergebnisses bestimmt werden.[271]

---

267 Diese Einflußgröße auf die Höhe der Transaktionskosten weicht von denen in der Literatur üblicherweise diskutierten ab; Picot (1982), S. 271 beispielsweise differenziert die Einflußgrößen in »Eigenschaft der Transaktion« und »Infrastruktur der Transaktion«; unberücksichtigt bleibt in dieser Klassifizierung jedoch die Anzahl der an einer arbeitsteiligen Aufgabenerstellung beteiligten Akteure. Sie ist in dieser Sprachweise u.a. die zu erklärende bzw. zu gestaltende Variable. Es ist die Arbeitsteilung und Organisationform zu wählen, die die relativ geringsten Transaktionskosten verursacht, vgl. Picot (1982), S. 273-279.

268 Vgl. z.B. Baur (1990), Picot (1992).

269 Vgl. Vanberg (1982); vgl. zum Unterschied zwischen Tausch als ökonomische Koordinationsform und dem Konzept der Ressourcenzusammenlegung Sauter (1985), S. 2, S. 79-159.

270 Sauter (1985), S. 2.

271 Vgl. zu den beiden Problembereichen Sauter (1985), S. 3, S. 98-159.

In beiden Fällen besteht ein kollektives Entscheidungs- bzw. Aushandlungsproblem. Dabei treten Transaktionskosten in Form von kollektiven Entscheidungsfindungskosten auf.[272] Nach Buchanan/Tullock ist die Höhe dieser Entscheidungsfindungskosten abhängig von der Anzahl der an einem Gremium beteiligten Akteure.[273] Zusätzlich ist zu berücksichtigen, daß mit der Anzahl der beteiligten Akteure die Zahl divergierender individueller Präferenzen wächst und damit zusätzliche kostenwirksame Abstimmungsprobleme entstehen.[274] Je heterogener die Präferenzen der Beteiligten sind, desto mehr nimmt der Entscheidungsprozeß distributiven Charakter an.[275] Die Entwicklung der Entscheidungsfindungskosten in Abhängigkeit von der Anzahl der beteiligten Akteure an einem Gremium läßt einen Verlauf mit steigenden Grenzkosten vermuten, da mit der Anzahl der Beteiligten die Zahl der möglichen bilateralen Abstimmungsvorgänge quadratisch zunimmt.[276]

Für die Kosten des Entwurfs von EDI-Regelwerken bedeutet das, je kleiner ein Gremium ist, desto geringer sind neben den eigentlichen Produktionskosten die Kosten für die Entscheidungsfindung, eben wegen der geringen Anzahl der beteiligten Akteure. Diese Kosten stellen die Gesamtkosten für den Entwurf eines EDI-Regelwerkes dar (vgl. Abbildung 22).

Bildet man einen Gesamtkostenverlauf und teilt man die Kosten durchschnittlich auf die Anzahl der Beteiligten auf, läßt sich folgendes feststellen. Je geringer die Anzahl der beteiligten Akteure ist, desto geringer sind zwar die Gesamtkosten eines Entwurfs, desto mehr aber steigen gleichzeitig die individuell zu tragenden Anteile an den Gesamtkosten.[277] Ab einer bestimmten Zahl an beteiligten Akteuren (n_* in Abbildung 22) wirkt sich der Anstieg der Entscheidungsfindungskosten so stark aus, daß auch die Durchschnittskosten einen ansteigenden Verlauf nehmen.

Dieser Gesamtkostenverlauf läßt nun den Schluß zu, daß Akteure, die aus Zeit- oder Qualitätsgründen ein eher kleines Entwurfsgremium präferieren, vergleichsweise hohe individuelle Entwurfskosten zu tragen haben. Das bedeutet aber, daß nur solche Akteure sich für eine solche Entwurfsform entscheiden, die ein relativ hohes individuell realisierbares Nutzenpotential einer EDI-Anwendung besitzen, das die Kosten zu decken vermag. Betrachtet

---

272 Vgl. Sauter (1985), S. 104, Buchanan/Tullock (1962), S. 65, S. 70-71.

273 Neben diesen Entscheidungsfindungskosten betrachten Buchanan/Tullock (1962) zusätzlich Interdependenzkosten aufgrund negativer externer Effekte für nicht an einem Entscheidungsgremium beteiligte, aber dennoch von den Entscheidungen dieses Gremiums betroffene Akteure; diese Kostenart soll hier unberücksichtigt bleiben, und das Augenmerk nur auf die Kosten der Koordination innerhalb eines Gremiums gelegt werden.

274 Sauter (1985) bezeichnet die Abstimmungs- bzw. Aushandlungskosten infolge divergierender individueller Ziele als Kompromißkosten, vgl. Sauter (1985), S. 104; Vgl. auch Blankart/Knieps (1993), S. 46

275 Vgl. Kirsch (1977), S. 57-59.

276 Bei n beteiligten Akteuren steigt die Anzahl der Kommunikationsbeziehungen mit dem Faktor n(n-1)/2; vgl. dazu auch den Verlauf der Entscheidungsfindungskosten mit steigenden Grenzkosten bei Buchanan/Tullock (1962), S. 65-71.

277 Es wird hier unterstellt, daß die Gesamtkosten gleichmäßig auf die Anzahl der an einem Entwurf beteiligten Akteure verteilt werden.

man das Belegvolumen als Nutzenindikator, dürften dafür vor allem größere Unternehmen des Typs 1 bzw. 3 in Frage kommen. Gleichzeitig ist zu vermuten, daß solche Akteure nicht notwendigerweise auf entsprechend hohen Netzeffektnutzen angewiesen sind. Spezialisierte EDI-Regelwerke werden unternehmens- oder konzernintern daher vor allem von vergleichsweise großen Unternehmen entwickelt werden.

Je mehr die Durchschnittskosten sinken und/oder je mehr Netzeffektnutzen[278] notwendig ist, desto größer wird das Entwurfsgremium gewählt werden. Es steigen zwar die Entwurfskosten (sowie die Entwurfsdauer) an, die individuell zu tragenden Entwurfskosten sinken jedoch bis zu einer bestimmten Anzahl an Entwurfsakteuren. Bis zur Anzahl n_* an Akteuren, die sich zu einem Entwurfsgremium zusammenschließen, sinkt zwar tendenziell das individuelle Nutzenpotential einer EDI-Anwendung bzw. ist entsprechender Netzeffektnutzen notwendig, gleichzeitig aber sinken auch die Durchschnittskosten. Diese Kosten-/Nutzenbetrachtung läßt vermuten, daß die Anzahl n_* die maximale Größe eines Entwurfsgremiums darstellt, das von Akteuren aus Eigeninteresse und ohne staatliche Unterstützung als Firmengremium gebildet wird.

Ab einer bestimmten Anzahl an Akteuren jedoch steigen die Durchschnittskosten aufgrund hoher Entscheidungsfindungskosten an, und gleichzeitig sinkt das individuell realisierbare Nutzenpotenial und/oder steigt der Bedarf an Netzeffektnutzen. Ab diesem Punkt ist eine freiwillige Gremiumsbildung ohne staatliche Unterstützung bzw. ohne Unterstützung durch institutionalisierte Standardisierungsgremien kaum wahrscheinlich. Das Trittbrettfahrerverhalten wird ab diesem Punkt besonders drängend.

Eine staatliche Unterstützung ist beispielsweise als finanzielle Unterstützung entsprechender Entwurfsaktivitäten durch Gebietskörperschaften denkbar. Wichtige Bedeutung besitzen institutionalisierte Standardisierungsgremien, die sich an entsprechenden Entwurfsaktivitäten beteiligen. Solche institutionalisierten Standardisierungsgremien sind auf internationaler Ebene beispielsweise die ISO oder entsprechende nationale Standardisierungsgremien wie etwa DIN e.V. in Deutschland.[279] Außer privaten Akteuren nehmen an diesen Gremien ebenfalls staatliche Stellen teil. Neben dem staatlichen Unterstützungsanteil zeigt sich die Bedeutung solcher Institutionen vor allem in der Bereitstellung dauerhafter und länderübergreifender Organisationsstrukturen. Gleichzeitig können die Lenkungsgremien solcher Institutionen als

---

278 Was vor allem in bezug auf das Belegvolumen in der Regel für eine Abnahme der Unternehmensgröße spricht.
279 In solchen Standardisierungsgremien sind zwar ebenfalls private Akteure organisiert, diese Gremien nehmen aber vor allem Standardisierungen von öffentlichem Interesse vor; inwieweit beispielsweise das DIN mit staatlichen Standardisierungsinteressen betraut ist, ergibt sich vor allem aus dem zwischen dem DIN und der Bundesrepublik Deutschland geschlossenen Vertrag vom 5.Juli 1975, in dem sich das DIN u.a. verpflichtet, bei seiner Normungstätigkeit öffentliche Interessen zu verfolgen, und in dem eine Mitwirkung der Bundesregierung an Lenkungsgremien von Normenausschüssen sowie unmittelbare Beteiligungen von Behörden an entsprechenden Standardisierungsvorhaben festgelegt sind, vgl. dazu Bartsch (1987), S. 53-61; Aus diesen Festlegungen läßt sich die Tendenz staatlicher Förderung von Standardisierungsaufgaben im DIN ableiten.

Initiatoren und Promotoren entsprechender Entwurfsaktivitäten wirken. Zusätzlich können diese Institutionen geeignete und möglicherweise bewährte Koordinations- und Konfliktregelungsmechanismen bereitstellen.[280]

4.4 Hinweise zu Entwurfsformen von EDI-Regelwerken in der Praxis

Im folgenden werden empirische Hinweise zu Entwurfsaktivitäten von EDI-Regelwerken in der Praxis skizziert. Bei dieser Darstellung wird zum Teil auf einzelne Ergebnisse eines empirischen Forschungsprojekts zurückgegriffen, an dem der Autor mitgewirkt hat.[281] Im Mittelpunkt dieser Betrachtung stehen wiederum die auf den Austausch transaktionsbegleitender Daten bezogenen EDI-Anwendungen.

Die Praxis bietet ein vielfältiges Spektrum an Aktivitäten zum Entwurf von EDI-Regelwerken. Dabei zeigen sich deutliche Unterschiede hinsichtlich des Zeitpunktes und Art der Förderung eher spezialisierter bzw. generalisierter EDI-Regelwerke. Zusätzlich lassen sich Unterschiede zwischen den Entwurfsaktivitäten in Deutschland und verschiedenen anderen Ländern feststellen.

4.4.1 Aktivitäten zum Entwurf spezialisierter EDI-Regelwerke

Anstelle frühzeitiger Aktivitäten mit dem Interesse, ein umfassendes, weltweit einsetzbares einheitliches EDI-Regelwerk zu schaffen, waren zunächst partikulare Kommunikationsinteressen Auslöser für unternehmens-, konzern- und anwendergruppenbezogene Entwurfsaktivitäten. So hat beispielsweise der MAN-Konzern bereits in den sechziger Jahren ein eigenes, für die konzerninternen Kommunikationszwecke geeignetes spezialisiertes EDI-Regelwerk entworfen, das immer noch Anwendung findet. Ebenso hat die Siemens AG firmenspezifische Festlegungen (BAV-Standard) entwickelt, die für den internen Datenaustausch zwischen Bereichen und Regionen bestimmt sind.[282] Sie wurden entwickelt, um in geschlossenen Benutzergruppen EDI frühzeitig realisieren zu können.

In ähnlicher Weise handelte Ford of Europe.[283] Ziel war es bei Ford, präzisere Materialdispositionen zwischen Montagewerken, Lieferanten und Händlern durchführen zu können. Dies erschien nur mit einem elektronischen Kommunikationsmedium möglich, das die Kommunikationspartner eng an Ford anbinden konnte und häufigere Übertragungen von Pla-

---

280 Wie diese Institutionen in der Praxis bei der Entwicklung des EDIFACT-Regelwerkes arbeiten, wird in Abschnitt 4.4.3 dargestellt.
281 In diesem Forschungsprojekt »Elektronische Transaktionen von Dokumenten zwischen Organisationen« wurden Ausbreitungsbedingungen und Auswirkungen von EDI aus juristischer und ökonomischer Sicht untersucht; Die Untersuchung konzentrierte sich auf Unternehmen der Automobil- und Transportbranche. Auf eine explizite Ableitung empirisch relevanter Hypothesen sowie auf eine Darstellung des Untersuchungsdesigns wird in dieser Arbeit verzichtet. Vgl. dazu Kilian/Picot/Neuburger/Niggl/Scholtes/Seiler (1994).
282 Vgl. Burger-Balogh (1990), S. 119.
283 Vgl. dazu Hartzheim (1990).

nungsdaten zuließ. Dazu wurde in Europa bereits vor 20 Jahren ein Rechenzentrumsverbund als internes EDI gebildet. Die internen und auf die speziellen Kommunikationsbedürfnisse von Ford zugeschnittenen Protokolle und Formate ermöglichen einen verzögerungsarmen internen Datenaustausch.[284] Dieses interne EDI-Regelwerk wird inzwischen auch bei der Kommunikation mit Zulieferunternehmen eingesetzt. Sicherlich spielt bei dieser Form der Diffusion des Ford-spezifischen Regelwerkes die dominierende Machtposition dieses Unternehmens gegenüber den meisten Zulieferern eine wichtige Rolle.

Diese Beispiele zeigen, daß die Motivation zur Schaffung eines eigenen EDI-Regelwerkes darin bestand, frühzeitig ein auf die eigenen Kommunikationsbedürfnisse abgestimmtes EDI-Regelwerk zu entwickeln. Gleichzeitig zeigt die Tatsache, daß es sich ausnahmslos um Großunternehmen handelt, daß die Nutzenvorteile so groß waren, daß die Kosten eines internen Entwurfs in Kauf genommen werden konnten. Diese Unternehmen stellen Extrembeispiele des Unternehmenstyps 1 dar.

Neben diesen unternehmens- oder konzerninternen Entwurfsaktivitäten findet man in der Praxis verschiedene gruppenbezogene Aktivitäten. So wurden beispielsweise in den Seehäfen Bremen und Hamburg jeweils eigene EDI-Regelwerke entwickelt, die für die Kommunikationszwecke zwischen der Seeverkehrswirtschaft und den Geschäftspartnern im Hinterland eingesetzt werden.[285] Wenngleich sich hier eine Mehrzahl von Akteuren für einen Entwurf zusammengeschlossen hat, zeigt sich dennoch ein hoher Grad an Spezialisierung der Regelwerke hinsichtlich der Bedürfnisse der hafennahen Transporterfordernisse.[286]

Neben diesen in vergleichsweise kleinen Gruppen entworfenen und eingesetzten EDI-Regelwerken gibt es eine Vielzahl von branchenbezogenen Entwurfsaktivitäten. In verschiedenen Branchen haben sich Interessenten zusammengeschlossen, um für branchenspezifische Informations- und Kommunikationsbedürfnisse eigene Regelwerke zu entwickeln. Als ein frühes und in besonderer Weise auf die Kommunikationsbedürfnisse innerhalb der Branche abgestimmtes Regelwerk wurde SWIFT 1977 in der Bankenbranche entwickelt.[287] Dieses internationale und brancheninterne Format wird für den beleglosen Transfer von Zahlungen zwischen Banken eingesetzt. Aufgrund des hohen Spezialisierungsgrades ist dieses Format für beleglosen Zahlungsverkehr zwischen Banken und Nicht-Banken ungeeignet. Daher zeigen verschiedene Banken inzwischen ein großes Interesse am Entwurf und der Diffusion des branchenüberschreitenden EDIFACT-Regelwerkes (Beispiel für Unternehmenstyp 3).

---

284 Vgl. Hartzheim (1990), S. 209.
285 Vgl. Speidel (1990); 'LOTSE' ist das Regelwerk, das von den Häfen in Bremen mit Produzenten, Im- und Exporteuren, Spediteuren und Warenempfängern eingesetzt wird; das Hamburger Pendant ist 'DAKOSY' (Datenkom-munikationssystem).
286 Beachtlicherweise wurde das 'LOTSE'-Projekt vom Bundesministerium für Forschung und Technologie sowie vom Land Niedersachsen gefördert. Diese staatliche Unterstützung für ein solches Entwurfsprojekt ist jedoch kritisch zu würdigen, da staatliche Partizipation sich auf die Förderung umfassenderer Regelwerke beschränken sollte, um nicht partikulare und in einer Gesamtbetrachtung suboptimale Regelwerke zu fördern.

Ähnliche Beispiele lassen sich auch in anderen Branchen finden. In der Rückversicherungsbranche haben sich Anfang der achtziger Jahre drei europäische Rückversicherer entschieden, ihre Entwurfsaktivitäten zu koordinieren.[288] 1987 entstand daraus das für die
Rückversicherungsbranche international einsetzbare RINET. In der Automobilindustrie wurde
1978 das als VDA-Standard bezeichnete branchenbezogene EDI-Regelwerk verabschiedet, das
branchenintern inzwischen bereits beachtliche Verbreitung gefunden hat.

Diese Beispiele für koordinierte Entwürfe spezialisierter EDI-Regelwerke zeigen gleichfalls
beispielhaft zwei typische Formen von Entwurfsgremien. Während beispielsweise die
Bankenbranche sowie die Automobilbranche ihre Entwurfsaktivitäten im Rahmen einer eigens
gegründeten Gesellschaft[289] bzw. im Rahmen des Branchenverbandes des VDA koordinierten,
haben in der Rückversicherungsbranche zunächst drei, später acht Unternehmen ein eigenes
Entwurfsgremium gebildet und dort ihre Aktivitäten koordiniert. Diese unterschiedlichen
Formen der Realisierung von Entwürfen von EDI-Regelwerken lassen sich durch die
unterschiedliche Anzahl der Entwurfsinteressenten jeder Gruppe erklären.

Die SWIFT-Initiative zählte bereits 1973 239 Banken aus 15 Ländern und 1985 1.275 Banken
aus 60 Ländern als Interessenten. Die Zahl der an einem Entwurf Interessierten ist relativ groß,
so daß ein Entwurf im Rahmen eines Firmengremiums, in dem die Mehrzahl der Interessenten
hätte mitwirken können, mit höheren Entwurfskosten verbunden gewesen wäre, als bei der
Übertragung der Entwurfsaufgabe auf eine Organisation, an die nur finanzielle Beiträge zu
leisten waren. Dies kann als Grund dafür gesehen werden, daß das Regelwerk SWIFT durch
eine eigens gegründete Gesellschaft entwickelt wurde.

In der Automobilbranche ist ein Zwischenweg feststellbar. Einerseits wurden und werden die
Entwurfsaktivitäten in einem Standardisierungsausschuß im Rahmen des VDA-Branchen-
verbandes koordiniert, zum anderen setzt sich der Standardisierungsausschuß aus interessierten
freiwilligen Teilnehmern von Unternehmen der Branche zusammen. Die beteiligten Unternehmen setzen Ressourcen in Form von Personal in einem Gremium ein, das – bereits vorhanden – eine vergleichsweise transaktionskostengünstige Organisation der individuellen Interessen sowie eine rasche Entwicklungsarbeit aufgrund geringerer Teilnehmerzahl ermöglicht.
Gleichzeitig werden aber Ressourcen des Verbandsgremiums selbst in Form von Personal und
Koordinationsleistungen genutzt, die wiederum alle im Verband organisierten Unternehmen zu
tragen haben. Das dauerhaft existierende Verbandsgremium kann zusätzlich als
institutionalisierter Promotor in Erscheinung treten. Aus diesem Grunde erschien weder die
Bildung eines reinen Firmengremiums noch die Übertragung der Entwurfsaktivitäten auf eine
eigens zu gründende formale Organisation zweckmäßig.

---

287   Vgl. dazu Schürenkrämer (1987), Jueterbock (1990), Etzkorn (1991).
288   Vgl. Dereppe (1990).
289   Vgl. Schürenkrämer (1987), S. 23-24. SWIFT ist ein gesellschaftlicher Zusammenschluß internationaler
      Banken nach belgischem Recht mit Sitz in Brüssel.

In der Rückversicherungsbranche dagegen hat sich eine sehr geringe Anzahl an Unternehmen bereit gefunden, in reiner Selbstorganisation die Entwurfsaktivitäten auszuführen.

> »It soon became evident that the idea of electronic data links between companies in the insurance industry was not only feasible, but was the only logical way for the insurance to develop in the long-term. The question then became whether to wait until someone organized the operation for them or whether to take the initiative themselves. Rather than wait and react three reinsurance companies decided to act.«[290]

Aufgrund dieser geringen Anzahl an Akteuren, die einen ausreichend großen Nutzen an einer EDI-Anwendung erkannten und damit ein entsprechend großes Interesse am Entwurf eines EDI-Regelwerkes zeigten, und einer damit verbundenen Homogenität der Einzelinteressen, erschien die Koordination der einzelnen Teilnehmer in einem selbstorganisatorisch gebildeten Gremium vergleichsweise transaktionskostengünstig.

Alle diese Entwurfsaktivitäten haben gemeinsam, daß sie spezielle Kommunikationsinteressen der jeweiligen Anwendergruppen in ihren EDI-Regelwerken berücksichtigen. Damit liegen aber überwiegend mehr oder weniger spezialisierte EDI-Regelwerke vor, die einerseits keine über die eigene Gruppe hinausgehenden Netzeffekte zulassen und andererseits für diejenigen Akteure nachteilig sind, die Kommunikationsbeziehungen mit Akteuren anderer Anwendergruppen unterhalten. Denn diese EDI-Anwender sind, sofern sie nicht über entsprechende Marktmacht verfügen, u.U. gezwungen, eine Mehrzahl von EDI-Regelwerken anzuwenden. Die Beispiele zeigen z.T. auch, daß insbesondere größere Unternehmen, die nur begrenzt auf Netzeffektnutzen angewiesen sind, an Entwurfsaktivitäten beteiligt sind.

4.4.2 Vergleich verschiedener nationaler Entwurfsaktivitäten

In ähnlicher Weise wie in Deutschland vollzog sich der Entwurf von EDI-Regelwerken in anderen Ländern. Die ersten Entwürfe entstanden vielfach im Rahmen unternehmens-, oder gruppenbezogener Aktivitäten.[291] Zwei Unterschiede zwischen deutschen Entwurfsaktivitäten und denen bestimmter anderer Länder sind jedoch feststellbar.

Ein Unterschied besteht etwa zu Spanien, wo nachhaltige EDI-Aktivitäten erst seit wenigen Jahren festzustellen sind.[292] Dies hat zur Folge, daß kaum unternehmensbezogene Entwurfsaktivitäten festzustellen sind, sondern daß eine durch staatliche Standardisierungsinsti-

---

290 Dereppe (1990). S. 291 (Quelle in Großschreibweise).
291 Vgl. beispielsweise zu den EDI-Aktivitäten in Japan, Iwasaki (1991), in Australien, Zinn (1991), im Vereinigten Königreich, Preston (1988). S. 42-44, 53-60, Parfett (1992). S. 45-47, in den USA, Masson/Hill (1989), Masson (1991), in Kanada, Andersen/Masson (1989), Jenkins (1991), in Frankreich, Delahaie (1990). Parfett (1992). S. 91-92, in Spanien, Italien, Niederlande, Parfett (1992). S. 93-95.
292 Vgl. dazu Parfett (1992). S. 93-94.

tutionen unterstützte Bündelung der Entwurfsaktivitäten zu einer geringeren Regelwerk-Vielfalt in diesem Land führt bzw. geführt hat.

Ein anderer Unterschied zu deutschen Entwurfsaktivitäten ist insbesondere im Vereinigten Königreich und in den USA festzustellen. In beiden Ländern gingen intensive Entwurfsaktivitäten neben unternehmensbezogenen Aktivitäten bereits frühzeitig von den nationalen Standardisierungsgremien (SITPRO im Vereinigten Königreich, ANSI in den USA) aus.[293] Im Vereinigten Königreich förderte die dortige staatlich unterstützte Standardisierungsinstitution SITPRO bereits frühzeitig das von der Handelsorganisation ANA entworfene EDI-Regelwerk TRADACOMS. In ähnlicher Weise unterstützte das amerikanische Standardisierungsinstitut ANSI das zunächst von der Lebensmittel- und der Transportindustrie entwickelte EDI-Regelwerk (TDCC) und förderte damit ein ausgewähltes EDI-Regelwerk, das schließlich als ANSI X.12 landesweite und branchenübergreifende Verbreitung gefunden hat.[294]

Damit gelang in beiden Ländern – im Gegensatz zu Deutschland – frühzeitig eine Bündelung der nationalen Standardisierungsaktivitäten mit dem Ergebnis, daß die jeweilig geförderten EDI-Regelwerke landesweite und branchenübergreifende Einsatzmöglichkeiten und Ausbreitungschancen gefunden haben.[295] Beide betrachteten Entwurfsmerkmale führten zu einer – im Vergleich zu Deutschland – geringeren Anzahl verschiedener Regelwerke.

4.4.3 Aktivitäten zum Entwurf des EDIFACT-Regelwerkes

Neben den nationalen bzw. anwendergruppenbezogenen Entwurfsaktivitäten entstand vergleichsweise spät eine von der ISO sowie nationalen Standardisierungsinstitutionen koordinierte Aktivität zum Entwurf eines weltweit und branchenunabhängig anwendbaren EDI-Regelwerkes. 1987 wurde das in dieser Weise entwickelte EDIFACT-Regelwerk als internationale Norm verabschiedet.[296] Diese vergleichsweise späte Realisierung von EDIFACT hängt nicht etwa damit zusammen, daß diese Aktivitäten sehr spät eingesetzt hätten, denn erste Aktivitäten zur Vereinheitlichung von Handels-, Zoll- und Transportdokumenten sind bereits in den sechziger Jahren feststellbar.[297]

Die lange Zeitdauer bis zum ersten konkreten Entwurf eines EDIFACT-Regelwerkes läßt sich vielmehr damit erklären, daß der Entwurfsprozeß – im Vergleich zu gruppenbezogenen Entwurfsaktivitäten – wesentlich vielschichtiger war bzw. ist. An der Entwicklung von EDIFACT sind eine Vielzahl internationaler und nationaler Standardisierungsinstitutionen sowie wirtschaftliche Interessenvertretungen beteiligt. Zusätzlich sind die Entwurfsaktivitäten auf

---

293   Vgl. Preston (1988); S. 42-43. McGuffog (1988), S. 40-41.
294   Vgl. Kilian/Picot/Neuburger/Niggl/Scholtes/Seiler (1994).
295   Wenngleich neben diesen EDI-Regelwerken noch andere, unternehmens- oder gruppenbezogene EDI-Regelwerke an-gewendet werden, dominieren dennoch die jeweils staatlich unterstützten EDI-Regelwerke die EDI-Kommunikation in diesen Ländern.
296   Vgl. Rosenberg (1990a), S. 2-3, vgl. dazu auch Abschnitt 2.4.1.
297   Vgl. Rosenberg (1990a), S. 2.

eine Vielzahl verschiedener Arbeitsgruppen aufgeteilt. Abbildung 23 gibt einen Überblick über die Organisation des Entwurfs von EDIFACT.

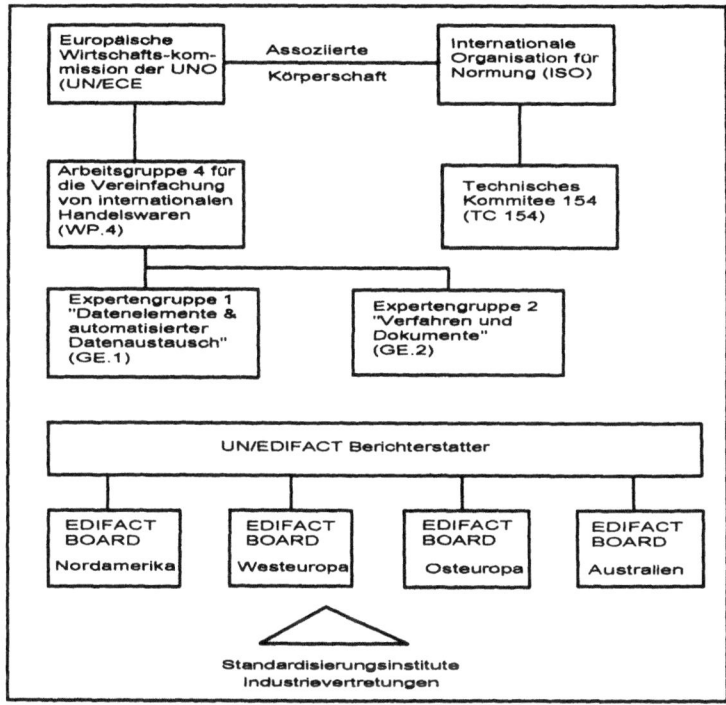

Abb.23: Organisation des Entwurfs des EDIFACT-Regelwerkes

Die Europäische Wirtschaftskommission der UNO (UN/ECE) ist eine der fünf regionalen Kommissionen des Wirtschafts – und Sozialrates der Vereinten Nationen.[298] Sie koordiniert die gesamten Entwurfsaktivitäten. Die UN/ECE Arbeitsgruppe Nr. 4 für die Vereinfachung von internationalen Handelsverfahren (UN/ECE WP.4 -Working Party on Facilitation of International Trade Procedures) ist wiederum ein Ausschuß der UN/ECE. In ihr wirken Fachleute für Datenelemente und Datenaustausch (Expertengruppe 1 – GE.1 – Group of Experts 1)

298 Vgl. zu folgendem Willenz/Walker/Danikiewicz (1990), S. 4-7; der Name ist irreführend, denn UN/ECE umfaßt Nordamerika, West- und Osteuropa mit insgesamt 34 Mitgliedstaaten. Jedes andere UNO-Mitglied kann jedoch zusätzlich an Konferenzen der UN/ECE teilnehmen. Bestimmte anerkannte staatliche und private internationale Organisationen können ebenfalls in bestimmten Ausschüssen der UN/ECE mitwirken.

sowie Fachleute für Verfahren und Dokumentation (Expertengruppe 2) mit, die von Regierungen oder anerkannten Organisationen nominiert werden.

Weiterhin existieren EDIFACT-Berichterstatter als Verbindungsglieder zu regionalen Interessengruppen (EDIFACT BOARDS), in denen nationale (bzw. im westeuropäischen EDI-FACT-BOARD auch europäische) Normungsinstitute und Industrievertretungen mitwirken. Innerhalb des Deutschen Instituts für Normung e.V. (DIN) existiert ein 'UN/EDIFACT Normenausschuß Bürowesen (NBü)', der selbst wiederum in einzelne Fachgremien unterteilt ist.[299] Die verschiedenen Gremien und Arbeitsgruppen koordinieren sich im Rahmen eines ausgeprägten Sitzungswesens.[300] Dabei werden Rahmenvorgaben höherer Instanzen durch konkrete Vorschläge nachgeordneter Instanzen ausgefüllt.

Bei dieser Vorgehensweise wird deutlich, daß eine solche Entwurfsprozedur mit sehr viel Abstimmungsbedarf und Rückkopplungsvorgängen verbunden ist, was den hohen Zeitaufwand der Entwicklung des EDIFACT-Regelwerkes erklären kann. Allerdings ist zu fragen, ob diese ausdifferenzierte und eine Vielzahl von nationalen und branchenbezogenen Besonderheiten berücksichtigende Vorgehensweise nicht durch eine straffere Organisation hätte ersetzt werden können, die dem Faktor Zeit stärkere Bedeutung hätte beimessen können. Damit wäre u.U. eine frühere Verfügbarkeit des EDIFACT-Regelwerkes möglich gewesen, was sicherlich den Verzicht mancher anwendergruppenbezogener Entwurfsaktivitäten und damit eine Reduzierung der Vielfalt an EDI-Regelwerken bedeutet hätte.

Die Zulässigkeit der Subset-Bildung bei EDIFACT ermöglicht es bestimmten Anwendergruppen, aus dem generalisierten Repertoire von Datenelementen und Nachrichtentypen spezialisierte, auf die Bedürfnisse von Anwendergruppen zugeschnittene EDIFACT-Subsets zu bilden.[301] Diese Möglichkeit griffen verschiedene branchenbezogene oder nationale Standardisierungsgremien auf und entwickelten bzw. entwickeln – zum Teil trotz bereits bestehender spezialisierter EDI-Regelwerke – eigene EDIFACT-Subsets. Beispiele dafür sind ODETTE (Automobilindustrie), CEFIC (Chemieindustrie), SEDAS (Handel), COST306 (Transport), EDIFICE (Elektrobranche) oder EDITEX (Textilbranche).[302]

4.5 Ergebnis

Als Ergebnis obiger Ausführungen zeigt sich, daß das individuelle Verhalten von Unternehmen hinsichtlich des Entwurfs von EDI-Regelwerken zwar wesentlich von der Höhe des

---

299 Vgl. Buchmann (1990).
300 Vgl. zu einem beispielhaften inhaltlichen Ablauf des Normungsprozesses auch Gora (1991), S. 12, zu vergleichbaren Normungsaktivitäten im DIN, vgl. Bartsch (1987).
301 Vgl. Abschnitt 2.5.
302 Beispielsweise begannen einzelne Handelsunternehmen bereits Mitte der siebziger Jahre mit SEDAS, vgl. Engberg (1990); Banken ab 1977 mit SWIFT, vgl. Jueterbock (1990), Schürenkrämer (1987), Etzkorn (1991); Versicherungen seit Anfang der achziger Jahre mit RINET, vgl. Dereppe (1990); Chemieunternehmen seit 1987 mit CEFIC, vgl. Hanisch (1990); Textilunternehmen seit Ende der achziger Jahre mit dem EDIFACT-Subset (EDITEX), vgl. Weber (1990).

realisierbaren Nutzenpotentials beeinflußt wird, darüber hinaus jedoch zusätzliche Einfluß-faktoren zu betrachten sind. Dazu zählen unterschiedliche zeitliche Aspekte sowie die Ent-wurfskosten. Die in diesen Faktoren zum Ausdruck kommenden unterschiedlichen Interessen-lagen bilden einen Erklärungsansatz, ob und in welcher Form eine individuelle Bereitschaft zum Einsatz von Ressourcen für den Entwurf von EDI-Regelwerken bestehen. Das Spektrum möglicher Entwurfsformen reicht von einem Alleingang bis hin zu Entwurfsgremien unter Mitwirkung institutioneller Standardisierungsgremien.

Ein Alleingang bzw. ein Entwurf in kleinen Entwurfsgremien ist eher für solche Akteure vorteilhaft, deren Nutzenpotential einer EDI-Anwendung auch höhere Entwurfskosten decken kann und die eher geringe Netzeffektnutzen benötigen. Solche Entwurfsaktivitäten führen zur Entwicklung mehr oder weniger spezialisierter EDI-Regelwerke. Die Entwicklung eines ge-neralisierten EDI-Regelwerkes wie EDIFACT ist hingegen aus verschiedenen Gründen nur im Rahmen institutionalisierter Standardisierungsgremien möglich. Trittbrettfahrerverhalten wird umso wahrscheinlicher, je größer die Anzahl der Unternehmen ist, für die ein EDI-Regelwerk geeignet sein soll.

Ein Alleingang ist insbesondere bei eher großen Unternehmen mit nur geringem Netzef-fektbedarf eine mögliche Entwurfsform (große Unternehmen insbesondere des Typs 1, aber auch des Typs 3). Beispiele dafür sind solche Unternehmen, die EDI-Regelwerke für konzern- oder unternehmensinterne EDI-Anwendungen entwerfen oder solche, die einen frühen EDI-Einsatz in stabilen Geschäftsbeziehungen präferieren und gegebenenfalls ausreichende Marktmacht zur Durchsetzung ihrer Interessen besitzen. Je mehr Unternehmen auf Netzeffek-tnutzen angewiesen sind (Typ 3 bzw. 4), desto wahrscheinlicher ist dagegen ein Engagement in entsprechenden Firmengremien. Bei kleineren Unternehmen dieser Typen steigt die Tendenz, sich als Trittbrettfahrer zu verhalten.

Die in den Ausführungen von Besen/Saloner (1988) implizit enthaltenen grundlegenden Entwurfsformen Alleingang, Firmengremium und administrativer Entwurf treten prinzipiell auch beim Entwurf von EDI-Regelwerken in Erscheinung. Allerdings zeigt sich, daß diese Entwurfsformen nicht alternativ, sondern mehr oder weniger gleichzeitig auftreten können und daß sich die Bildung von Entwurfsgremien in einem Kontinuum von Alleingang über verschiedene Formen von Firmengremien bis hin zu Gremien im Rahmen institutionalisierter Standardisierungsorganisationen erstreckt. Eine ausschließlich staatliche Entwicklung von EDI-Regelwerken ist nicht anzutreffen.

Verschiedene zeitliche Vorteile von Entwurfsaktivitäten mit einer geringen Zahl von Beteiligten führen dazu, daß zunächst hochspezialisierte EDI-Regelwerke entwickelt werden und EDI-Regelwerke mit höherem Generalisierungsgrad zeitlich später folgen. Dies führt zu der erörterten Diffusionsproblematik, daß hinsichtlich der EDI-Anwendung beispielsweise in bezug auf den transaktionsbegleitenden Datenaustausch eine Mehrzahl mehr oder weniger spezialisierter EDI-Regelwerke schließlich mit dem generalisierten EDI-Regelwerk EDIFACT um die Akzeptanz von EDI-Anwendern konkurriert.

Hinweise aus der Praxis bestätigen diese Aussagen. Frühzeitige EDI-Anwendungen mit spezialisierten EDI-Regelwerken finden vor allem dort statt, wo einerseits ein hoher Nutzen aus einer EDI-Anwendung gezogen werden kann, ohne daß (größere) Netzeffekte notwendig sind, und andererseits die Entwurfsaktivitäten entweder hierarchisch oder in vergleichsweise kleinen Gremien koordiniert werden können. Aktivitäten zum Entwurf des EDIFACT-Regelwerkes treten dagegen erst vergleichsweise spät auf und zeichnen sich durch aufwendige und zeitintensive Abstimmungserfordernisse aus.

Hierbei zeigt sich auch die große Bedeutung einer Unterstützung der Entwurfsaktivitäten durch staatliche Institutionen wie etwa durch Behörden als potentielle EDI-Anwender oder durch staatlich unterstützte Standardisierungsinstitutionen (z.B. DIN in Deutschland, ANSI in den USA). Während sich in Ländern wie den USA, dem Vereinigten Königreich oder Spanien staatliche Stellen bzw. nationale Standardisierungsgremien vergleichsweise frühzeitig an Entwurfsaktivitäten beteiligt haben und dadurch einer größeren Proliferation spezialisierter EDI-Regelwerke entgegenwirken konnten, ist eine vergleichbare Vorgehensweise in Deutschland kaum festzustellen. Die Folge davon ist, daß im Gegensatz zu den oben genannten Ländern in Deutschland immer noch branchenbezogene bzw. sonstige anwendergruppenbezogene EDI-Regelwerke dominieren. Ein stärkeres Engagement staatlicher Institutionen wäre im Hinblick auf die Diffusionschancen von EDIFACT wünschenswert.

5   Die Diffusion von EDI-Regelwerken

Verschiedene, zeitlich und inhaltlich unkoordinierte Entwurfsaktivitäten können dazu führen, daß eine Mehrzahl von mehr oder weniger spezialisierten EDI-Regelwerken entstehen. Wenn auch davon ausgegangen werden kann, daß Entwurfsakteure gleichzeitig Adopter oder zumindest Adoptionsbefürworter der von ihnen entworfenen EDI-Regelwerken sind, bleibt die Frage offen, unter welchen Voraussetzungen sich andere Akteure für die Adoption eines EDI-Regelwerkes (oder mehrerer EDI-Regelwerke) entscheiden werden. Dies betrifft insbesondere die Akteure, die auf ausreichende Netzeffekte bei einer EDI-Anwendung angewiesen sind. Dabei zeigen sich verschiedene Adoptionshemmnisse, die letztlich die Diffusion von EDI-Regelwerken behindern können. Ähnliche Probleme lassen sich auch bei der Frage feststellen, unter welchen Bedingungen Akteure bereit sind, auf die Anwendung eines bereits adoptierten EDI-Regelwerkes zu verzichten und zu einem anderen zu wechseln.

5.1   Netzeffektcharakter von EDI-Regelwerken und Diffusionsprobleme

Netzeffektgüter sind solche Güter, deren Nutzen für einen Anwender nicht allein von den Qualitätseigenschaften des Gutes abhängt, sondern auch davon, wieviele andere Wirtschaftssubjekte das gleiche Gut nutzen.[303] Netzeffekte lassen sich als Skalenerträge auf der Anwenderseite interpretieren.[304] Ein Wirtschaftssubjekt, das vor der Entscheidung steht, ein Netzeffektgut zu erwerben bzw. anzuwenden, wird deshalb nach dem Diffusionsgrad dieses Gutes fragen. Dabei ist nicht nur der zum Zeitpunkt der Entscheidungsfindung realisierte, sondern auch der in der Zukunft erwartetete Diffusionsgrad von Bedeutung. Die Adoptionsentscheidungen der Wirtschaftssubjekte werden deshalb nicht mehr autonom getroffen, sondern sind interdependent.[305] Dadurch, daß Adoptionsentscheider in einer frühen Phase der Diffusion, in der noch geringer Netznutzen herrscht, im Normalfall abwarten, bis sich andere Wirtschaftssubjekte für eine Adoption entscheiden, um einen sofortigen ausreichenden Netznutzen realisieren zu können, besteht ein erhebliches Diffusionshemmnis. Denn es herrscht ein allgemeiner Attentismus, bei dem jeder einzelne Akteur auf die Adoptionsentscheidungen der anderen Akteure wartet. Ein Netzeffektgut beinhaltet daher besondere Diffusionsprobleme.[306]

---

303   Vgl. Wiese (1990), S. 1, Katz/Shapiro (1985), S. 424-425, Katz/Shapiro (1986), S. 146-148, Katz/Shapiro (1994), S. 96, Antonelli (1992); Liebowitz/Margolis (1994), S. 135 sprechen von einem »network effect«..

304   Vgl. Wiese (1990), S. 1.

305   Vgl. zu den Problemen dieser interdependenten Entscheidungen Abschnitt 4.2 bzw. 5.2.

306   Der Netzeffekt bei Kommunikationssystemen »... kann als »direkt« gekennzeichnet werden, denn das Interesse der Konsumenten richtet sich unmittelbar darauf, daß andere das gleiche Kommunikationsmedium benutzen.« (Wiese (1990), S. 2). Indirekte Netzeffekte treten dagegen auf, »... wenn ein komplementäres Gut besser und/oder billiger verfügbar wird in dem Ausmaß, in dem das Netzeffekt-Gut Verbreitung findet.« (Wiese (1990), S. 2). Beispiele dafür sind Photokamera und Photoobjektiv oder Automobil und Ersatzteile.

Wie bedeutend der jeweilige Netzeffekt für einen Anwender ist, läßt sich anhand der Unterscheidung zwischen Basisnutzen und Zusatznutzen analysieren.[307] Jedes Wirtschaftssubjekt wählt das Gut, das ihm sofort einen möglichst großen Gesamtnutzen stiftet oder einen solchen erwarten läßt. Der Gesamtnutzen setzt sich dabei aus Basis- und Zusatznutzen zusammen. Der Basisnutzen liegt einfach ausgedrückt in der Leistungsfähigkeit eines Gutes im »Stand-alone-Betrieb« bzw. in der Nutzung ohne komplementäres Gegenstück. Der Zusatznutzen ergibt sich aus der Anzahl der mit einem Gut erreichbaren Kommunikationspartner bzw. der Nutzensteigerung durch die entsprechende Verfügbarkeit komplementärer Güter. Abbildung 24 illustriert diesen Sachverhalt.[308] Die Gesamtnutzenkurve zeigt dabei einen im Verlauf abnehmenden Grenznutzen, da man annehmen muß, daß die ersten zusätzlichen Nutzer etwa eines Kommunikationsmediums einen größeren Nutzenzuwachs ergeben als die letzten. Bei einem PC etwa existiert ein Basisnutzen durch die Verwendung im Stand-alone-Betrieb. Sofern er als Kommunikationsendgerät eingesetzt wird, hängt der Zusatznutzen von der Anzahl der erreichbaren Kommunikationspartner ab.[309]

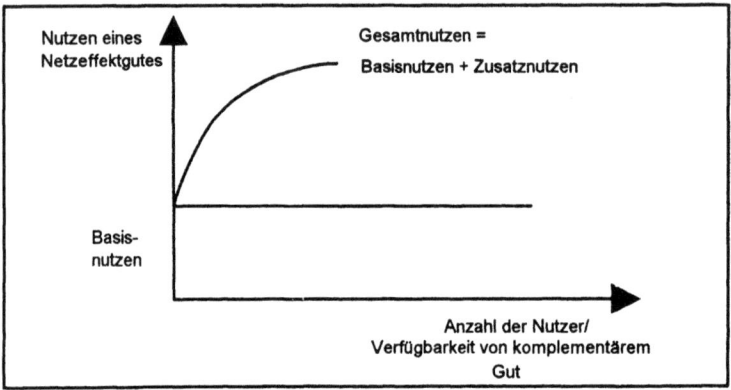

Abb.24: Basisnutzen und Zusatznutzen
(in Anlehnung an Glanz (1990), S. 25)

Bei dieser Betrachtung des Zusatznutzens wird implizit von der Annahme ausgegangen, daß der Zusatznutzen nur von der Anzahl der Anwender, nicht jedoch von ihrer Qualität abhängt. Das heißt, einzelne Anwender sind hinsichtlich der Nutzenwirkung aus der Sicht eines individuellen Wirtschaftssubjekts beliebig substituierbar. Die Höhe des Zusatznutzens, den ein Anwender stiftet, hängt nur vom Zeitpunkt seiner Adoptionsentscheidung ab. Dieser Sachverhalt mag auf eine Vielzahl von Netzeffektgütern zutreffen, für ein EDI-Regelwerk ist

307 Vgl. zu diesem Begriffspaar Glanz (1990).
308 Vgl. in Anlehnung an Glanz (1990), S. 28.
309 Neben diesem direkten Netzeffekt bezieht sich der indirekte auf die Verfügbarkeit kompatibler Software;
     dabei ist der Basisnutzen (ohne entsprechende Software) null.

er jedoch zu pauschal formuliert. Denn es besteht ein Unterschied darin, ob ein Kommunikationspartner, mit dem ein Unternehmen häufigen und beispielsweise belegintensiven Leistungsaustausch betreibt, ein bestimmtes EDI-Regelwerk adoptiert oder ein Kommunikationspartner, mit dem nur gelegentlich geschäftlich verkehrt wird.

Im ersten Falle kann ein ausreichender Zusatznutzen möglicherweise schon mit einer relativ geringen Anzahl von Kommunikationspartnern realisiert werden (Unternehmenstyp 1 bzw. 3). Gewinnt ein Wirtschaftssubjekt hingegen seinen Zusatznutzen aus einem EDI-Regelwerk primär durch die Kommunikation mit häufig wechselnden Geschäftspartnern, oder beinhalten dauerhafte Geschäftsbeziehungen keine belegintensive Kommunikation, kann der notwendige Zusatznutzen für einen Adoptionsentscheider erst bei einer größeren, mit einem bestimmten EDI-Regelwerk erreichbaren Anzahl an Kommunikationspartnern erzielt werden (Unternehmenstyp 2 / 4).

Die Höhe des notwendigen Zusatznutzens, die für eine positive Adoptionsentscheidung eines Anwenders gegeben sein muß, kann als kritische Nutzenschwelle bezeichnet werden. Es wird demnach Unternehmen geben, die durch den Einsatz eines EDI-Regelwerkes mit bereits wenigen Kommunikationspartnern die kritische Nutzenschwelle überschreiten. Solche Anwender können ihre Adoptionsentscheidung tendenziell von der Gesamtzahl der Anwender entkoppeln. Für andere entsteht bei zu geringer Anwenderzahl eine Nutzenlücke. Abbildung 25 illustriert diesen Sachverhalt. Unternehmen A erreicht seine kritische Nutzenschwelle bei einer vergleichsweise geringen Anzahl an Anwendern eines EDI-Regelwerkes (n_A), Unternehmen B dagegen erst bei einer größeren Anzahl (n_B). Bei einer Anwenderzahl unter n_B besteht für Unternehmen B eine Nutzenlücke. Unternehmen A entspricht tendenziell dem Typ 1 bzw. 3 der oben dargestellten Unternehmenstypologie, während Unternehmen B dem Typ 2 bzw. 4 zuzurechnen ist.

Die kritische Nutzenschwelle hängt eng mit dem Begriff der kritischen Masse zusammen.[310] Dieser Begriff bezeichnet üblicherweise die Anzahl von Anwendern, ab der sowohl für die frühen, als auch für die späteren Adoptionsentscheider ein hinreichender Zusatznutzen realisiert werden kann. Diese Begriffsfassung impliziert eine Gesamtbetrachtung, ohne auf eine individuell relevante kritische Masse einzugehen. Dies erscheint aber notwendig, um den Begriff der kritischen Masse auf EDI-Regelwerke anwendbar machen zu können.

---

310 Vgl. zu diesem Begriff Leibenstein (1950), S. 196, Rohlfs (1974), S. 29; Der gelegentlich verwendete Begriff der »installierten Basis« kennzeichnet demgegenüber lediglich die Gesamtzahl der Anwender eines Netzeffektgutes, vgl. zu diesem Begriff Farrell/Saloner (1987), S. 11-15.

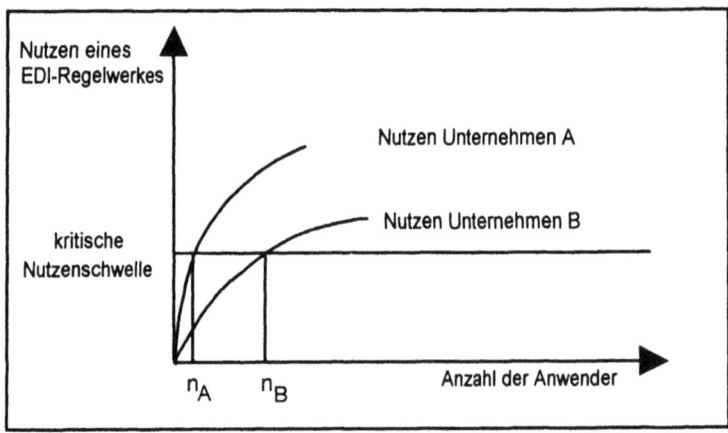

Abb.25: Kritische Nutzenschwelle und Nutzenlücke

Die übliche Auffassung impliziert, daß bei Nichterreichen einer kritischen Masse auch für die frühen Anwender kein ausreichender Zusatznutzen für eine Adoption existiert.[311] Betrachtet man dagegen die kritische Masse in bezug auf ein einzelnes Unternehmen, beinhaltet dieser Begriff die Anzahl von Anwendern, bei der dieses Unternehmen seine individuelle kritische Nutzenschwelle erreicht. Diese kritische Masse kann für einzelne Unternehmen unterschiedlich sein (n_A für Unternehmen A bzw. n_B für Unternehmen B in Abbildung 25). Anders ausgedrückt, die kritische Masse ist kein Maß für die Gesamtzahl von Anwendern eines EDI-Regelwerkes, sondern muß in bezug auf den individuell bestimmbaren Zusatznutzen betrachtet werden.

Daraus kann man unterschiedliche Hinweise auf das Standardisierungsverhalten ableiten. Unternehmen, bei denen der Zusatznutzen nicht oder nur in geringem Maße von einer großen Zahl von Anwendern abhängt, können zu Pionieranwendern eines EDI-Regelwerkes werden (Unternehmenstyp 1 bzw. 3). Bei diesen ist die Anzahl der zur Erreichung der kritischen Nutzenschwelle notwendigen Kommunikationspartnern niedriger als bei anderen Unternehmen (Typ 2 bzw. 4). Eine Initialwirkung auf die Diffusion eines EDI-Regelwerkes ist dadurch möglich.

Damit wird das sogenannte Start-up-Problem von EDI-Standards angesprochen.[312] Generell besteht dieses Problem darin, daß aufgrund geringer Anwenderzahl und einem damit verbundenen geringen Zusatznutzen die Diffusion eines Netzeffektgutes verhindert wird. Ein

---

311 Leibenstein (1950) und Rohlfs (1974) haben jeweils unterschiedliche Modelle entwickelt, mit denen die Nachfragewirkungen nach Netzeffektgütern, für die ein Marktpreis existiert, beschrieben werden können.
312 Vgl. zu diesem Begriff Wiese (1990), S. 2.

potentieller Anwender wartet darauf, daß andere ein solches Gut adoptieren und damit den eigenen Zusatznutzen erhöhen, bis dieser die eigene kritische Nutzenschwelle erreicht hat. Da sich jeder potentielle Anwender so verhält, behindert ein allgemeiner Attentismus die Diffusion des Netzeffektgutes.

Das Start-up-Problem würde in dieser Weise auch bei einem EDI-Regelwerk bestehen, sofern die potentiellen Anwender sehr ähnliche (niedrige) Nutzenschwellen besäßen. Pionieranwender, die ihre kritische Nutzenschwelle bereits bei einer geringen Anzahl an Anwendern eines EDI-Regelwerkes erreichen, mildern das Start-up-Problem ab.

Solche Unternehmen können jedoch unter bestimmten Voraussetzungen dazu neigen, sich mit ihren Kommunikationspartnern abzusprechen und ein auf ihre spezifischen Kommunikationsbedürfnisse abgestimmtes EDI-Regelwerk zu entwickeln. Zum einen mag in einer frühen Anwendungsphase noch kein geeignetes EDI-Regelwerk existieren, das eingesetzt werden könnte, zum anderen ist die Entwicklung eines EDI-Regelwerkes in einem kleinen Kreis von Teilnehmern einfacher und rascher möglich und schafft dennoch eine individuell notwendige kritische Masse.

5.2 Entscheidungs- und Koordinationsformen bei der Diffusion von EDI-Regelwerken

In Abschnitt 4.3 wurden bereits die Ursachen für Handlungs- bzw. Entscheidungsinterdependenzen bei der Entstehung von EDI-Standards beschrieben. Ähnlich wie beim Entwurf gibt es auch bei der Diffusion von EDI-Regelwerken prinzipiell verschiedene Möglichkeiten der Handhabung von Entscheidungsinterdependenzen. Wenngleich eine dezentrale Koordination individueller Adoptionsentscheidungen die in der Praxis dominierende Koordinationsform ist[313], gibt es in bestimmten Fällen auch hierarchische Formen der Abstimmung von Adoptionsentscheidungen.

Eine hierarchische Koordination von Adoptionsentscheidungen ist bei unternehmens- bzw. konzerninternen EDI-Anwendungen ebenso denkbar wie bei EDI-Anwendungen in Geschäftsbeziehungen mit dominierenden Geschäftspartnern. Sofern ein konzerninternes EDI-Regelwerk eingesetzt werden soll, besteht für das beherrschende Unternehmen bzw. für die einheitliche Leitungsinstanz eines Konzerns die Möglichkeit, die Anwendung hierarchisch anzuordnen. Damit läßt sich eine u.U. aufwendige Abstimmung der einzelnen Sparten bzw. Tochterunternehmen hinsichtlich der Wahl eines EDI-Regelwerkes und der Terminierung der Einführungsentscheidung vermeiden. Eine quasihierarchische Koordination von Adoptionsentscheidungen ist auch bei Kommunikationsbeziehungen zwischen Unternehmen möglich, die

---

313 Auf die Gesamtzahl aller potentieller Adoptions-entscheider bezogen spielen hierarchische Koordinationsformen zahlenmäßig eine untergeordnete Rolle. Zur Überwindung des Start-up-Problems bei der Diffusion von EDI-Regelwerken besitzen sie jedoch z.T. große Bedeutung. Denn damit wird in bestimmten Situationen wie etwa in der Automobilbranche eine Anwenderzahl - unabhängig von möglicherweise erfor-derlichen Netzeffektnutzen für die Adopter - er-reicht, die weiteren potentiellen Anwendern die Adoption aufgrund dann bestehender Netzeffektnutzen erleichtert.

sehr unterschiedliche Markt- bzw. Verhandlungsmacht besitzen. So kann ein dominierendes Unternehmen aufgrund seines marktlichen Machtpotentials Geschäftspartner zwingen, EDI und ein bestimmtes EDI-Regelwerk anzuwenden. Das dominierende Unternehmen wirkt damit in manipulierender Weise auf die Entscheidungen untergeordneter Marktpartner ein. Eine solche Form der Koordination von Adoptionsentscheidungen ist beispielsweise in der Automobilbranche bei Kommunikationsbeziehungen zwischen Automobilherstellern und (im Vergleich dazu kleinen) Zulieferern beobachtbar. Solche Zulieferer sehen sich zu einer Adoptionsentscheidung veranlaßt, auch wenn sie wegen fehlender Netzeffekte möglicherweise (noch) keinen ausreichenden Gesamtnutzen aus einer EDI-Anwendung erzielen können.

Die Diffusion von EDI-Regelwerken stellt ein dezentrales Koordinationsproblem dar, wenn Adoptionsentscheidungen nicht durch Machtmittel erzwungen werden, sondern auf freiwilligen Entscheidungen der Akteure beruht. Die Entscheidungen werden – von bilateral abgestimmten Adoptionsentscheidungen abgesehen – nicht in Gremien getroffen, sondern finden gleichsam in der »Anonymität des Marktes« statt.[314] Das bedeutet, daß die individuellen Entscheidungen sich zu einer kollektiven Entscheidung hinsichtlich der Diffusion eines EDI-Regelwerkes aggregieren, ohne daß notwendigerweise Informationen zwischen einer Vielzahl von Adoptionsentscheidern hinsichtlich der Wahl eines EDI-Regelwerkes und der Terminierung des Adoptionszeitpunktes ausgetauscht werden bzw. Abstimmungen in großem Maße statt-finden.[315]

Dabei tritt insofern ein Informationsproblem auf, als ein einzelner Entscheider nicht weiß, wie andere Akteure entscheiden werden, er aber möglicherweise wegen eines notwendigen Netzeffektnutzens auf die Adoptionsentscheidungen anderer Akteure angewiesen ist. Ein solcher Entscheider wird als Ersatz für tatsächliche Informationen Erwartungen hinsichtlich des Verhaltens anderer Entscheidungsträger bilden und sich daran orientieren.[316] Dies kann aber dazu führen, daß aufgrund negativer oder falscher Erwartungen auf eine Adoption ganz verzichtet wird bzw. ein EDI-Regelwerk adoptiert wird, das andere nicht präferieren. Im einen Falle scheitert letztlich die Diffusion. Im anderen Falle sieht sich ein Adoptionsentscheider möglicherweise zu einem späteren Zeitpunkt zu einem Wechsel des EDI-Regelwerkes veranlaßt, bei dem Wechselkosten auftreten.

5.3   Bedingungen der Diffusion von EDI-Regelwerken

Wie im Kapitel vier gezeigt wurde, gibt es verschiedene, vielfach parallel verlaufende Aktivitäten einzelner Unternehmen sowie verschiedener Gremien zum Entwurf von EDI-Re-gelwerken. Dies führt dazu, daß in der Praxis eine Mehrzahl unterschiedlicher EDI-Regelwerke um die Adoption von Anwendern konkurriert. Ein potentieller Adoptionsentscheider steht

---

314 Gleichwohl ist anzunehmen, daß die Teilnehmer an Entwurfsgremien die Adoptionsentscheidung ebenfalls absprechen.

315 Im kleinen Kreis, etwa innerhalb eines Geflechts dauerhafter Geschäftsbeziehungen kann eine derartige Abstimmung gleichwohl stattfinden.

316 Insofern liegt eine direkte Anpassung im Sinne von Kirsch (1977), S. 81, vor. Vgl. auch Abschnitt 5.3.3.

daher im Prinzip vor einem Auswahlproblem. Er muß sich für eines von mehreren EDI-Regelwerken entscheiden; u.U. ist er sogar gezwungen, eine Mehrzahl von EDI-Regelwerken gleichzeitig zu nutzen, um mit verschiedenen Geschäftspartnern EDI praktizieren zu können.

In der Regel jedoch besteht für einen potentiellen Anwender nicht nur ein Auswahlproblem, sondern auch das Problem der Termininierung einer Auswahlentscheidung. Denn in dem Maße, wie ein Adoptionsentscheider auf die Realisierung von Netzeffektnutzen angewiesen ist, hängt der Nutzen einer Adoptionsentscheidung von der Anzahl derjenigen ab, die sich bereits früher für eine Adoption eines bestimmten EDI-Regelwerkes entschieden haben.

Probleme der Adoption von neuartigen Gütern sind in der Diffusionstheorie ausführlich beschrieben worden.[317] Diese Theorie beschreibt – allgemein gesprochen – die Bedingungen, die auf die Adoption und damit auf die Diffusion von Innovationen einwirken. Allerdings finden die diffusionstheoretischen Ausführungen dort ihre Grenzen, wo es sich um Innovationen handelt, deren Nutzen von der Anzahl der Adopter abhängt, also Netzeffektnutzen notwendig sind. Da der Nutzen der eigenen Entscheidung von gleichartigen Entscheidungen anderer abhängt, droht zum einen ein Scheitern der Diffusion aufgrund kollektiven Abwartens und zum anderen möglicherweise der Zwang, eine getroffene Entscheidung zu revidieren, also einen Wechsel des EDI-Regelwerkes vorzunehmen.[318] Potentielle Entscheider werden sich daher Erwartungen über die Verhaltensweisen der anderen Akteure machen, und daran ihre eigene Entscheidung orientieren.

5.3.1 Beurteilung von Teilphasen des Diffusionsprozesses

Objekt der Diffusionstheorie ist der Mechanismus, der die Adoption einer Innovation durch potentielle Anwender bewirkt. Unter einer Innovation versteht man Ideen, Methoden oder Produkte, die von potentiellen Anwendern als neuartig wahrgenommen werden.[319] Da EDI und damit EDI-Regelwerke für potentielle Anwender einen hohen Neuigkeitsgrad haben, besitzt diese Kommunikationsform das Merkmal einer Innovation. Die Ausbreitung dieser Innovation bei potentiellen Anwendern bezeichnet man als Diffusion.

> »*Diffusion* is the process by which an innovation is communicated through certain channels over time among the members of a social system. ... *Communication* is a process in which participants create and share information with one another in order to reach mutual understanding.«[320]

Diese Definition von Diffusion verdeutlicht insbesondere die Rolle von Kommunikation im Diffusionsprozeß. Rogers konkretisiert an anderer Stelle den Begriff der Diffusion sogar als

---

317 Vgl. z.B. Coleman/Menzel/Katz (1966), Kaas (1973), Rogers (1983), Hagedoorn (1989), Leder (1989).
318 Dieser Sachverhalt stellt einen »circulus vitiosus« dar: die Diffusion eines EDI-Regewerks wird dadurch gehemmt, daß dieser noch keine ausreichende Diffusion erfahren hat, vgl. Pfeiffer (1992), S. 117.
319 Vgl. Rogers (1983), S. 11.
320 Rogers (1983), S. 5; vgl. auch Kaas (1973), Brown (1981), Leder (1989).

einen speziellen Typ von Kommunikation.[321] Die Neuigkeit des Kommunikationsinhaltes führt zu Unsicherheit bei potentiellen Adoptern. Die Unsicherheit rührt insbesondere daher, daß Informationen darüber fehlen, welchen Nutzen die Adoption einer Innovation stiftet. Die Unsicherheit besteht bei der Adoption von EDI-Regelwerken dann zusätzlich, wenn der Nutzen von der Realisierung von Netzeffekten und damit unmittelbar von der Adoptionsentscheidung anderer potentieller Anwender abhängt. Fehlen aber Informationen über die Verhaltensweisen anderer Akteure, ist die Realisierung eines eigenen ausreichenden Nutzens dieser Innovation ebenfalls ungewiß. Deshalb ist gerade bei der Diffusion von EDI-Regelwerken Rogers zuzustimmen, wenn er argumentiert:»We find it useful to conceptualize the diffusion and adoption of innovations in terms of a framework based on information and uncertainty.«[322]

Die Bedeutung von Information und Kommunikation sowie von Unsicherheit läßt sich an den verschiedenen Phasen des Innovationsentscheidungsprozesses verdeutlichen. Dieser Prozeß beschreibt den Weg von der ersten Kenntnisnahme eines potentiellen Anwenders von der Kommunikationsform EDI, über die Gewinnung einer bestimmten Haltung gegenüber EDI und die Entscheidung zur Adoption von EDI und eines bestimmten EDI-Regelwerkes, bis hin zur Implementierung und kritischen Überprüfung der Anwendungsentscheidung.[323] Von besonderer Bedeutung für die Beschreibung der Diffusion von EDI und EDI-Regelwerken sind insbesondere die ersten drei Stufen, Kenntnisnahme, Gewinnung einer bestimmten Einstellung sowie die eigentliche Entscheidungsfindung.[324] Die Stufe der Kenntnisnahme umfaßt primär die Informationsbeschaffung über EDI im allgemeinen, während im weiteren Verlauf des Prozesses die Probleme der Auswahl und der Nutzenbeurteilung von EDI-Regelwerken verstärkt an Bedeutung gewinnen.

Die erste Stufe des Adoptionsentscheidungprozesses betrifft die Kenntnisnahme von EDI (knowledge stage). Diese Kenntnisnahme kann nicht aktiv geschehen, da ein Akteur nicht Informationen über EDI suchen kann, solange er von der Existenz dieser Innovation noch gar nichts weiß.[325] Das bedeutet, daß die passive oder zufällige Kenntnisnahme eine aktive Informationsquelle benötigt, die potentielle Adopter aus eigenem Interesse über EDI in Kenntnis setzt. Als primäre Informationsquellen kommen vor allem die bei einem Entwurf eines EDI-Regelwerkes beteiligten Akteure und Gremien in Frage, die in der Regel ein Eigeninteresse daran haben, daß ihr Entwurf adoptiert wird. Es ist naheliegend, daß die erste Kenntnisnahme dort erschwert wird, wo entsprechende Akteure oder Gremien nicht existieren.

---

321 »It is this newness of the idea in the message content of communication that gives diffusion its special character.« Rogers (1983), S. 6.
322 Rogers (1983), S. 6.
323 Vgl. Rogers (1983), S. 20 sowie S. 163-191, vgl. dazu die Entsprechung der allgemeinen Phasen eines unternehmerischen Entscheidungsprozesses bei Heinen (1982), S. 52.
324 Probleme der Implementierung (implementation) sollen hier vernachlässigt werden, da dort kaum diffusionsrelevante Unsicherheits- bzw. Informations- und Kommunikationsprobleme existieren; die Stufe der kritischen Überprüfung (confirmation) einer Adoptionsentscheidung beinhaltet schließlich ex post das mögliche Problem des Ausstiegs aus EDI bzw. des Wechsels eines EDI-Regelwerkes.

In Branchen, Regionen oder anderen Clustern, wo frühe Standardisierungsbestrebungen auftreten, wird das Ausmaß der Kenntnisnahme durch die Informationspolitik der relevanten Interessenten beeinflußt. Als Informationsmedien können dabei neben persönlichen Kontakten gezielte Rundschreiben oder Veröffentlichungen in Fachpublikationen eingesetzt werden. Schließlich bewirken gewerbliche Informationsanbieter wie Kongreß- oder Seminarveranstalter[326] sowie Veröffentlichungen[327] aus Praxis und Wissenschaft eine Streuung von erstmaligen Informationen. Eine erste Kenntnisnahme, die nicht notwendigerweise ein aktives Informationsbeschaffungsverhalten von Akteuren voraussetzt, kann auch durch Geschäftspartner geschehen, die daran interessiert sind, mit anderen Geschäftspartnern EDI einzusetzen und sich deshalb als Informanten betätigen.

Inbesondere die Wirkung von unpersönlich übermittelten erstmaligen Informationen hängt davon ab, welche »selective exposure«[328] ein Unternehmen zeigt. Das bedeutet, daß die bewußte Wahrnehmung einer Information davon beeinflußt wird, inwieweit damit ein individuelles Bedürfnis angesprochen wird und die eigene Einstellung und Werthaltung dazu paßt. Ein hoher Neuigkeitsgrad einer Information besitzt nur geringen pragmatischen Wert für einen Rezipienten und bleibt deshalb möglicherweise wirkungslos.[329] Eine einmalige Kenntnisnahme reicht daher möglicherweise für viele Akteure nicht aus, um ein weitergehendes und aktives Informationsverhalten zu zeigen. Erst durch wiederholende und dadurch bestätigende Informationen sowie durch bedürfnisartikulierende Inhalte der Information erscheint eine pragmatische Wirkungsweise erzielbar. Hier zeigt sich auch ein Unterschied zwischen einem Reagierer und einem Innovator.[330] Während ein Reagierer erst durch wiederholte Kenntnisnahmen einen pragmatischen Wert aus einer Information zieht, mag für einen Innovator bereits eine erstmalige Kenntnisnahme ausreichen, um sich intensiver mit einer Innovation auseinanderzusetzen und in aktiver Weise weitere Informationen zu beschaffen.[331]

In der 'persuasion stage' entwickelt ein Akteur eine bestimmte Einstellung oder Haltung gegenüber der Innovation. Dazu sind weitere Informationen erforderlich, die in nunmehr aktiver Weise beschafft werden. Dies setzt voraus, daß die erstmaligen Informationen über die Innovation einen gewissen pragmatischen Gehalt offenbart haben. In dieser Phase versucht ein

---

325 Vgl. Rogers (1983), S. 164-165, Coleman (1966), S. 59.
326 Informationen von Kongreß- oder Seminaranbietern setzt jedoch schon eine gewisse Vorkenntnis von der Materie voraus, damit solche Angebote überhaupt wahrgenommen werden. Es ist jedoch denkbar, daß durch bestimmte Werbemaßnahmen eine erstmalige Kenntnisnahme stattfinden kann.
327 Dies setzt jedoch ein gewisses Maß an aktivem Informationsbeschaffungsverhalten von Akteuren voraus, indem entsprechende Veröffentlichungen, wie Fachzeitschriften oder Bücher regelmäßig gesichtet werden.
328 »Selective exposure is the tendency to attend to communication messages that are consistent with one's existing attitudes and beliefs.« Rogers (1983), S. 166.
329 Vgl. dazu das »Erstmaligkeits-Bestätigungs-Modell« von v. Weizsäcker (1974), S. 93-97, vgl. auch Schneider (1988), S. 218-221.
330 Vgl. Abschnitt 3.2.2.4.
331 In Beziehungsgeflechten, wo Innovatoren anzutreffen sind, wird möglicherweise eine erstmalige Kenntnisnahme von EDI durch Geschäftsbeziehungen mit Innovatoren rascher stattfinden, als in eher konservativ geprägten Beziehungsgeflechten.

Akteur, Informationen über die Vor- und Nachteile (»innovation-evaluation-information«[332]) der Innovation zu gewinnen, um bestehende Informationsunsicherheiten zu reduzieren.

Die an früherer Stelle bereits beschriebenen und für EDI typischen Schwierigkeiten, eine tragfähige wirtschaftliche Vorteilshaftigkeitsbeurteilung durchzuführen, bewirken, daß Bewertungsunsicherheiten im wesentlichen bestehen bleiben.[333] Ein Akteur, der sich bei seiner Entscheidungsfindung auf Wirtschaftlichkeitsberechnungen stützen möchte, um damit Unsicherheiten über die Nutzenkonsequenzen zu reduzieren, wird daher eine eher ablehnende oder abwartende Haltung einnehmen, sofern eine Vorteilhaftigkeit von EDI nicht bereits ohne den Einsatz von Investitionskalkülen offensichtlich ist. Ist ein Akteur insbesondere auf größeren Netzeffektnutzen angewiesen, der in einer frühen Diffusionsphase noch nicht realisierbar ist, und bestehen Entscheidungsalternativen bezüglich der Wahl eines EDI-Regelwerkes, existiert ein hohes Maß an Unsicherheit über die Vorteilhaftigkeit von EDI, was ebenfalls zu einer abwartenden oder ablehnenden Haltung beitragen kann.

Auf der 'decision stage' trifft ein Akteur die eigentliche Entscheidung über Adoption oder Ablehnung von EDI. Die Adoptionsentscheidung ist verbunden mit der Wahl eines bestimmten EDI-Regelwerkes. Eine Ablehnung von EDI kann dann auf eine abwartende Haltung hinweisen, wenn zum Entscheidungszeitpunkt noch kein ausreichender, aber benötigter Netzeffektnutzen realisierbar ist. Erwartet hingegen ein Akteur selbst bei einer großen Verbreitung von EDI und der Existenz eines EDI-Regelwerkes keinen positiven Nutzen, kann eine Ablehnungsentscheidung als endgültig betrachtet werden.

Eine Adoption von EDI durch einen Akteur ist aber auch dann denkbar, wenn zwar keine unmittelbaren Nutzenvorteile aus einer Anwendung erwartet werden, aber ein dominanter Geschäftspartner zur Einführung drängt, weil andernfalls mit dem Abbruch der Geschäftsbeziehung gedroht wird. In einem solchen Falle hat ein Akteur zwar unmittelbare Nachteile aus der Anwendung von EDI, die aber insgesamt geringer sind als die Nachteile eines Geschäftsabbruchs. Anders ausgedrückt: Solange das Residuum, das einem Akteur aus den Transaktionen mit einem dominanten Geschäftspartner verbleibt, trotz einer nutzenmindernden EDI-Anwendung positiv ist, wird ein rationaler Akteur, sofern er keine alternativen Geschäftsverbindungen hat oder aufbauen kann, einer EDI-Anwendung zustimmen.

Die Dominanz eines Geschäftspartners, verbunden mit einer spezifischen Transaktionssituation[334], kann also dazu führen, daß sich ein Akteur dennoch für eine Adoption von EDI und

---

332 Rogers (1983), S. 170.
333 Vgl. dazu Abschnitt 3.2.2.1.
334 Vgl. z.B. Picot/Dietl (1990), S. 179.

des vom dominanten Geschäftspartner präferierten EDI-Regelwerkes entscheidet.[335] Bei einem solchen Adoptionsmotiv spricht Rogers von einer »preventive innovation«[336]. Diese Art von Innovation wird nur deshalb adoptiert, um ungewünschte Nachteile in Zukunft zu vermeiden. »Under such circumstances, the individual's motivation to adopt are rather weak.«[337]

Der circulus vitiosus, durch den die Diffusion eines EDI-Regelwerkes gehemmt wird, weil aufgrund mangelnder Diffusion zu wenig Netzeffekte für potentielle Adopter existieren, kann durch frühe Adopter durchbrochen werden, die entweder keine oder nur geringe Netzeffekte benötigen oder Netzeffekte mit ausreichender Sicherheit in Zukunft erwarten. Solche Akteure können »den Stein ins Rollen bringen« und damit das dem Teufelskreis innewohnende Start-up-Problem überwinden helfen. Unternehmen, die einen für die Adoptionsentscheidung ausreichenden Nutzen von EDI bereits mit einem einzigen oder nur wenigen Kommunikationspartnern zu erzielen vermögen, können durch direkte Absprachen mit ihren Partnern eine Adoption vereinbaren. Damit besteht für solche Unternehmen keine Informationsunsicherheit über den für sie notwendigen Diffusionsgrad. Dies trifft insbesondere auf große Unternehmen des Typs 1 und 3 zu.

Ähnlich verhält es sich mit Teilnehmern an Entwurfsgremien. Ein solches Gremium bildet eine Plattform für einen direkten Informationsaustausch zwischen den beteiligten Akteuren. Dadurch kennen alle Teilnehmer die jeweiligen Präferenzen der anderen und können somit auf einer sicheren Informationsbasis ihre Adoptionsentscheidung treffen.[338] Der Austausch der notwendigen Informationen zur Koordination der Adoptionsentscheidungen ist umso leichter möglich, je kleiner die betreffenden Entwurfsgremien sind. Schließlich ist der Fall denkbar, daß ein Akteur sich durch eine freiwillige und frühe Adoption von EDI und eines bestimmten EDI-Regelwerkes Wettbewerbsvorteile erhofft. Er verspricht sich dadurch möglicherweise den Aufbau neuer, zusätzlicher Geschäftsbeziehungen mit EDI-Anwendern oder kann neue oder zusätzliche Dienstleistungen anbieten. Sofern auch hier ein positiver Nutzen erzielt werden kann, der im wesentlichen unabhängig von einer großen Verbreitungszahl ist, trägt ein solcher 'first mover' ebenfalls zur Überwindung des Start-up-Problems bei.

---

335 Eine solche Situation führt dazu, daß die (einseitige) Spezifität einer Transaktionsbeziehung verringert wird. Denn die Quasi-Rente, als Differenzbetrag aus dem Residuum zwischen der bestehenden und der nächstbesten Transaktionsbeziehung, nimmt als Gradmesser für die Spezifität ab, weil damit die nächstbeste Transaktionsbeziehung relativ attraktiver wird (vgl. zu Quasi-Rente Picot/Dietl (1990), S. 179); ein Akteur würde daher einen Abbruch der Geschäftsbeziehung in Kauf nehmen, wenn durch eine Einführungsentschei-dung die Spezifität abgebaut, d.h. die Quasi-Rente null würde.
336 Rogers (1983), S. 171.
337 Rogers (1983), S. 171.
338 Es ist anzunehmen, daß die Teilnehmer an Entwurfsgremien auch starke Präferenzen für eine Adoption ihres Entwurfs besitzen.

Dominante Akteure[339] oder kleinere Gruppen von Adoptern erleichtern damit wesentlich den Start der Diffusion eines EDI-Regelwerkes.[340] Sie tragen zum Aufbau einer installierten Basis[341] bei und fördern damit die Erreichung einer kritischen Anwenderzahl für Akteure, die ihre Adoptionsentscheidung von der Realisierung von Netzeffekten abhängig machen. Im allgemeinen sind dies solche Akteure, die keine oder nur geringe Informationsunsicherheiten über den Nutzen einer Adoption besitzen, indem sie sich etwa durch direkte Kommunikation mit ihren Adoptionspartnern absprechen können oder ausreichende Druckpotentiale besitzen.

Für Unternehmen mit Netzeffektbedarf besteht Unsicherheit darüber, ob andere Unternehmen EDI bzw. ein bestimmtes EDI-Regelwerk adoptieren und damit Netzeffektnutzen stiften. Es bestehen Informationsdefizite hinsichtlich der Verhaltensweisen der anderen. Informationsdefizite auf der 'knowledge stage' produzieren noch keine Unsicherheit, da ein Akteur überhaupt erst Kenntnis über EDI erlangen muß, um in eine Entscheidungssituation zu gelangen. Diese Informationsdefizite stellen daher für EDI zwar ein Diffusionsproblem dar, das aber durch entsprechende Informationspolitik relativ einfach lösbar erscheint. Unsicherheit produzieren hingegen die Informationsdefizite, die in bezug auf den Diffusionsgrad von EDI und EDI-Regelwerken bestehen. Denn dahinter verbirgt sich die Notwendigkeit der Abstimmung der individuellen Verhaltensweisen in einem kollektiven Entscheidungsprozeß. Typisch dafür ist, daß jeder Akteur»... seine eigene Entscheidung (ggf. als Ergebnis einer Interaktion) trifft und für sich *allein* handelt.«[342]

5.3.2 Adoptionsentscheidung unter Ungewißheit

In der Entscheidungstheorie wird meist zwischen Entscheidungen unter Ungewißheit und Entscheidungen unter Risiko unterschieden.[343] Bei der Entscheidung unter Ungewißheit sind die Wahrscheinlichkeiten für das Eintreten der relevanten Umweltzustände unbekannt, während bei der Entscheidung unter Risiko die Wahrscheinlichkeiten für das Eintreten der möglichen Umweltzustände bekannt sind.[344] Die Differenzierung zwischen Entscheidungen unter Ungewißheit und Entscheidungen unter Risiko ist jedoch nicht unproblematisch und wird in der Literatur uneinheitlich gehandhabt.[345] Rehkugler/Schindler subsummieren daher beides unter Entscheidungen unter Ungewißheit.[346] Dies erscheint auch für die Analyse der Adoptionsentscheidung von EDI zweckmäßig.

---

339 Dominante Akteure können möglicherweise einen bandwagon-Effekt bewirken, vgl. Leibenstein (1950), S. 190, den Farrell/Saloner (1987), S. 10 als »the New Hampshire Theorem« bezeichnen.
340 Vgl. dazu etwa Braunstein/White (1985), S. 348.
341 Vgl. dazu Farrell/Saloner (1986).
342 Pfohl/Braun (1981), S. 288, im Gegensatz zu einer Gruppenentscheidung, aus der »... *eine gemeinsame Entscheidung resultiert*«, Pfohl/Braun (1981), S. 289.
343 Vgl. z.B. Bitz (1981), Bamberg/Coenenberg (1991).
344 Vgl. Bamberg/Coenenberg (1991), S. 66, S. 104.
345 Vgl. z.B. Rehkugler/Schindler (1991), S. 105.
346 Vgl. Rehkugler/Schindler (1991), S. 105-169.

Eine Entscheidung unter Ungewißheit ist allgemein dadurch gekennzeichnet, daß die Ergebnisse der Entscheidung vom Eintritt bestimmter Umweltsituationen abhängen.[347] Der Entscheidungsträger kennt zwar die möglichen Ausprägungen des Entscheidungskriteriums, die mit der jeweiligen Alternative verbunden sind, er weiß jedoch nicht, welche Umweltsituation nach erfolgter Entscheidung eintreten wird. Im Falle der Adoptionsentscheidung sind die möglichen Umweltzustände, die nach der Entscheidung eintreten können, entweder die ausreichende Diffusion eines EDI-Regelwerkes oder das Scheitern der Diffusion. Welcher Umweltzustand dabei eintritt, ist vom Adoptionsverhalten der übrigen Akteure abhängig. Die Ungewißheit für Entscheider besteht demnach in der Nichtabschätzbarkeit der Präferenzen der übrigen Akteure. Stehen zusätzlich mehrere EDI-Regelwerke für eine Adoptionsentscheidung zur Wahl, so sind mehrere Alternativen auf ihre Diffusionswahrscheinlichkeit hin zu untersuchen.

Solche Entscheidungsprobleme sind von der Existenz variabler unvollkommener Information geprägt.[348] Unterstellt man, daß der Informationsstand des Entscheiders variabel ist, wird das eigentliche Entscheidungsproblem durch ein informationsökonomisches Problem ergänzt.[349] Unter der Annahme der unvollkommenen Information bei variablem Informationsstand kann der Entscheider die Qualität der Entscheidung durch sein Informationsverhalten beeinflussen.[350] Durch die Einbeziehung zusätzlicher Informationen taucht ein informationsökonomisches Problem auf, das darin besteht, daß die Informationsbeschaffung Kosten verursacht, die in einer gesamten Kosten-/Nutzenbetrachtung berücksichtigt werden müssen.[351] Es besteht ein Informationsbewertungsproblem.[352]

Es ergibt sich dabei zusätzlich eine inhaltliche Schwierigkeit. Obige Überlegungen gehen von der Hypothese aus, daß ein Entscheidungsträger seine Entscheidung durch zusätzliche Informationen über die Präferenzen der anderen potentiellen Adopter verbessern kann. Dies setzt jedoch voraus, daß die übrigen Entscheidungsträger ihrerseits bereits konkrete Präferenzen gebildet haben. Dies ist aber nicht möglich, weil diese sich ja selbst bei ihrer Entscheidungsfindung an den Präferenzen der anderen orientieren müssen.

Im Falle vollständiger Information über die (identischen) Präferenzen der anderen Akteure besteht ein reines Koordinationsproblem.[353] Bei unvollständiger Information werden Akteure

---

347 Vgl. im folgenden Rehkugler/Schindler (1991), S. 105.
348 Entscheidungen bei unveränderlichem Informationsstand sollen hier nicht diskutiert werden, da ein Akteur prinzipiell die Möglichkeit hat, durch zusätzliche Informationsbeschaffung die Qualität seiner Entscheidung zu verbessern.
349 Zum Begriff der Informationsökonomie vgl. Kiener (1990), S. 7.
350 Vgl. Hauke (1984), S. 30.
351 Vgl. Hauke (1984), S. 30, bei Kostenlosigkeit der Informationsbeschaffung entsteht lediglich ein technisches Informationsproblem, vgl. Mag (1990), S. 135, Sieben/Schildbach (1990), S. 77.
352 Einen Überblick über Informationsbewertungsansätze liefert Hauke (1984), S. 36 ff., vgl. zur Kritik an entscheidungslogischen Modellen, Rehkugler/Schindler (1989), S.309 ff., Sieben/Schildbach (1990), S. 76 ff., Kirsch (1988), S. 2 ff.
353 Vgl. Farrell/Saloner (1985a).

euren verhindert diese Vorgehensweise.[362] Aufgrund dieser Ungewißheit ist ein erster Schritt – im Sinne einer sequentiellen Entscheidungsabfolge – für einen Akteur risikoreich, weil er nicht sicher weiß, ob andere ihm folgen werden. Es ist daher eine Abstimmung des Adoptionszeitpunkts erforderlich.

Findet eine solche Abstimmung nicht statt, entsteht eine Situation, die Farrell/Saloner als 'excess inertia' bezeichnen.[363]

»However, when we … studied a model in which each user could choose to switch or not at each period, we showed that there can be what we called "symmetric excess inertia": all prefer the new technology, but none switch.«[364]

Im Gegensatz zur einer symmetrischen excess-inertia-Situation, bei der alle die gleichen Präferenzen besitzen, gibt es den Fall, daß bei einer asymmetrischen Situation der Nutzen von EDI für einen Akteur größer ist als der Verlust, den dessen Kommunikationspartner in Kauf nehmen muß, oder daß für wenige Akteure der Nutzen eines Wechsels des EDI-Regelwerkes größer ist als der Verlust, den andere Akteure dabei zu erleiden haben.[365] In einer Gesamtbetrachtung wäre eine Adoption bzw. ein Wechsel nutzenfördernd. Beides findet aber nicht statt, weil die Verlierer eine entsprechende Handlung verweigern.[366] In einer solchen Situation können im Prinzip Ausgleichszahlungen (side payments) von den Gewinnern an die Verlierer dazu beitragen, daß Verluste ausgeglichen werden.[367]

Das Mittel der Ausgleichszahlung setzt jedoch voraus, daß Zahler und Empfänger identifizierbar sein müssen. Im Falle einer bilateralen Adoption von EDI bzw. eines EDI-Regelwerkes stellt dies kaum ein Problem dar. Aber in bezug auf eine mehrheitliche Adoption von EDI bzw. eines EDI-Regelwerkes oder dessen Wechsel besteht Anonymität zwischen den Akteuren. Ausgleichszahlungen benötigen jedoch Informationen über Gewinner und Verlierer sowie bilaterale Zahlungsbeziehungen.[368] Zusätzlich eröffnen sich für die Verlierer opportunistische Spielräume für überhöhte Ausgleichsforderungen, wenn die Gewinner aufgrund von Informations-asymmetrien den Verlust anderer Akteure nicht beurteilen können.[369] Aus-

---

362 »… progress is far slower than with a smaller group.«, Farrell/Saloner (1987), S. 10.
363 Vgl. Farrell/Saloner (1985b), (1986), (1987), diese Phänomene treffen sowohl auf die erstmalige Adoption von EDI bzw. eines EDI-Regelwerkes zu, als auch auf die Situation eines Wechsels des Regelwerkes.
364 Farrell/Saloner (1987), S. 11.
365 Keine asymmetrische excess-inertia-Situation besteht dagegen, wenn ein Partner aufgrund von Druckpotentialen den anderen zur Anwendung von EDI zwingt.
366 Vgl. dazu auch Pfeiffer (1989), S. 62.
367 Vgl. Pfeiffer (1989), S. 62.
368 Auch ein Gremium, über das Ausgleichszahlungen abge-wickelt werden könnten, benötigt eine entsprechende Identifizierung der Akteure.
369 Zu den verschiedenen Problemen zwischen Principal und Agent vgl. Dietl (1991), S. 113-135.

gleichszahlungen sind daher zur Überwindung einer asymmetrischen excess-inertia-Situation bei EDI nur punktuell geeignet.

Farrell/Saloner beschreiben darüber hinaus in allgemeiner Weise eine excess-momentum-Situation.[370] Auf das vorliegende Problem bezogen ist darunter eine kollektive Adoption von EDI und eines EDI-Regelwerkes bzw. ein kollektiver Wechsel des Regelwerkes zu verstehen, obwohl diese Entscheidungen insgesamt suboptimal sind.[371] Eine solche suboptimale Situation wäre etwa dann möglich, wenn eine umfassende Adoption von EDI und eines EDI-Regelwerkes im wesentlichen aufgrund weitverbreiteter Druckpotentiale dominanter Geschäftspartner stattfinden würde. Daneben wäre eine insgesamt nachteilige kollektive Adoption nur aufgrund falscher Erwartungsbildungen möglich und würde kaum dauerhaften Bestand haben. Die Akteure würden wieder den status quo ante anstreben.[372]

5.3.4 Ansatzpunkte zur Handhabung des Start-up- und des Wechselproblems

Die wesentliche Voraussetzung zur Handhabung des Start-up-Problems bzw. der Wechselproblematik sind die Verbesserung der Informationsbasis von Akteuren sowie der Ersatz fehlender oder unzureichender direkter Kommunikation zwischen den Akteuren durch öffentliche Kommunikation. Zum einen muß der Informationsstand der Akteure über die Präferenzlagen der anderen verbessert werden, was die Erwartungsbildung positiv beeinflussen kann. Zum anderen ist Kommunikation notwendig, wodurch eine Koordinierung des Adoptionszeitpunktes ermöglicht wird.

Verschiedene Ansatzpunkte sind für diese beiden Gestaltungsbereiche denkbar. Über die Rolle dominanter Kommunikationspartner als first-mover im Diffusionsprozeß ist bereits gesprochen worden. Ergänzend ist aber auf die Einflußmöglichkeiten öffentlicher Verwaltungen hinzuweisen. Auf den beachtlichen Kommunikationsanteil, der aus gesamtwirtschaftlicher Sicht auf öffentliche Anbieter und Nachfrager von Gütern entfällt, sowie auf die internen Kommunikationsbeziehungen zwischen öffentlichen Einrichtungen ist ebenfalls bereits hingewiesen worden.[373]

Öffentliche Einrichtungen besitzen ein beachtliches Kommunikationsvolumen, das über EDI abgewickelt werden könnte. Sie könnten deshalb als bedeutende Förderer für EDI und für bestimmte EDI-Regelwerke auftreten. Öffentliche Verwaltungen müßten nicht notwendigerweise auf private Nutzenvorteile und damit möglicherweise auf Netzeffekte bei der Einführung von EDI achten. Wenn die Start-up-Problematik eine insgesamt vorteilhafte Diffusion von EDI und EDI-Regelwerken verhindert (excess inertia), könnten staatliche Institutionen bewußt eigene Nutzennachteile in Kauf nehmen, um als first-mover zur Lösung des Start-up-

---

370 Vgl. ebenfalls Farrell/Saloner (1985b), (1986), (1987).
371 Vgl. auch Pfeiffer (1989), S. 37.
372 Dahinter verbirgt sich auch die These, daß eine nachhaltige Diffusion von EDI und EDI-Regelwerken nur dann eintreten wird, wenn insgesamt positive Nutzenwirkungen erzielt werden können.
373 Vgl. Abschnitt 2.1.1.1.

Problems beizutragen. Dazu wäre jedoch ein stärkeres Engagement im Diffusionsprozeß und eine koordinierte Vorgehensweise verschiedener staatlicher Einrichtungen notwendig. Beides ist in der Praxis zumindest in Deutschland bislang kaum feststellbar.

Eine koordinierte Vorgehensweise wäre aufgrund hierarchischer Anordnungsmöglichkeiten in staatlichen Institutionen prinzipiell einfacher realisierbar als ein entsprechendes koordiniertes Vorgehen privater Akteure. Gleichzeitig könnten öffentliche Institutionen die Diffusion des generalisierten EDIFACT-Regelwerkes fördern und damit einen Gegenpol zu gruppenbezogenen Interessen bilden. Außerdem könnten staatliche Institutionen gegebenenfalls ihre Marktmacht einsetzen und/oder Ausgleichszahlungen leisten, um Geschäftspartner zu einer Anwendung von EDI und eines präferierten EDI-Regelwerkes zu bewegen.[374] Damit ließe sich die Anzahl früher Adopter erhöhen, was wiederum positive Netzeffekterwartungen für potentielle Adopter bewirken würde.

Eine positive Beeinflussung der Erwartungshaltung potentieller Adopter erscheint insbesondere durch eine geeignete Informations- und Kommunikationspolitik von privaten oder staatlichen Stellen möglich. Damit ließe sich das Defizit wechselseitiger Kommunikation zwischen den Akteuren durch öffentliche Informationsbereitstellung beheben. Neben der Verbreitung von Informationen über Inhalt und Anwendungsmöglichkeiten von EDI und die Bedeutung von EDI-Regelwerken sowie über positive Diffusionsmeldungen ist das Mittel der Ankündigung von Adoptionsentscheidungen ein wichtiger Ansatzpunkt für die Bildung positiver Erwartungen. Eine derartige Ankündigung kann darin bestehen, daß beabsichtigte Adoptions- oder Wechselentscheidungen insbesondere von bekannten und dominierenden Akteuren öffentlich geäußert werden.[375] Einerseits trägt dies dazu bei, daß potentielle Adopter in der Vermutung über eine erfolgreiche Diffusion von EDI und EDI-Regelwerken bestärkt werden. Andererseits reduziert der Ankündigter sein eigenes Risiko, indem er die Adoptionsentscheidung gegebenenfalls noch revidieren kann.

Daneben spielt die Informations- und Kommunikationspolitik beispielsweise von Branchenverbänden, Standardisierungsinstitutionen oder wissenschaftlichen Einrichtungen eine wichtige Rolle. Branchenverbände können die Präferenzen ihres vergleichsweise überschaubaren Klientels leichter in Erfahrung bringen, bündeln und als Information für potentielle Adopter veröffentlichen. Allerdings hat diese Informationsquelle den Nachteil, daß sie lediglich die Interessen einer Gruppe artikuliert und damit keinen Überblick über Präferenzen von Akteuren in anderen Gruppen gibt. Es kann sogar zusätzlich Ungewißheit produziert werden, wenn verschiedene Branchenverbände unterschiedliche Informationen streuen.

---

374 Eine solche Möglichkeit bestünde beispielsweise im Rüstungsgütersektor, wo staatliche Nachfrage entsprechender Beschaffungsgüter in der Regel eine beachtliche Spezifität gegenüber Anbietern besitzen dürfte.

375 Zur Rolle der Öffentlichkeit und der Medien vgl. Beck (1990), Grunig/Hunt (1984), Dyllick (1989), Beger/Gärtner/Mathes (1989).

»Gelingt es ...durch kommunikationspolitische Maßnahmen, die Konsumenten (i.S.v. potentiellen Adoptern; Anm.d.Verf.) davon zu überzeugen, daß das betreffende Netzeffektgut erfolgreich sein wird, dann ist der Erfolg dieses Gutes eine "self-fulfilling prophecy".«[376]

Eine 'sich selbst erfüllende Prophezeiung' ist eine Voraussage, die allein aufgrund der Tatsache, daß sie gemacht wurde, das vorausgesagte Ereignis eintreten läßt und so die Richtigkeit der Voraussage bestätigt.[377] Sie kann bewirken, daß allein aufgrund der öffentlichen Ankündigung, EDI und ein EDI-Regelwerk würden eine ausreichende Anwenderzahl erreichen, individuelle Akteure wegen einer (geglaubten) Reduzierung der Entscheidungsunsicherheit sich für eine Adoption entscheiden. Damit tritt aber das Ereignis tatsächlich ein, das in den Ankündigungen vorausgesagt worden ist.

Eine weitere Alternative zur Lösung des Start-up-Problems machen Dybvig/Spatt.[378] Sie schlagen vor, den möglichen Verlust, der durch die Adoption eines letztlich an einer mangelnden Diffusion scheiternden Netzeffektgutes entstehen könnte, durch eine Versicherung abzudecken.[379] Entschließt sich danach ein Akteur zur Adoption von EDI und eines bestimmten EDI-Regelwerkes, trägt er nicht mehr das Risiko von Verlusten, wenn sich Netzeffekte wegen mangelnder Adoption nicht einstellen. Denn in diesem Falle würde die Versicherung den entstandenen Schaden ersetzen. Da sich vor diesem Hintergrund viele Akteure für eine Adoption entscheiden würden, würde die Versicherung erst gar nicht in Anspruch genommen.

Allerdings ist dieser Vorschlag aus mehreren Gründen kritisierbar. Die Versicherung selbst verursacht Kosten in Form von Versicherungsbeiträgen, und es entstehen bei der Einrichtung und Abwicklung der Versicherung Transaktionskosten, etwa in Form von Agency-costs.[380] Es bestehen erhebliche Beurteilungsprobleme, wann und bei welchem (geringen) Diffusionsgrad die Versicherung leisten muß. Zusätzlich ist der individuelle Bedarf eines Akteurs an einer bestimmten Diffusionsrate unterschiedlich, d.h., derselbe objektive Tatbestand, nämlich ein bestimmter Diffusionsgrad, veranlaßt möglicherweise manche Akteure zu einem Wechsel und macht damit eine Versicherungsleistung erforderlich, während gleichzeitig anderen Akteuren der Diffusionsgrad genügen mag. Darüber hinaus aber besteht für den Versicherer die Gefahr des kollektiven Eintretens von Versicherungsschäden. Wenn nämlich aus irgendwelchen Gründen trotz Versicherungsanreiz die Diffusion scheitern sollte, hätten alle versicherten Akteure gleichzeitig Anspruch auf die Versicherungsleistung. Dies widerspricht jedoch dem

---

376   Wiese (1990), S. 47.
377   Vgl. Rosenthal/Jacobson (1974), S. 13-62, Watzlawick (1989), S. 52, Wiese (1990), S. 48-49.
378   Vgl. zu folgendem Dybvig/Spatt (1983), S. 231-247.
379   Vgl. auch Pfeiffer (1988), S. 64-65, Wiese (1990), S. 49-50.
380   Vgl. dazu Dietl (1991), S. 116-118.

Grundsatz des »Risikoausgleichs im Kollektiv«.[381] Vor diesem Hintergrund ist dieses Risiko zumindest privatwirtschaftlich nicht versicherbar.[382]

5.4 Hinweise zur Diffusion von EDI und EDI-Regelwerken in der Praxis

Bei der Darstellung empirischer Hinweise über die Diffusion von EDI und von EDI-Regelwerken wird zunächst auf die oben beschriebenen Phasen des Diffusionsentscheidungsprozesses zurückgegriffen und erläutert, welche empirischen Merkmale die Diffusion von EDI und EDI-Regelwerken besitzt. Da jede Einführung von EDI gleichzeitig mit der Adoption eines bestimmten EDI-Regelwerkes verbunden ist, lassen sich daraus empirische Hinweise auf die Diffusion von EDI-Regelwerken ableiten. Zusätzlich stellt sich die Frage, ob eine Durchsetzung des generalisierten EDIFACT-Regelwerkes gegenüber spezifischen EDI-Regelwerken zu erwarten ist.

5.4.1 Bekanntheitsgrad von EDI und Einführungsmotive

Notwendige Voraussetzung für eine erfolgreiche Diffusion von EDI und EDI-Regelwerken ist, daß potentielle Adopter eine Kenntnis von dieser Innovation erlangt haben. Dabei zeigten die Befragungsergebnisse des erwähnten Forschungsprojektes, daß von den 115 befragten Unternehmen ca. 37 % nicht über EDI Bescheid wußten.[383] Unterstellt man, daß möglicherweise eine Mehrzahl der insgesamt angeschriebenen Unternehmen aus fehlender Kenntnis von EDI nicht zu einem Interview bereit war, ist zu vermuten, daß EDI derzeit noch nicht hinreichend bekannt ist, um letztlich eine umfassende Diffusion in der wirtschaftlichen Welt zu erlangen. Berücksichtigt man zusätzlich, daß insbesondere die Automobilbranche zu den frühen Anwendern von EDI zählt, läßt sich daraus die Vermutung ableiten, daß in anderen Branchen der Bekanntheitsgrad noch etwas geringer sein dürfte.

Die Untersuchung zeigte Unterschiede des Bekanntheitsgrades hinsichtlich der Unternehmensgröße und der Branchenzugehörigkeit. Von den 42 Unternehmen ohne Kenntnis von EDI hatten 88% unter 500 Beschäftigte, während der Anteil der Unternehmen dieser Grö-

---

381 Vgl. dazu Jäger-von Ehrenstein (1991), S. 77-85.

382 Nach dem aufsichtsrechtlichen Grundsatz des Bundesaufsichtsamts für das Versicherungswesen (BAV), nachdem sich jeder Versicherungszweig auf Dauer wirtschaftlich selbst zu tragen hat, ist dieses Risiko nicht privatwirtschaftlich versicherbar; von den Eigenschaften, die ein Einzelrisiko versicherbar machen, erscheint insbesondere das Kriterium der Unabhängigkeit im vorliegenden Falle nicht erfüllt zu sein; vgl. zu diesem und weiteren Kriterien der Versicherbarkeit Helten/Karten (1984), S. 82-90; deshalb könnte hier nur der Staat als Versicherer auftreten; Die Behauptung von Wiese (1990), S. 49, auch private Versicherungsträger könnten diese Aufgabe übernehmen, trifft zumindest auf die Bundesrepublik Deutschland nicht zu.

383 Von insgesamt 1.173 in Deutschland angeschriebenen Unternehmen aus Automobil- und Transportbranche waren 115 zu einem mündlichen Interview mit Hilfe eines teilstandardisierten Fragebogens bereit. Von diesen wendeten 52 (45%) EDI bereits an, 12 (10%) waren gerade bei der Einführung, 9 (8%) hatten sich vorerst gegen eine Einführung entschieden und 42 (37%) hatten keine Kenntnis von EDI.

ßenklasse bei den Anwendern von EDI nur ca. 37% betrug.[384] In ähnlicher Weise besteht ein Unterschied des Bekanntheitsgrades zwischen den beiden betrachteten Branchen. Ca. 64% der Unternehmen ohne Kenntnis von EDI gehören der Transportbranche an, obwohl der Anteil der Transportunternehmen an der Gesamtzahl der befragten Unternehmen bei 47% liegt.[385]

Beide Faktoren sprechen dafür, daß gerade bei mittleren und kleineren Unternehmen EDI noch nicht den nötigen Bekanntheitsgrad erreicht hat. Offensichtlich gelang es bislang noch nicht in hinreichender Form, durch die oben beschriebenen Informationsmöglichkeiten EDI einen umfassenden Bekanntheitsgrad zu verschaffen. Dazu kommt, daß ein in den letzten drei Jahren feststellbarer Informationsboom zu EDI durch gewerbliche Informationsanbieter wie etwa Seminar- oder Kongreßveranstalter deutlich im Abflauen begriffen ist.[386] Um einen für eine umfassende Diffusion erforderlichen Bekanntheitsgrad von EDI zu erwirken, sind daher zusätzliche Informationsanstrengungen durch Branchenverbände, Standardisierungsinstitutionen wie etwa dem DIN oder wissenschaftliche Forschungseinrichtungen notwendig.[387]

Beim Stellenwert unterschiedlicher Informationsquellen dominierten Informationen von Geschäftspartnern sowie von Branchenverbänden und Kongressen/Seminaren. Fachzeitschriften, Fachbücher sowie Informationen von institutionellen Standardisierungsgremien spielen dagegen bei den betrachteten Unternehmen eine untergeordnete Rolle (vgl. Abbildung 26).

---

384 Der Anteil der Unternehmen mit weniger als 500 Beschäftigten an der Gesamtzahl der befragten Unternehmen beträgt jedoch 61%.

385 Dagegen sind nur ca. 29% der Unternehmen mit EDI-Anwendung aus der Transportbranche.

386 In dieser Zeit wurden auffallend viele Seminare oder Kongresse insbesondere von gewerblichen Anbietern zum Thema EDI angeboten. Bei der Analyse dieser Veranstaltungen zeigt sich, daß zunächst allgemeine Informationen über EDI angeboten wurden, was der ersten Kenntnisnahme von EDI auf der 'knowledge stage' des Diffusionsprozesses von EDI entspricht, denen schließlich zunehmend spezialisiertere Ausführungen (»persuasion stage«) folgten. Allerdings ist derzeit ein deutlicher Abschwung des Lebenszyklusses dieser Veranstaltungen zu beobachten. Anbieter von Veranstaltungen über Kommunikationsaspekte widmen sich zunehmend anderen Themen.

387 Ein Beispiel für eine z.T. wenig fruchtbare Informa-tionspolitik staatlich geförderter Informationseinrichtungen zeigt sich in dem von der Europäischen Union getragenen TEDIS-Projekt, das zur Förderung des innereuropäischen elektronischen Datenaustauschs gebildet wurde (vgl. Thomas (1990). 1989 wurde eine Reihe von Fallstudien über den praktischen Einsatz von EDI in ausgewählten Anwendungsbereichen in verschiedenen Ländern der Europäischen Gemeinschaft in Auftrag gegeben, die jedoch nie veröffentlicht, sondern lediglich den einzelnen Autoren gegenseitig zugänglich gemacht worden sind. Zur Informations-politik des DIN vgl. Rosenberg (1990b).

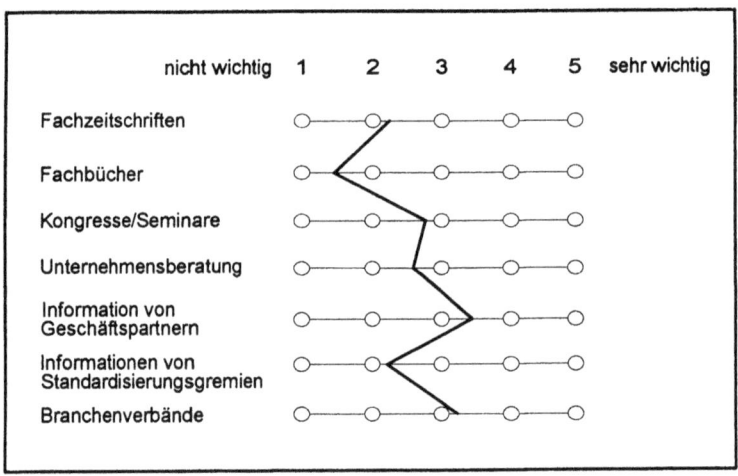

Abb.26: Stellenwert verschiedener Informationsquellen bei der Beschäftigung mit EDI (vgl. Kilian/Picot/Neuburger/Niggl/Scholtes/Seiler (1994))

Probleme der wirtschaftlichen Beurteilung von EDI und EDI-Standards ('persuasion stage') werden nur teilweise als Adoptionshindernis betrachtet. In der Untersuchung zeigte sich, daß in den überwiegenden Fällen keine methodischen Wirtschaftlichkeitsbeurteilungen durchgeführt wurden.[388] Häufig wurde argumentiert, eine Wirtschaftlichkeitsbeurteilung sei hinfällig, da EDI augenscheinlich eine wirtschaftliche Notwendigkeit sei. Dies ist insbesondere bei den führenden Unternehmen der Automobilindustrie der Fall. Das Kosteneinsparungspotential und die Realisierung von Zeitvorteilen in der logistischen Kette seien bei diesen Unternehmen auch ohne exakte Wirtschaftlichkeitsbeurteilung deutlich erkennbar. Die Sicherung der Wettbewerbsfähigkeit durch Kosten- und Zeitersparnisse steht bei diesen Unternehmen deutlich im Vordergrund. Bei vielen Zulieferern in der Automobilindustrie stellt eine EDI-Fähigkeit eine notwendige Bedingung zur Aufrechterhaltung von Geschäftsbeziehungen dar. Ein Verzicht auf EDI würde zu einem Knock-out-Faktor werden.

Vielfach besteht demnach das Adoptionsmotiv darin, dem Druck dominierender Geschäftspartner nachzugeben, um eine Geschäftsbeziehung aufrechtzuerhalten. Insofern stellt EDI auch für diese Unternehmen eine strategische Notwendigkeit dar, wenngleich teilweise die

---

388 Nur vereinzelte Unternehmen konnten für bestimmte Nachrichtenarten wie z.B. Rechnungen oder Lieferabruf die ungefähre Anzahl in einer bestimmten Zeitspanne nennen. Bei den meisten konnten nur Angaben wie »hoch« oder »niedrig« gemacht werden.

Einführungs- und Abwicklungskosten von EDI als zu hoch eingeschätzt werden.[389] Neben dem Knock-out-Faktor dominiert in der Automobilbranche das zu bewältigende Belegvolumen gerade bei den größeren Unternehmen als Grund zur Adoption von EDI.

Transportunternehmen ohne hinreichend großes Belegvolumen nannten als Einführungsmotiv häufig die Möglichkeit, durch EDI neue Dienstleistungen anbieten zu können. Einzelne Transportunternehmen übernahmen aufgrund des raschen Informationsaustauschs durch EDI zusätzliche Zwischenlagerfunktionen oder Datenverwaltungsaufgaben von Geschäftspartnern, die somit ihre Datenverwaltung auslagern konnten. Ein Transporteur, der eng mit einem Versandhaus kooperierte, argumentierte, daß ein 24-Stunden-Lieferservice für bestellte Waren an den Kunden nur durch den Einsatz von EDI zwischen den beiden Geschäftspartnern möglich sei, aber gleichzeitig damit Wettbewerbsvorteile erzielt werden könnten. Denn dieser Service würde von Kunden verlangt, und diese seien auch bereit, einen höheren Preis für die bestellten Waren zu bezahlen.

Durch diese innovativen Einsatzmöglichkeiten entkoppelt sich die Adoptionsbereitschaft von einer erforderlichen Höhe des Belegvolumens und somit von der Unternehmensgröße. Die innovative Nutzung von EDI wurde jedoch insgesamt als Einführungsmotiv im Vergleich zur Substitution von Belegvolumen insgesamt eher selten genannt. Aber gerade für mittlere und kleinere Unternehmen könnte diese Nutzungsform von EDI zu einer Verbesserung der Wettbewerbsposition führen und damit die Adoption von EDI fördern, ohne daß ein hinreichend großes Belegvolumen notwendig wäre.

Versucht man eine Verallgemeinerung dieser Tendenzen über die beiden betrachteten Branchen hinaus, läßt sich vermuten, daß EDI und somit EDI-Regelwerke vor allem in solchen Branchen diffundieren, wo entweder eine Mehrzahl von relativ großen Unternehmen existiert, die ein hinreichend großes substitutives Potential zur Nutzung von EDI besitzt, und/oder wo Unternehmen anzutreffen sind, die innovative Einsatzmöglichkeiten von EDI erkennen. Weiterhin ist zu vermuten, daß ein vergleichsweise starker Wettbewerbsdruck die Suche nach Möglichkeiten zur Verbesserung oder zur Haltung der Wettbewerbsposition die Adoptionsbereitschaft von EDI begünstigt.

Schließlich zeigt sich am Beispiel der Automobilbranche deutlich, daß die marktliche Dominanz bestimmter Unternehmen den Start des Diffusionsprozesses begünstigt, indem mit oder ohne Ausgleichszahlungen Geschäftspartner zur Adoption von EDI gedrängt werden. Im Umkehrschluß ist zu vermuten, daß EDI in solchen Branchen Start-up-Schwierigkeiten und damit Diffusionsprobleme besitzen dürfte, in denen die erwähnten Faktoren nicht entsprechend ausgeprägt sind. Wenn in einer Branche eine Vielzahl kleinerer Unternehmen ohne

---

389 Ausgleichszahlungen, etwa in Form von Einführungs- und Abwicklungsunterstützung werden zwar vereinzelt durch den dominierenden Geschäftspartner geleistet, generell aber wird eine mangelnde Unterstützung beklagt. Von vielen Zulieferern der Automobilindustrie wird zusätzlich das Problem gesehen, daß die verschiedenen dominierenden Geschäftspartner z.T. unterschiedliche individuelle Kommunikationsbedürfnisse artikulieren und somit der Einführungsaufwand zusätzlich steigt.

hinreichendes Belegvolumen und/oder geringer Innovationsfreudigkeit existiert, fehlen sowohl ausreichende Nutzenanreize als auch der Druck durch dominierende Geschäftspartner für die Adoption von EDI. Die Landwirtschaft mag ein Beispiel für eine solche Branche sein, in der eine Vielzahl von Klein- und Kleinstbetrieben mit einer eher reaktiven Innovationshaltung vorzufinden ist.

Daraus läßt sich insgesamt der Schluß ziehen, daß EDI kaum eine umfassende Ausbreitung in allen Bereichen der Wirtschaft erlangen wird. Allerdings zeigen die bisherigen Standardisierungsaktivitäten und Anwendungsformen in der Praxis, daß EDI dennoch in vielen Wirtschaftsbereichen auf lange Sicht eine unverzichtbare Kommunikationsform sein wird.

5.4.2 Hinweise auf die Diffusion von EDI-Regelwerken

EDI wird bei den, in dem Forschungsprojekt befragten Unternehmen in aller erster Linie zur Übertragung von transaktionsbegleitenden Nachrichten, wie Rechnungen, Bestellungen oder Lieferabrufen eingesetzt. EDI für den Austausch von Produktdaten oder unstrukturierten Dokumenten spielt dagegen bislang eine untergeordnete Rolle. Nur einzelne der befragten Unternehmen wenden diese Form von EDI bereits an. Allerdings beabsichtigen mehrere Unternehmen der Automobilbranche in Zukunft die Anwendung von EDI für den Produktdatenaustausch. Dagegen plant keines der befragten Unternehmen den Austausch von unstrukturierten Dokumenten auf der Basis von EDI. Man kann vermuten, daß die Start-up-Problematik dieser Anwendungsformen von EDI wesentlich stärker ausgeprägt sein dürfte als die Anwendung von EDI zum Austausch transaktionsbegleitender Nachrichten.

Für den Austausch transaktionsbegleitender EDI-Nachrichten wird in den beiden betrachteten Branchen eine Mehrzahl von EDI-Regelwerken eingesetzt. Bei den Unternehmen der Automobilbranche dominiert dabei deutlich die Anwendung des VDA-Standards gegenüber dem EDIFACT-Subset ODETTE und anderen EDI-Regelwerken (vgl. Tabelle). 89% der befragten Unternehmen dieser Branche setzen den VDA-Standard, 45% bereits ODETTE ein, während die übrigen EDI-Regelwerke nur eine geringe Rolle spielen.[390] Während die dominierenden Unternehmen dieser Branche ausschließlich den VDA-Standard bzw. ODETTE einsetzen, sind bei anderen Unternehmen dieser Branche teilweise auch EDI-Standards, wie z.B. CEFIC, SEDAS, EDIFICE, aber auch ANSI X.12 oder TRADACOMS in Anwendung. Dies ist dadurch erklärbar, daß solche Unternehmen nicht nur als Zulieferer für Automobilhersteller, sondern auch für Unternehmen anderer Branchen tätig sind.

---

390 Die Mehrfachnennungen zeigen, daß manche Unternehmen mit mehreren EDI-Regelwerken gleichzeitig arbeiten.

(Angaben in Prozent, gerundet)			
	Automobilbranche		Transportbranche	
	angewendet	angestrebt	angewendet	angestrebt
VDA	89	7	20	5
ODETTE	45	32	15	5
CEFIC	2	0	5	0
SEDAS	2	0	10	0
EDIFICE	2	0	5	0
DAKOSY	5	0	10	25
BSL	2	2	15	10
ANSI X.12	7	4	10	0
TRADACOMS	5	0	5	0
EDIFACT	7	61	15	55
SGML	2	0	5	0
STEP	2	7	5	0
ODA/ODIF	5	0	5	0

Tabelle: Übersicht über den Anwendungsstand ausgewählter EDI-Regelwerke
(vgl. Kilian/Picot/Neuburger/Niggl/Scholtes/Seiler (1994))

Das Problem, eine Mehrzahl von EDI-Regelwerken einsetzen zu müssen, zeigt sich in der Transportbranche besonders deutlich. Das Ausmaß der Anwendung verschiedener EDI-Regelwerke ist in dieser Branche fast gleichverteilt. Sie müssen mit Geschäftspartnern aus verschiedenen Branchen kommunizieren und dabei mit unterschiedlichen EDI-Regelwerken arbeiten. Die Mehrzahl der angewendeten EDI-Regelwerke kann als Indiz dafür betrachtet werden, daß Transportunternehmen in der Regel keine ausreichende Marktmacht gegenüber Geschäftspartnern besitzen.

Am Beispiel der Automobil- und der Transportbranche lassen sich die unterschiedlichen Interessen für eine EDIFACT-Anwendung besonders gut verdeutlichen. Unternehmen, die vielfältige branchen- oder grenzüberschreitende Kommunikationsbeziehungen unterhalten – wie dies etwa auch auf Banken zutrifft –, ziehen aus der Anwendung eines branchenunabhängigen EDI-Regelwerkes mehr Nutzen als solche Unternehmen, die primär brancheninterne Geschäftsbeziehungen unterhalten. Eine umfassende Adoption von EDIFACT stellt für Unternehmen der Transport- und der Bankenbranche eine größere Vereinfachung der EDI-Kommunikation dar als etwa für Unternehmen der Automobilbranche.

5.4.3 Hinweise zum Wechsel von spezialisierten EDI-Regelwerken zu EDIFACT

Für eine umfassende Anwendung des EDIFACT-Regelwerkes plädieren aus diesem Grund vor allem die EDI-Anwender der Transport- und der Bankenbranche. Die Wahrscheinlichkeit des Wechsels von spezialisierten EDI-Regelwerken zu EDIFACT hängt aber insbesondere davon ab, ob Akteure mit überwiegend brancheninternem Kommunikationsbedarf bereit sind, auf

EDIFACT zu wechseln. Um einen Verlust an Spezialisierungsvorteilen ihrer Regelwerke zu vermeiden und gleichzeitig den Abstimmungsaufwand bei der Anbahnung von EDI-Beziehungen mit Geschäftspartnern unterschiedlicher Branchen oder Länder zu minimieren, besteht die Möglichkeit der EDIFACT-Subsetbildung. Die Automobilindustrie hat vor diesem Hintergrund das EDIFACT-Subset ODETTE entwickelt. Das wesentliche Problem des Wechsels zu einem EDIFACT-Subset besteht in der Terminierung einer gemeinsamen Vorgehensweise, um Netzeffektverluste zu vermeiden, die durch lediglich vereinzelte Wechsel auftreten würden. Dabei spielen die Erwartungsbildung und die Informationen über die Wechselabsichten anderer Akteure eine besondere Rolle.

Bezüglich eines entsprechenden Wechsels zu ODETTE ist bei den befragten Unternehmen der Automobilbranche eine positive Erwartungshaltung erkennbar. Während 45% der befragten Unternehmen dieser Branche angaben, ODETTE bereits einzusetzen, streben weitere 32% dessen Anwendung an.[391] Diese Zahlen zeigen, daß eine überwiegende Bereitschaft für einen Wechsel besteht. Dabei wurde häufig argumentiert, daß ein Wechsel dann vorgenommen würde, wenn der dominierende Geschäftspartner dies verlangen würde. Man kann daraus schließen, daß ein umfassender Wechsel wesentlich von der Verhaltensweise der dominierenden Unternehmen dieser Branche abhängt. Dies hat aber zugleich den Vorteil, daß eine Abstimmung des Wechselzeitpunktes aufgrund der geringen Anzahl dieser Unternehmen relativ leicht möglich ist.

Zwei Faktoren sprechen dafür, daß ein Wechsel in den kommenden Jahren stattfinden wird. Einerseits äußerten manche dieser Unternehmen einen gewissen Fatalismus, indem sie die allgemeine Diffusion von EDIFACT erwarten, und glauben, sich dieser Entwicklung nicht entziehen zu können.[392] Andererseits unterstützt das Standardisierungsgremium des VDA einen Wechsel zu EDIFACT (bzw. zum Subset ODETTE). Daher ist zu vermuten, daß in diesem Gremium auch Absprachen über den Zeitpunkt eines Wechsels getroffen werden.

In der Automobilbranche ist daher ein Wechsel zum EDIFACT-Subset ODETTE in den nächsten Jahren wahrscheinlich. Sofern in anderen Branchen ähnliche Erwartungshaltungen und gegebenenfalls zusätzlich vergleichbare Branchensstrukturen bestehen, kann eine umfassende Adoption von EDIFACT erwartet werden, zumal in einigen anderen Branchen ebenfalls geeignete EDIFACT-Subsets existieren bzw. entwickelt werden. Gleichzeitig tragen entsprechende Signale wie etwa aus der Automobilbranche zu einer insgesamt positiven Erwartungsbildung bei.

---

391 In der Fragestellung wurde neben dem Stellenwert von ODETTE zusätzlich nach dem von EDIFACT gefragt, obwohl ODETTE als EDIFACT-Subset gilt. Diese vermeintliche Redundanz der Fragestellung wurde jedoch bewußt geschaffen, da bekannt war, daß ODETTE in der Praxis bisweilen nicht als EDIFACT-Subset betrachtet wird. Diese Ansicht hat sich aufgrund der unterschiedlichen Beantwortungsweisen bestätigt. Bezogen auf EDIFACT streben sogar 61% der befragten Unternehmen der Automobilbranche dessen Anwendung an.

Für eine weltweite Durchsetzung von EDIFACT existieren ebenfalls positive Signale. Sowohl in Amerika als auch im Vereinigten Königreich bestehen Interessen, die jeweiligen nationalen Regelwerke an die Syntax des EDIFACT-Regelwerkes anzupassen. Sollte dieser Schritt vollzogen werden, erhöht sich der Nutzen von EDIFACT-Anwendern zusätzlich um die in diesen Ländern mit relativ geringem Abstimmungsaufwand erreichbaren EDI-Kommunikationspartner. Zudem kann die Erwartung dieser Angleichung wiederum die Adoptionsbereitschaft deutscher bzw. kontinentaleuropäischer Unternehmen steigern. Probleme der Terminierung des Adoptionszeitpunktes treten dabei nicht auf. Denn für die angelsächsischen und amerikanischen Unternehmen bedeutet eine Angleichung der jeweiligen EDI-Regelwerke an EDIFACT keinen Wechsel, sondern lediglich entsprechende Modifizierungen (Up-Dates) der bereits eingesetzten EDI-Regelwerke.

»Although the American standards were developed for domestic purposes independently of the UN standards, it was mutually recognised that continuing incompatibility would become increasingly inimical to the development of worldwide paperless trading. In 1986 an international task force, chaired jointly by the UK and the US, was charged with the task of bringing the two standards (TRADACOMS, ANSI X.12; Anm.d.Verf.) together, buildung upon the substantial degree of commonality which existed between the two, despite the differences that existed at the conceptual and detail levels.«[393]

Auf die mögliche Bedeutung marktlich tätiger staatlicher Institutionen beim Entwurf von EDI-Regelwerken wurde bereits eingegangen.[394] Danach würden staatliche Institutionen, die als Nachfrager von Gütern auf Märkten auftreten, aufgrund ihrer gesamten Markttätigkeit große Einflußmöglichkeiten auf den Entwurf von EDI-Regelwerken besitzen. Ähnliches läßt sich auch bei der Beeinflussung der Diffusion von EDI und von EDI-Regelwerken, insbesondere bei dem von EDIFACT behaupten. Solche Institutionen könnten ungeachtet bestimmter Nutzenerwägungen eine Vorreiterrolle bei der Adoption von EDIFACT einnehmen und somit direkte, auf Geschäftspartner bezogene, oder indirekte, auf die Allgemeinheit potentieller EDIFACT-Adopter bezogene öffentliche Anwendungssignale geben. Sie könnten somit positive Erwartungshaltungen bewirken und als first-mover das Start-up- bzw. das Wechselproblem abmildern und durch geeignete Unterstützungen von Geschäftspartnern zur Diffusion von EDI und EDIFACT beitragen. Bis auf Aktivitäten des amerikanischen Verteidigungsmi-

---

392 Diese Erwartungshaltung fördert eine 'sich selbst erfüllende Prophezeiung', indem die feste Erwartung über die Diffusion von EDIFACT zu einer tatsächlichen Adoptionsentscheidung und damit zu einer tatsächlichen Diffusion führen kann.
393 Sarich (1990), S. 23, vgl. auch Wheatman (1990), (1992).
394 Vgl. Abschnitt 4.3.3.

nisteriums sind jedoch kaum Standardisierungsaktivitäten staatlicher Einrichtungen in der Praxis feststellbar.[395]

Insgesamt kann festgehalten werden, daß verschiedene Signale dafür sprechen, daß das EDIFACT-Regelwerk sich gegenüber spezialisierten Regelwerken in weiten Bereichen der Wirtschaft wird durchsetzen können. EDIFACT würde damit zu einem EDI-Standard mit beachtlicher Anwenderzahl.

5.5 Ergebnis

Die Analyse der Diffusion von EDI und EDI-Regelwerken bezieht sich auf zwei wesentliche Fragestellungen: Unter welchen Voraussetzungen sind Unternehmen bereit, EDI und – damit verbunden – EDI-Regelwerke zu adoptieren, und unter welchen Voraussetzungen findet ein Wechsel von einem spezialisierten EDI-Regelwerk zu EDIFACT statt. Da anzunehmen ist, daß die Unternehmen, die sich aktiv am Entwurf eines EDI-Regelwerkes beteiligen, dieses auch adoptieren werden, bezieht sich die Analyse der ersten Fragestellung vor allem auf die Unternehmen, die sich in der Entwurfsphase als Trittbrettfahrer verhalten haben.

Die Diffusionsproblematik bezieht sich zusätzlich vor allem auf die Unternehmen, deren Gesamtnutzen einer EDI-Anwendung in mehr oder weniger starkem Maße von der Existenz von Netzeffekten abhängt und für die letztlich überhaupt ein positiver Gesamtnutzen realisierbar erscheint (Unternehmenstyp 2 und 4). Da sie bei einer frühen Adoption keinen oder nur geringen Netzeffektnutzen gewinnen können, warten sie mit ihrer Adoptionsentscheidung solange ab, bis eine für sie ausreichende Adoptionszahl sofortigen Netzeffektnutzen stiftet. Dies führt dazu, daß alle betreffenden Unternehmen mit ihrer Adoption abwarten und auf die Adoptionsentscheidungen der jeweils anderen hoffen. Damit befindet sich die Diffusion von EDI bzw. EDI-Regelwerken in einer Start-up-Falle. Die Diffusion droht zu scheitern. Eine notwendige Voraussetzung für eine erfolgreiche Diffusion besteht zunächst darin, daß Unternehmen überhaupt über die Existenz der Kommunikationsform EDI informiert sind und damit erst in einen Adoptionsentscheidungsprozeß eintreten können. Zur Überwindung der Start-up-Falle gibt es verschiedene Ansatzpunkte, die auch für die Lösung der Wechselproblematik gelten.

Solche Unternehmen, deren Gesamtnutzen nicht oder nur wenig von der Existenz von Netzeffekten bestimmt wird, können ihre Adoptionsentscheidung tendenziell von der Anwen-

---

395 Zur aktiven Rolle des amerikanischen Verteidigungsministeriums im Standardisierungsprozeß vgl. z.B. Smith (1993a), (1993b); das amerikanische Verteidigungsministerium unterstützt die Diffusion des eigenen EDI-Regelwerkes »CALS« (computer-aided Acquisition and Logistics Support) zur Übertragung primär technischer Kommunikationsinhalte zwischen verschiedenen Militärs sowie mit Geschäftspartnern; es hat sich inzwischen eine Arbeitsgruppe (»NATO Harmonization Workshop«) gebildet, die die Harmonisierung verschiedener von Militärs eingesetzter Standards mit CALS einerseits und die Angleichung von CALS an ANSI X.12 und EDIFACT andererseits diskutieren, vgl. Smith (1993a), S. 4.

derzahl abkoppeln. Als Pionieranwender (first mover) von EDI tragen sie jedoch selbst zur Schaffung von Netzeffekten für andere bei. Der Netzeffektnutzen des dabei eingesetzten EDI-Regelwerkes wirkt vor allem auf die Unternehmen, für deren Informations- und Kommunikationsbedürfnisse es geeignet ist. Je spezialisierter ein EDI-Regelwerk ist, desto geringer ist die Zahl der Unternehmen, die daraus Netzeffektnutzen ziehen können. Besitzt ein Pionieranwender ausreichende Marktmacht, um abwartende Geschäftspartner zu einer vergleichsweise frühen Adoption zu bewegen, steigt zusätzlich die Wahrscheinlichkeit, die Start-up-Falle zu überwinden.

Eine weitere, bedeutende Möglichkeit zur Überwindung der Start-up-Falle und der Wechselproblematik besteht darin, durch entsprechende Informationspolitik positive Erwartungshaltungen zu bilden. Dazu tragen Ankündigungen über bevorstehende Adoptionsabsichten ebenso bei, wie Veröffentlichungen von allgemeinen Informationen über die Nutzungsmöglichkeiten von EDI und von Diffusionstrends. Die positive Beeinflussung von Erwartungshaltungen kann u.U. eine 'sich selbst erfüllende Prophezeiung' zur Folge haben.

Verschiedene Hinweise aus der Praxis bestätigen auch hier die gemachten Aussagen. Genauso wie beim Entwurf wäre bei der Diffusion von EDI-Regelwerken insbesondere in Deutschland eine stärkere Mitwirkung staatlicher Stellen und staatlich unterstützter Standardisierungsgremien notwendig, um durch verschiedene Maßnahmen die Diffusionschancen des EDIFACT-Regelwerkes zu erhöhen und damit die Dominanz spezialisierter EDI-Regelwerke zu brechen.

135

6 Gesamtzusammenfassung

EDI ist eine neue Form des unternehmensübergreifenden Datenaustauschs, bei der kommerzielle und technische Daten sowie allgemeine Geschäftsdokumente wie Texte, Abbildungen oder Grafiken in standardisierten Formaten zwischen Computern verschiedener Kommunikationspartner unter Anwendung elektronischer Kommunikationsverfahren mit der Möglichkeit der bruchlosen Weiterverarbeitung ausgetauscht werden.

EDI unterstützt eine unternehmensübergreifende Integration von Datenflüssen. Diese Kommunikationsform ermöglicht damit die Öffnung der bislang überwiegend auf den unternehmensinternen Bereich beschränkten Integrationsdiskussion auf den unternehmensübergreifenden Datenaustausch.

Den Engpaß für einen Einsatz von EDI stellen Regelungen dar, die syntaktische und semantische Kompatibilitätsabsprachen als Voraussetzung für eine bruchlose Weiterverarbeitung von EDI-Nachrichten umfassen. Solche Regelungen wurden als EDI-Regelwerke bezeichnet. Davon ist der Begriff EDI-Standard zu trennen. Er umfaßt ein EDI-Regelwerk, das aufgrund seiner Verbreitungszahl Netzeffektnutzen für Anwender stiftet. EDI-Standards ermöglichen offene Kommunikation.

Die Entstehung von EDI-Standards läßt sich in zwei Problembereiche untergliedern: in den Entwurf und die Diffusion von EDI-Regelwerken. Beide Bereiche enthalten unterschiedliche Bedingungen, die das individuelle Standardisierungsverhalten prägen.

Allgemein bietet EDI und ein damit verbundener Einsatz von EDI-Regelwerken verschiedene betriebswirtschaftliche Einsatzmöglichkeiten. Sie zeigen sich originär in Zeit- und Kostenersparnissen. Auf diesen Nutzenfaktoren basieren weitere derivative Nutzungsmöglichkeiten. Sie eröffnen strategische und organisatorische Gestaltungsoptionen.

Das Ausmaß, in dem ein einzelner Akteur bereit und in der Lage ist, diese prinzipiellen Möglichkeiten konkret zu nutzen, hängt von verschiedenen unternehmensbezogenen und marktlichen Merkmalen sowie von Eigenschaften geschäftlicher Beziehungen zu anderen Akteuren ab. Diese unterschiedlichen individuellen Nutzungsmöglichkeiten bedingen unterschiedliche Anreizstrukturen in bezug auf Entwurf und Adoption von EDI-Regelwerken. In grober Weise lassen sich daraus unterschiedliche Typen von Unternehmen mit jeweils charakteristischen Standardisierungspräferenzen bilden.

Je mehr EDI-Regelwerke den Charakter von öffentlichen Gütern annehmen, desto mehr eröffnet sich ein Spielraum für Trittbrettfahrerverhalten beim Entwurf von EDI-Regelwerken. Bei Unternehmen mit Netzeffektbedarf führt ein zu geringer Nutzen am Beginn der Diffusion zu einer abwartenden Haltung. Eine Adoption ist erst dann wahrscheinlich, wenn eine ausreichende Verbreitungszahl einen entsprechenden Netzeffektnutzen in Aussicht stellt. Darin besteht das Start-up-Problem bei der Diffusion von EDI-Regelwerken.

Es zeigt sich, daß Akteure unter bestimmten Voraussetzungen bereit sind, Ressourcen für den Entwurf von EDI-Regelwerken einzusetzen. Sie verhalten sich dann nicht als Trittbrettfahrer, wenn ausreichende Nutzenerwartungen die Entwurfskosten zu decken vermögen. Allerdings führt dieser Sachverhalt dazu, daß eine Vielzahl von mehr oder weniger spezialisierten EDI-Regelwerken entstehen kann und damit offene Kommunikation nur zwischen Anwendern desselben EDI-Regelwerkes möglich ist. Eher generalisierte EDI-Regelwerke wie das für eine weltweit offene EDI-Kommunikation konzipierte EDIFACT-Regelwerk entwickeln sich im Vergleich zu spezialisierten EDI-Regelwerken aus verschiedenen Gründen zeitlich erst später. Damit besitzt das EDIFACT-Regelwerk einen entscheidenden Nachteil hinsichtlich seiner Diffusion.

Das Start-up-Problem bei Diffusion von EDI-Regelwerken gilt nur in bezug auf potentielle Anwender mit Netzeffektbedarf. Deshalb zählen Akteure mit geringem Netzeffektbedarf zu den frühen Anwendern. Sie tragen damit aber ihrerseits zu steigendem Netzeffektnutzen für andere Akteure bei. Dadurch wird das Start-up-Problem entschärft. Vergleichbares läßt sich auch über das Problem des Wechsels eines EDI-Regelwerkes sagen. Zusätzlich spielen Erwartungshaltungen eine tragende Rolle im Diffusionsprozeß.

Verschiedene empirische Hinweise stützen die gemachten Aussagen und deuten gleichzeitig darauf hin, daß EDI zu einer tragenden Kommunikationsform in der wirtschaftlichen Welt werden dürfte, wenngleich eine Ausbreitung in allen Bereichen der Wirtschaft kaum zu erwarten ist. Die bislang noch dominierende Nutzung von spezialisierten EDI-Regelwerken dürfte in weiten Bereichen durch den Einsatz von EDIFACT abgelöst werden. Darauf deuten ebenfalls verschiedene empirische Hinweise hin. Ein stärkeres Engagement staatlicher Institutionen bei der Diffusion von EDIFACT könnte diesen Prozeß erleichtern bzw. beschleunigen. Eine weltweit offene EDI-Kommunikation, bei der bilaterale Kompatibilitätsabsprachen minimiert werden, rückt damit näher.

Literaturverzeichnis

Addor, P. (1992), Neue Kompetenzen durch neue Verbindungen: Organisatorische Implikationen standardisierter Kommunikation, in: gdi impuls, 2/1992, S. 64-70

Anner, R. (1990), Kommunikation mit EDI-Partnern - Nutzung Öffentlicher Netze und Mehrwertdienste, in: EWI (Hrsg. 1990), S. 115-126

Andersen, R., Masson, D.J. (1989), The State of Canadian EDI: 1989, in: EDI FORUM, Vol.2, 1989 issue, S. 174-178

Antonelli, C. (Hrsg. 1992), The Economics of Information Networks, Amsterdam 1992

Antonelli, C. (1992), The Economic Theory of Information Networks, in: Antonelli (Hrsg. 1992), S. 5-27

Appelt, W. (1989), Normen im Bereich der Dokumentverarbeitung, in: Informatik Spektrum, 12/1989, S. 321-330

Appelt, W. (1990), Dokumentaustausch in Offenen Systemen - Einführung in die ISO-Norm 8613: Office Document Architecture (ODA) and Interchange Format, Berlin et al. 1990

Arnold, V. (1992), Theorie der Kollektivgüter, München 1992

Atkinson, M., Kilby, D., Roca, J. (1988), Foundations of General Linguistics, 2.Aufl., London et al. 1988

Bain, J.S. (1968), Industrial Organization, New York 1968

Bamberg, G., Coenenberg, A.G. (1991), Betriebswirtschaftliche Entscheidungslehre, 6. Aufl., München 1991

Barnes, J.A. (1969a), Networks and Political Process, in: Mitchell, J.C. (Hrsg 1969), S. 51-76

Barnes, J.A. (1969b), Graph Theory and Social Networks, in: Sociology, Vol.3, 1969, S.275-232

Bartsch, M. (1987), Das DIN Deutsches Institut für Normung e.V. als marktbeherrschendes Unternehmen i.S.v. § 22 GWB, Braunschweig 1987

Baur, C. (1990), Make-or-Buy-Entscheidungen in einem Unternehmen der Automobilindustrie: empirische Analyse und Gestaltung der Fertigungstiefe aus transaktionskostentheoretischer Sicht, München 1990

Beck, U. (1990), Krisenmanagement versus Strategische Frühaufklärung, Ansatzpunkte für Public Relations, München 1990

Beger, R., Gärtner, H.-D., Mathes, R. (1989), Unternehmenskommunikation: Grundlagen, Strategien, Instrumente, Wiesbaden 1989

Benjamin, R.I., Malone, T.W., Yates, J.A. (1986), Electronic Markets and Electronic Hierarchies: Effects of Information Technology, Market Structures and Corporate Strategies, Working Paper (90s:86017), Managements in the 1990s MIT, Cambridge MA, 1986

Berge, J. (1989), EDIFACT - a technical introduction, in: Gifkins, M. (Hrsg. 1989), S. 64-78

Berge, J. (1991), The EDIFACT standards, Oxford 1991

Besen, S.M., Farrell, J. (1994), Choosing How to Compete: Strategies and Tactics in Standardization, in: Journal of Economic Perspectives, Vol. 8, Nr. 4, Spring 1994, S. 117-131

Besen, S.M., Saloner, G. (1988), Compatibility Standards and the Market for Telecommunications Services, Rand Corporation Paper P-7393, Management in the 1990s, Sloan School of Management, Massachusetts Institute of Technology, May 1988

Bierschenk, M. (1990), EDI-Anwendungspraxis: VDA-ODETTE-EDIFACT, in: EWI (Hrsg. 1990), S. 21-26

Bitz, M. (1981), Entscheidungstheorie, München 1981

Bitz, M., Dellmann, K., Domsch, M., Egner, H. (Hrsg. 1990), Vahlens Kompendium der Betriebswirtschaftslehre, 2., überarb. u. erw. Aufl., München 1990

Blankart, Ch. B., Knieps, G. (1993), State and standards, in: Public Choice 77/1993, S. 39-52

Blenheim Heckmann GmbH (Hrsg. 1990), EDI '90, Deutscher Kongreß für elektronischen Datenaustausch, Unterlagen zu Kongreß in Berlin am 27./28.11.1990, Wiesbaden 1990

Braunstein, Y.M., White, L.J. (1985), Setting technical compatibility standards: an economic analysis, in: The Antitrust Bulletin, Vol. 30, Summer 1985

Brown, L.A. (1981), Innovation Diffusion - A New Perspective, London, New York 1981

Buchanan, J., Tullock, G. (1962), The Calculus of Consent, Ann Arbor 1962

Büchner, W. (1990), Rechtsfragen des elektronischen Geschäftsverkehrs, in: DEC (Hrsg. 1990)

Buchmann, T. (1990), Einführung in das EDIFACT-Regelwerk: EDIFACT-Entwicklung, EDIFACT-Ergebnisse, in: DIN Deutsches Institut für Normung e.V. Normenausschuß Bürowesen (NBü) (Hrsg. 1990), S.2-1 - 2-20.

Bullinger, H.-J., Wasserloos, G. (1992), Innovative Unternehmensstrukturen - Paradigmen des schlanken Unternehmens, in: Office Management, 1-2/1992, S. 6-14

Burger-Balogh, I. (1990), Erfahrungsbericht aus der Elektroindustrie, in: Blenheim Heckmann GmbH (Hrsg. 1990), S. 116-124

Casson, M. (1990), Enterprise and Competitiveness, Oxford 1990

Carnap, R. (1946), Introduction to Semantics, Cambridge/Mass. 1946

Carnap, R. (1959), Induktive Logik und Wahrscheinlichkeit, Wien 1959

Cherry, C. (1963), Kommunikationsforschung - eine neue Wissenschaft, Hamburg 1963

Christiann, H.-J. (1990), Die Evolution von EDI zu EDIFACT, in: EWI (Hrsg. 1990), S. 7-19

Claassen, E.-M. (1988), Ökonomische Aspekte gesellschaftlicher Probleme, in: Bender, D. et.al., Vahlens Kompendium der Wirtschaftstheorie und Wirtschaftspolitik, Bd.2, 3.überarb. u. erw. Aufl., München 1988, S. 118-153

Clemens, R. (1985), Die elektronische Willenserklärung - Chancen und Gefahren, in: Neue Juristische Wochenschrift, Heft 34, 1985, S. 1998-2005

Coleman, J., Menzel, H., Katz, E. (1966), Medical Innovation: A Diffusion Study, New York, 1966

Dear, A. (1988), Working Towards Just in Time, New York 1988

DEC (Hrsg. 1990), EDI-Symposium, Unterlagen zu EDI-Kongreß in München, 14.-16.2.1990

Delahaie, H. (1990), EDI in France, in: EDI FORUM, Vol.3, 1990 issue, S. 135-142

Dereppe, X.V. (1990), RINET - Einführung von EDI im Versicherungswesen, in: Blenheim Heckmann GmbH (Hrsg. 1990), S. 289-319

Dietl, H. (1991), Institutionen und Zeit, München 1991

DIN Deutsches Institut für Normung e.V. Normenausschuß Bürowesen (NBü) (Hrsg. 1990), UN/EDIFACT - Elektronischer Datenaustausch für Verwaltung, Wirtschaft und Transport der Vereinten Nationen, Tagungsband einer Tagung in München-Perlach, am 15./16.Oktober 1990

DIN Deutsches Institut für Normung e.V. (1993), Verzeichnis des DIN/EDIFACT-Regelwerkes, hrsg. v. DIN Deutsches Institut für Normung e.V. (NBü), Berlin 1993

Dybvig, Ph.H., Spatt, Ch.S. (1983), Adoption externalities as public goods, in: Journal of Public Economics, 20/1983, S. 231-247

Dyllick, Th. (1989), Management der Umweltbeziehungen: öffentliche Auseinandersetzungen als Herausforderung, Wiesbaden 1989

Emmelhainz, M.A. (1990), Electronic Data Interchange: A Total Management Guide, New York 1990

Ein-Dor, P., Segev, E. (1978), Organizational Context and the Sucess of Management Information Systems, in: Management Science 24, No.10/1978, S. 1064-1077

141

Engberg, B.C. (1990), Erfahrungsberichte aus den Branchen, Konsumgüterindustrie, in: Blenheim Heckmann GmbH (Hrsg. 1990), S. 125-130

Esser, W.-M., Ringlstetter, M. (1991), Die Rolle der Wertschöpfungskette in der strategischen Planung, in: Kirsch, W. (Hrsg. 1991), S. 511-538

Etzkorn, J. (1991), Rechtsfragen des internationalen elektronischen Zahlungsverkehr durch S.W.I.F.T., Berlin 1991

EWI (Hrsg. 1990), Electronic Data Interchange, EDI 90 - Elektronischer Geschäftsverkehr mit EDIFACT: Perspektiven, Anwendungspraxis, Erfahrungen, Kongreßunterlagen, herausgegeben von EWI - Gesellschaft für Europäische Wirtschaftsinformation mbH, Starnberg 1990

Fangmann, H. (1988), Verfassungsrechtliche Rahmenbedingungen der Telekommunikation, in: Recht der Datenverarbeitung, 4. Jhg., Heft 2, 1988, S. 53-62

Farrell, J., Saloner, G. (1985a), Economic Issues in Standardization, Working Paper Department of Economics, No. 393, Massachusetts Institute of Technology, 1985

Farrell, J., Saloner, G. (1985b), Standardization, Compatibility and Innovation, in: Rand Journal of Economics, 16, Spring 1985, S. 70-83

Farrell, J., Saloner, G. (1986), Installed Base and Compatibility: Innovation, Product Preannouncement and Predation, in: American Economic Review, Vol. 76, No. 5, S. 940-955

Farrell, J., Saloner, G. (1987), Competition, Compatibility and Standards: The Economics of Horses, Penguins and Lemmings, in: Landis Gabel (Hrsg. 1987), S. 1-21

Felderer, B., Homburg, S. (1985), Makroökonomik und neue Makroökonomik, Berlin et al. 1985

Fischbacher, A. (1986), Strategisches Management der Informationsverarbeitung, München 1986

Franck, R. (1986), Rechnernetze und Datenkommunikation, Berlin 1986

Frank, U. (1991), Anwendungsnahe Standards der Datenverarbeitung: Anforderungen und Potentiale, in: Wirtschaftsinformatik, Heft 2, April 1991, S. 100-111

Gahl, A. (1991), Die Konzeption strategischer Allianzen, Berlin 1991

Gahl, A. Backhaus, K. (Hrsg. 1989), Strategische Allianzen, Münster 1989

Georg, Th., Nommensen, O. (1993), Standardisierter Elektronischer Datenaustausch - Ein Anforderungs-profil für ein Erweitertes Konvertersystem, Fachbericht Nr. 93/01, hrsg. v. Hasenkamp, U., Phillips-Universität Marburg

Ghoshal, S., Bartlett, Ch.A. (1990), The Multinational Corporation as an Interorganizational Network, in: Academy of Management Review, Vol.15, Nr.4 1990, S. 603-625

Gifkins, M. (Hrsg. 1989), EDI Technology, London 1989

Gifkins, M., Hitchcock, D. (Hrsg. 1988), The EDI Handbook: Trading in the 1990s, London 1988

Glanz, A. (1990), Kann der Anwender mit Standards rechnen?, in: On-line 5/1990, S. 24-30

Gora, W. (1991), Europäische Gemeinschaft: Normen werden Standards, in: Diebold Management Report, Nr.4, 1991, S. 7-14

Grabowski, H., Anderl, R. (1990), Produktdatenaustausch und CAD-Normteile, Ehningen/Böblingen 1990

Granovetter, M. (1985), Economic Action and Social Structure: The Problem of Embeddedness, in: American Journal of Sociology, Vol.91, Nr.3, Nov.1985, S. 481-510

Grochla, E. (Hrsg. 1980), Handwörterbuch der Organisation, 2. Aufl., Stuttgart 1980

Grunig, J.E., Hunt, T. (1984), Managing Public Relations, New York 1984

Hagedoorn, J. (1989), The Dynamic Analysis of Innovation and Diffusion, London 1989

Hamer, E. (1988), Zulieferdiskriminierung, München 1988

Hanisch, G. (1990), Ein Einführungsbericht zu EDI aus der Chemischen Industrie, in: Blenheim Heckmann GmbH (Hrsg. 1990), S. 99-106

Hansen, H.R. (1987), Wirtschaftsinformatik I, 5.Aufl., berichtigter Nachdruck, Stuttgart 1987

Hartley, J., Mortimer, J. (1991), EDI - The route to lean production, Dunstable 1991

Hartzheim, H. (1990), EDI-Anwendungspraxis: Elektronischer Datenaustausch in der Automobilindustrie - EDI in einem multinationalen Konzern: Ford of Europe, in: EWI (Hrsg. 1990), S. 205-220

Hauke, P. (1984), Informationsverarbeitungsprozesse und Informationsbewertung, München 1984

Heinen, E. (1982), Einführung in die Betriebswirtschaftslehre, 8. durchges. Aufl., Wiesbaden 1982

Heinen, E. (Hrsg. 1991), Industriebetriebslehre, Entscheidungen im Industriebetrieb, 9. vollst. neu bearb. u. erw. Aufl., Wiesbaden 1991

Hinterhuber, H.H. (1975), Normung, Typung und Standardisierung, in: Handwörterbuch der Betriebswirtschaft, (HWB), 4.Aufl., Bd.I/2, Stuttgart 1975, Sp. 2776-2782

Helten, E., Karten, E. (1984), Das Risiko und seine Kalkulation (Teile I-III), in: Müller, H.-L., Schmidt, R. (Hrsg. 1987), S. 1-151

Horváth,   P. (Hrsg. 1988), Wirtschaftlichkeit   neuer   Produktions-   und Informationstechnologien, Stuttgart 1988

Hubmann, E. (1989), Elektronisierung von Beschaffungsmärkten und Beschaffungshierarchien: Informationsverarbeitung im Beschaffungsmanagement unter dem Einfluß neuer Informations- und Kommunikationstechniken, München 1989

Institut der Deutschen Wirtschaft (Hrsg. 1993), Zahlen zur wirtschaftlichen Entwicklung der Bundesrepublik Deutschland, Köln 1993

Iwasaki, Y. (1991), EDI in Japan, in: EDI FORUM, Vol.4, 1991, S. 262-265

Jäger-von Ehrenstein, B. (1991), Rückstellungen für drohende Verluste aus schwebenden Geschäften in den Bilanzen von Versicherungsunternehmen, Wiesbaden 1991

Jarillo, J.C. (1988), On Strategic Networks, in: Strategic Management Journal, Vol.9 1988, S. 31-41

Jarillo, J.C., Ricart, J.E. (1987), Sustaining Networks, in: Interfaces, Vol.17, Nr.5 1987, S. 82-91

Jenkins, G.R. (1991), The History of Canadian EDI, in: EDI FORUM, Vol.4, 1991, S. 197-200

Jueterbock, D. (1990), Die Banken und ihre Schlüsselrolle im EDIFACT-Konzept, in: EWI (Hrsg. 1990), S. 173-204

Kaas, K.P. (1973), Diffusion und Marketing. Das Konsumverhalten bei der Einführung neuer Produkte, Stuttgart 1973

Kaiser, W. (Hrsg. 1992), Vision 2000: The Evolution of Information and Communication Technology for the Information Society, Proceedings of the eighth German/Japanese Symposium of Information Society, München 12-12 Oktober 1992

Kappler, E., Rehkugler, H. (1991), Kapitalwirtschaft, in: Heinen (Hrsg. 1991), S. 897-1068

Karger, J. (1988), ODA: Dokumentenaustausch überwindet Systemgrenzen,in: Office Management 12/88, S. 32-35

Katz, M.L., Shapiro, C. (1985), Network Externalities, Competition, and Compatibility, in: American Economic Review, Vol.75, Nr.3/1985, S. 424-439

Katz, M.L., Shapiro, C. (1986), Product Compatibility Choice in a Market with Technological Progress, in: Oxford Economic Papers, 38/1986, S. 146-165

144

Katz, M.L., Shapiro, C. (1994), Systems Competition and Network Effects, in: Journal of Economic Perspectives, Vol. 8, Nr. 2, Spring 1994, S. 93-115

Kiener, S. (1990), Die Principal-Agent-Theorie aus informationsökonomischer Sicht, Heidelberg 1990

Kilian, W., Picot, A., Neuburger, R., Niggl, J., Scholtes, K.-L., Seiler, W. (1994), noch unveröffentliche Fassung des Endberichts zum Forschungsprojekt »Elektronische Transaktionen von Dokumenten zwischen Organisationen (ELTRADO)«

Kimmberley, P. (1991), Electronic Data Interchange, New York et al. 1991

Kirchgässner, G. (1991), Homo oeconomicus: das ökonomische Modell individuellen Verhaltens und seine Anwendung in den Wirtschafts- und Sozialwissenschaften, Tübingen 1991

Kirsch, W. (1976), Organisatorische Führungssysteme, München 1976

Kirsch, W. (1977), Einführung in die Theorie der Entscheidungsprozesse, 3 Bde., 2.Aufl., Wiesbaden 1977

Kirsch, W. (1988), Die Handhabung von Entscheidungsproblemen. Einführung in die Theorie der Entscheidungsprozesse, München 1988

Kirsch, W. (Hrsg. 1991), Beiträge zum Management strategischer Programme, München 1991

Kirsch, W. (1991), Unternehmenspolitik und strategische Unternehmensführung, 2.Aufl., München 1991

Kirsch, W., Knyphausen, D. zu, Ringlstetter, M. (1989), Grundidee und Entwicklungstendenzen im Strategischen Management, in: Rieckhof, H.-Chr. (Hrsg. 1989), S. 5-21

Kirsch, W., Trux, W. (1981), Perspektiven eines strategischen Managements, in: Kirsch, W. (Hrsg. 1981), S. 290-396

Kirzner, J.M. (1978), Wettbewerb und Unternehmertum, Tübingen 1978

Kindleburger, C.P. (1983), Standards as Public, Collectiv and private Goods, 36 Kyklos 1983, S. 377-397

Kleinaltenkamp, M. (Hrsg. 1990), Standardisierungsprozesse - Beispielhafte Standardisierungsprozesse aus den Bereichen der Konsum- und Mikroelektronik sowie der rechnerintegrierten Fertigung, Sonderforschungsbereich 187 »Neue Informationstechnologien und flexible Arbeitssysteme: Entwicklung und Bewertung von CIM-Systemen auf der Basis teilautonomer flexibler Fertigungsstrukturen, Arbeitspapier 1990

145

Kleinaltenkamp, M. (1990a), Der Einfluß der Normung und Standardisierung auf die Diffusion technischer Innovationen, Zwischenbericht des Teilprojekts K-2 »Die Bedeutung von Standards für die Diffusion teilautonomer flexibler Fertigungsstrukturen« des Sonderforschungsbereichs 187, Ruhr-Universität Bochum 1990

Kleinaltenkamp, M. (1990b), Analyse der beschriebenen Standardisierungsprozesse, in: Kleinaltenkamp, (Hrsg. 1990), S. 30-41

Kleinaltenkamp, M. (1993), Standardisierung und Marktpro-zeß - Entwicklungen und Auswirkungen im CIM-Bereich, Wiesbaden 1993

Knieps, G., Müller, J., v. Weizsäcker, C.Ch. (1981), Die Rolle des Wettbewerbs im Fernmeldebereich, Baden-Baden 1981

Kogut, B. (1984), Normative Observations on the International Value Added Chain and Strategic Groups: in: Journal of International Business Studies, 3/1984, S. 151-167

Kohl, H. (1988), Telematikdienste im Zivilrecht: Rechtsgeschäfte - allgemeine Geschäftsbedingungen - unlauterer Wettbewerb und Urheberrecht, in: Scherer (Hrsg. 1988), S. 91-110

Krähn, J. (1993), Rechtliche Rahmenbedingungen eines Electronic Data Interchange: eine institutionenökonomische Analyse, München 1993

Kramer, R. (1969), Informationswege, in: Grochla, E. (Hrsg. 1969), Handwörterbuch der Organisation, Stuttgart 1969, Sp. 714-720

Kreikebaum, H. (1990), Standardization, in: Handbook of German Business Management, Vol.2, Berlin 1990, Sp. 2249-2258

Krembsler, R. (1990), Kommunikation mit EDI-Partnern - Kriterien für die Auswahl von Netzen und Diensten, in: EWI (Hrsg. 1990), S. 89-103

Krönert, G. (1989), ODA, der Schritt zur Anwendung: Basisnorm, in: On-line '89, 12. europäische Kongreßmesse für Technische Kommunikation, 30.1.-3.2.1989 in Hamburg, S. VII-19-1 - VII-19-15

Kupsch, P.U., Marr, R., Picot, A. (1991), Innovationswirtschaft, in: Heinen (Hrsg. 1991), S. 1069-1156

Landis Gabel, H. (Hrsg. 1987), Product Standardization and Competitive Strategy, North-Holland 1987

Landis Gabel, H. (1991), Competitive Strategies for Product Standards, London 1991

Leder, M. (1989), Innovationsmanagement. Ein Überblick, in: ZfB, Ergänzungsheft 1, Innovationsmanagement - Theorie und Praxis im Kulturvergleich, 1989, S. 1-54

Lee, E. (1988), Selecting Communications Services, in: Gifkins/Hitchcock (Hrsg. 1988), S. 156-164

Lehner, F. (1981), Einführung in die Neue Politische Ökonomie, Meisenheim 1981

Leibenstein, H. (1950), Bandwagon, Snob and Veblen Effects in the Theory of Consumers' Demand, in: Quarterly Journal of Economics, Bd.64, Nr.2, 1950, S. 183-207

Lewis, J.D. (1991), Strategische Allianzen, Frankfurt 1991

Liebowitz, S.J., Margolis, S.E. (1990), The Fable of the Keys, in: The Journal of Law and Economics, Vol. XXXIII(1), April 1990, S. 1-25

Liebowitz, S.J., Margolis, S.E. (1994), Network Externality: An Uncommon Tragedy, in: Journal of Economic Perspectives, Vol. 8, Nr. 2, Spring 1994, S. 133-150

Lindblom, C.E. (1965), The Intelligence of Democracy, New York/London 1965

Lucas, R.E., Sargent, T.J. (1981), Rational Expectations and Econometric Practise, 2 Bde., Minneapolis 1981

Macdonald, S. (1992), Information Networks and the Exchange of Information, in: Antonelli (Hrsg. 1992), S. 51-69

Mag, W. (1980), Kommunikation, in: Grochla, E. (Hrsg. 1980), Sp. 1031-1040

Mag, W. (1990), Grundzüge der Entscheidungstheorie, München 1990

Marr, R., Picot, A. (1991), Absatzwirtschaft, in: Heinen (Hrsg. 1991), S. 623-728

Masson, D.J. (1991), The State of U.S. EDI: 1990, in: EDI FORUM, Vol.4, 1991 issue, No.1, S. 17-25

Masson, D.J., Hill, N.C. (1989), The State of U.S. EDI: 1989, in: EDI FORUM, Vol.2, 1989 issue, S. 15-24

Matutes, C., Regibeau, P. (1987), Standardization in Multi-Component Industries, in: Landis Gabel (Hrsg. 1987), S. 23-28

McGuffog, T. (1988), Message Standards for EDI, in: Gifkins/Hitchcock (Hrsg. 1988), S. 40-55

Mertens, P. (1985), Zwischenbetriebliche Integration der EDV, in: Informatik Spektrum, Band 8, Heft 2 1985, S. 81-90

Mertens, P., Bodendorf, F., König, W., Picot, A., Schumann, M. (1991), Grundzüge der Wirtschaftsinformatik, Heidelberg 1991

Michaelis, E. (1985), Organisation unternehmerischer Aufgaben - Transaktionskosten als Beurteilungskriterium, Frankfurt a.M. et al. 1985

Miles, R.E., Snow, Ch.C. (1978), Organizational Strategy, Structure and Process, New York u.a. 1978

Miles, R.E., Snow, Ch.C. (1986), Network Organizations: New Concepts for New Forms, in: The McKinsey Quarterly, Autumn 1986, S. 53-66

Mitchell, J.C. (Hrsg. 1969), Social Networks in Urban Situations, Manchester 1969

Morris, Ch.W. (1938), Foundation of the Theory of Signs, in: Neurath, O., Carnap, R., Morris, Ch.W. (Hrsg. 1938), International Encyclopedia of Unified Science, Bd.1, Nr.2, Chicago 1938, S. 77-138

Morris, Ch.W. (1973), Zeichen, Sprache und Verhalten, Düsseldorf 1973

Müller, H.-L., Schmidt, R. (Hrsg. 1984), Versicherungswirtschaftliches Studienwerk, Studienhefte 21-23, Wiesbaden 1984)

Mund/Bohle (1989), Stand und Perspektiven für den firmenübergreifenden Austausch von Produktdaten, Vortrag auf der ACTIS-Tagung am 31.5./1.6.1989 in Frankfurt a.M.

Musgrave, R.A. (1969), Provision for social goods, in: Margolis, J., Guitton, H. (Hrsg.), Public economies: An analysis of public production and consumption and their relations to the private sectors, London, Basingstoke, 1969, S. 124-144

Muth, J. (1961), Rational Expectations and the Theory of Price Movements, in: Econometrica 29, 1961, S. 315-335

Nagel, B., Riess, B., Theis, G. (1989), Der faktische Just-in-Time-Konzern - Unternehmensübergreifende Rationalisierungskonzepte und Konzernrecht am Beispiel der Automobilindustrie, in: Der Betrieb, Vol.42, H.30, S. 1505-1511

National Standards Policy Advisory Commitee (1979), National Policy on Standards for the United States, Washington 1979

Neuburger, R. (1994), Electronic Data Interchange – Einsatzmöglichkeiten und ökonomische Auswirkungen, Wiesbaden 1994

Neurath, O., Carnap, R., Morris, Ch.W. (Hrsg. 1938), International Encyclopedia of Unified Science, Bd.1, Nr.2, Chicago 1938

Ochsenbauer, Chr. (1989), Organisatorische Alternativen zur Hierarchie, München 1989

OECD (1991), Information Technology Standards: The Economic Dimension, Paris 1991

Oliver, C. (1990), Determinants of Interorganizational Relationships: Integration and Future Directions, in: Academy of Management Review, Vol.15, Nr.2 1990, S. 241-265

Olson, M. (1992), Die Logik des kollektiven Handelns, 3.Aufl., Tübingen 1992

Ordelheide, D., Rudolph, B., Büsselmann, E., (Hrsg. 1991), Betriebswirtschaftslehre und ökonomische Theorie, Stuttgart 1991

O.V. (1989), Konjunktur für Mehrwertdienste, in: Diebold Management Report, Nr. 4, 1989, S. 4-10

O.V. (1993), Bayerisches Oberlandesgericht konstatiert: Ein Fax-Senderbericht hat keine Beweiskraft, in: Süddeutsche Zeitung, Nr. 218, 21.9.1993, S. 37

Palmer, D. (1988), The enabling factors for EDI, in: Gifkins/Hitchcock (Hrsg. 1988), S. 165-174

Parfett, M. (1992), What is EDI? A Guide to Electronic Data Interchange, 2.Aufl., Oxford 1992

Patentgesetz (1981), Patentgesetz in der Fassung der Bekanntmachung vom 16.12.1980 (BGBL. 1981), geändert durch das Gesetz zur Änderung des Gebrauchsmustergesetzes vom 15.8.1986 (BGBL. I1446) und Gesetz zur Änderung von Kostengesetzen vom 9.12.1986 (BGBL. IS.2326)

Perridon, L., Steiner, M. (1991), Finanzwirtschaft der Unternehmung, 6.Aufl., München 1991

Pfeiffer, G. (1989), Kompatibilität und Markt: Ansätze zu einer ökonomischen Theorie der Standardisierung, 1.Aufl., Baden-Baden 1989

Pfeiffer, H.K.C. (1992), The Diffusion of Electronic Data Interchange, Heidelberg 1992

Pfohl, H.-Chr., Braun, G.E. (1981), Entscheidungstheorie: normative und deskriptive Grundlagen des Entscheidens, Landsberg a. Lech 1981

Picot, A. (1982), Transaktionskostenansatz in der Organisationstheorie: Stand der Diskussion und Aussagewert, in: Die Betriebswirtschaft, 42. Jg. 1982, S. 267-284

Picot, A. (1988a), Strategisches Informationsmanagement, in: Siemens-Magazin COM, 3/1988, S. 10-15

Picot, A. (1988b), Produktionsfaktor Nr. 1: Information, in: Siemens-Zeitschrift, 4/1988, S. 4-7

Picot, A. (1990), Organisation, in: Bitz/Dellmann/Domsch/Egner (Hrsg. 1990), S. 99-163

Picot, A. (1991), Ökonomische Theorien der Organisation - Ein Überblick über neuere Ansätze und deren betriebswirtschaftliches Anwendungspotential, in: Ordelheide, D., Rudolph, B., Büsselmann, E. (Hrsg. 1991), S. 143-170

Picot, A. (1992a), Structures of Industrial Organization, in: Kaiser, W. (Hrsg. 1992), S. 278-293

Picot, A. (1992b), Outsourcing-, Eigen-, Fremd- und kooperative Erstellung von Leistungen - moderne Grundlagen für Make-or-Buy-Entscheidungen, Vortrag auf dem DECollege, 19.3.1992 in Berlin

Picot, A., Dietl, H. (1990), Transaktionskostentheorie, in: Wirtschaft und Studium (WiSt), Heft 4/1990, S. 178-184

Picot, A., Franck, E. (1988), Die Planung der Unternehmensressource Information (I), in: WISU, 10/1988, S. 544-549

Picot, A., Laub, U.-D., Schneider, D. (1989), Innovative Unternehmensgründungen, Eine ökonomisch-empirische Analyse, Berlin u.a. 1989

Picot, A., Neuburger, R., Niggl, J. (1991), Ökonomische Perspektiven eines »Electronic Data Interchange«, in: Information Management, 2/1991, S. 22-29

Picot, A., Neuburger, R., Niggl, J. (1992a), Wirtschaftlichkeit von EDI, in: Office Management, 6/1992, S. 38-41

Picot, A., Neuburger, R., Niggl, J. (1992b), Erfolgsdeterminanten von EDI: Strategie und Organisation, in: Office Management, 7-8/1992, S. 50-54

Picot, A., Neuburger, R., Niggl, J. (1993), Electronic Data Interchange (EDI) und Lean Management, in: Zeitschrift für Führung und Organisation (zfo), 1/1993, S. 20-25

Picot, A., Reichwald, R. (1987), Bürokommunikation - Leitsätze für den Anwender, 3.Aufl., München 1987

Picot, A., Reichwald, R. (1991), Informationswirtschaft, in: Heinen (Hrsg., 1991), S. 241-393

Picot, A., Reichwald, R., Behrbohm, P. (1985), Das Vier-Ebenen-Modell der Wirtschaftlichkeitsbeurteilung, Schriftenreihe Wirtschaftlichkeitsbeurteilung des RKW, Eschborn 1985

Porter, M.E. (1986), Wettbewerbsvorteile, Frankfurt/Main, New York 1986

Porter, M.E. (1988), Wettbewerbsstrategie, Methoden zur Analyse von Branchen und Konkurrenten, 5.Aufl., Frankfurt/Main, New York 1988

Preston, M. (1988), What is EDI?, Manchester 1988

Rehkugler, H., Schindler, V. (1989), Entscheidungstheorie: Klärung und Gestaltung betrieblicher Entscheidungen, 4.Aufl., München 1989

Reichwald, R. (1990), Kommunikation, in: Bitz/Dellmann/Domsch/Egner (Hrsg. 1990), S. 413-459

Rieckhof, H.-Chr. (Hrsg. 1989), Strategienentwicklung - Konzepte und Erfahrungen, Stuttgart 1989

Rösch, E. (1991), EDIFACT, in: CIM-Management 4/91, S. 23-27

Rogers, E.M. (1983), Diffusion of Innovation, 3. Aufl., New York, London 1983

Rohlfs, J. (1974), A Theory of Interdependent Demand for a Communications Service, in: Bell Journal of Economics, Bd.5/1974, S. 16-37

Rosenberg, H.-J. (1990a), EDIFACT - der Weg von der Bürokommunikation zum elektronischen Geschäftsdatenaustausch, in: Sonderdruck aus DIN-Mitteilungen + elektronorm 69, Nr. 7, S. 337 bis 371, S. 1-8, Berlin 1990

Rosenberg, H.-J. (1990b), Dienste des DIN zur Unterstützung der EDIFACT-Nachrichtenentwicklung und -anwendung, in: DIN Deutsches Institut für Normung e.V. Normenausschuß Bürowesen (NBü) (Hrsg. 1990), S. 14-1 - 14-5

Rosenthal, R., Jacobson, L, (1974), Pygmalion im Unterricht, Weinheim, Basel 1974

Ruland, Ch. (1990), Vertrauenswürdigkeit und Vertraulichkeit elektronischer Dokumente, in: DEC (Hrsg. 1990), München 1990

Sälter, P.M. (1989), Externe Effekte: »Marktversagen« oder Systemmerkmal?, Heidelberg 1989

Samuelson, P.A. (1969), Evaluation of real national income, in: Arrow, K.J., Scitovsky, T. (Hrsg.), Readings in Welfare Economics, London 1969, S. 402-433.

Sarich, A. (1990), Electronic Data Interchange and paperless trade: the implementation guide, 3.Aufl., London 1990

Sauter, F. (1985), Transaktionskostentheorie der Organisation, München 1985

Scheer, A.-W., Berkau, C., Kruse, C. (1991), Analyse der Umsetzung einer EDI-Konzeption am Beispiel der Beschaffungslogistik in der Automobilzulieferindustrie, in: Information Management, 2/1991, S. 30-37

Scheer, A.-W. (1988), CIM - Der computergesteuerte Industriebetrieb, 3. u. erw. Aufl., Berlin et al. 1988

Scheer, A.-W. (1991), Architektur integrierter Informationssysteme, Berlin 1991

Schenk, M. (1984), Soziale Netzwerke und Kommunikation, Tübingen 1984

Scherer, J. (Hrsg. 1988), Telekommunikation und Wirtschaftsrecht, Köln 1988

Schlechtendahl, E.G. (1991), Das aktuelle Schlagwort - STEP/EXPRESS/STEP-Datei, in: Informatik-Spektrum (1991), S. 104-106

Schmid, M., Zbornik, S. (1992), Elektronische Märkte auf der Basis offener Kommunikationssysteme, in: io-Management Zeitschrift, 2/1992

Schneider D. (1988), Zur Entstehung innovativer Unternehmen, eine ökonomisch-theoretische Perspektive, München 1988

Schürenkrämer, U. (1987), Technologiebewertung des internen Datennetzes der Kreditinstitute: SWIFT in Prognose und Realität, Berlin 1987

Schumann, M. (1990), Abschätzungen von Nutzeffekten zwischenbetrieblicher Informationsverarbeitung, Vortrag auf einer Tagung der Wissenschaftlichen Kommission Wirtschaftsinformatik, Nürnberg, März 1990

Schumann, M. (1992), Betriebliche Nutzeffekte und Strategiebeiträge der großintegrierten Informationsverarbeitung, Berlin et al. 1992

Sedran, Th. (1991), Wettbewerbsvorteile durch EDI?, in: Information Management, 2/91, S. 16-21

Shannon, C.E. (1948), Mathematical Theory of Communication, in: Bell System Technical Journal 27, 1948, S. 379-423 u. 623-656

Shannon, C.E., Weaver, W. (1949), The Mathematical Theory of Communication, Urbana 1949

Sieben, G., Schildbach, T. (1990), Betriebswirtschaftliche Entscheidungstheorie, Düsseldorf 1990

Sirbu, M.A., Estrin, D.L. (1989), Standards, in: International Encyclopedia of Communication, 1989, S. 173-176

Sirbu, M., Stewart, S. (1985), Market Structure and the Emergence of Standards: A Test in the Modem Market, Conference Paper presented at the 13th Annual Telecommunications Policy Research Conference, Airlie Virginia, 1985

Smith, J.M. (1993a), Computer-aided Acquisition and Logistics Support - CALS, in: ELEDIS Journal, Nr. 25, March 1993, S. 4-5

Smith, J.M. (1993b), Computer-aided Acquisition and Logistics Support - CALS, in: ELEDIS Journal, Nr. 26, April 1993, S. 4-5

Software AG (Hrsg. 1992), EDI, Kongreß der Software AG - Akademie, Kongreßunterlagen, Wiesbaden 1992

Sokol, Ph.K. (1989), EDI - the Competitive Edge, New York 1989

Speidel, V. (1990), EDI beim Transport über die Deutschen Seehäfen, in: EWI (Hrsg. 1990), S. 167-177

Stahlknecht, P. (1991), Einführung in Wirtschaftsinformatik, 5.Aufl, Berlin, Heidelberg 1991

Statistisches Bundesamt (1979), Systematik der Wirtschaftszweige mit Erläuterungen, Wiesbaden 1979

Sydow, J. (1992), Strategische Netzwerke, Evolution und Organisation, Wiesbaden 1992

Tanenbaum, A.S. (1989), Computer Networks, London 1989

Thomas, H. (1990), Europäische Initiative der EG-Kommission zu EDIFACT - Projekt TEDIS, in: DIN Deutsches Institut für Normung e.V. Normenausschuß Bürowesen (NBü) (Hrsg. 1990), S. 15-1 - 15-18

Thorelli, H.B. (1986), Networks: Between Markets and Hierarchies, in: Strategic Management Journal, Vol.7 1986, S. 37-51

Timmermann, A. (1982), An den Haupterfolgsfaktoren orientierte Geschäftsfeldstrategien: Grundbausteine der Multi-Faktor-Portfolio-Methode, AGPLAN-Handbuch/26 (Unterlagen zur AGPLAN-Fachtagung, Wiesbaden 1981), München 1982

Trux, W., Müller, G., Kirsch, W. (1985), Das Management Strategischer Programme, 2. Halbband, München 1985

Trux, W., Müller-Stewens, G., Kirsch, W. (1988), Das Management Strategischer Programme, 1. Halbband: Materialien zum Stand der Forschung, 3. Aufl., München 1988

Vanberg, V. (1982), Markt und Organisation, Tübingen 1982

Watzlawick, P. (1989), Die Unsicherheit unserer Wirklichkeit, 2.Aufl., München 1989

Watzlawick, P., Beavin J.H., Jackson, D.D. (1990), Menschliche Kommunikation - Formen, Störungen, Paradoxien, 8. unveränd. Aufl., Bern et al 1990

Weber, M. (1972), Wirtschaft und Gesellschaft, Grundriß der verstehenden Soziologie, hrsg. v. Winckelmann, J., 2 Halbbände, 5. Aufl., Tübingen 1872

Weizsäcker, E.U., von (1974), Erstmaligkeit und Bestätigung als Komponenten der Pragmatischen Information, in: Weizsächer, E.U., von (Hrsg. 1974), S. 82-113

Weizsäcker, E.U., von (Hrsg. 1974), Offene Systeme I - Beiträge zur Zeitstruktur von Information, Entropie und Evolution, Stuttgart 1974

Wende, J. (1993), OSI-Normung - Normen für die Kommunikation Offener Systeme, in: DIN-Mitteilungen, 72/1993, Nr. 6, S. 342-348

Wheatman, V.S. (1990), Does Support for UN/EDIFACT Exist?: An EDIA Study, in: EDI FORUM, Vol.3, 1990 issue, S. 17-21

Wheatman, V.S. (1992), EDI Overview, Development and Trends, in: Software AG (Hrsg. 1992)

Wiese, H. (1990), Netzeffekte und Kompatibilität: ein theoretischer und simulationsgeleiteter Beitrag zur Absatzpolitik für Netzeffekt-Güter, Stuttgart 1990

Wierzewski, J. (1990), Kommunikation mit EDI-Partnern - Nutzung von Value Added Network & Services (VANS), in: EWI (Hrsg. 1990), S. 105-114

Wildemann, H. (1988), Das Just-in-time Konzept, Frankfurt 1988

Willenz, N., Walker, R., Danikiewicz, E. (1990), Einführung in UN/EDIFACT mit aktuellen Informationen und Terminen, deutschsprachige korrigierte/ergänzte Übersetzung der Westeuropäischen Version von September 1990, o.O. 1990

Williamson, O.E. (1975), Markets and Hierarchies: Analysis and Antitrust Implications, New York 1975

Wittmann, W. (1959), Unternehmung und unvollkommene Information, Köln, Opladen 1959

Womack, J.P., Jones, D.T., Roos, D. (1991), Die zweite Revolution in der Automobilindustrie, Frankfurt a.M. 1991

Zinn, D.K. (1991), EDI in Australia, in: EDI FORUM, Vol.4, 1991, S. 268-273

Stichwortregister

A

Adoption, 34; 35; 36; 53; 54; 55; 56; 57;
    79; 82; 86; 107; 110; 112; 113; 114;
    116; 117; 118; 120; 121; 122; 123;
    125; 126; 129; 130; 131; 132; 133;
    134; 135; 136; 141
Anwendergruppe, 40; 49; 51
Architekturmodell, 45
Aufgabenkoordination, 63
Ausgleichszahlung, 90; 122; 123; 124; 129
Ausschlußprinzip, 83; 84; 85; 86
Automobilbranche, 75; 100; 112; 126;
    129; 130; 131; 132

B

Belegvolumen, 66; 67; 68; 69; 73; 77; 78;
    97; 129; 130
Beziehungseigenschaften, 58; 72; 73
Beziehungsgeflecht, 73; 75; 121

C

Cluster, 75; 76; 80; 81
Code, 20; 23; 24; 27; 28

D

Datenbank, 26; 27; 30
Datenelement, 37; 38
Datenelementgruppen, 38
Datenintegration, 17
Decision stage, 116
Deregulierungstendenz, 7
Dienstleistungen, 62; 71; 117; 129
Diffusion, 3; 4; 5; 36; 53; 54; 56; 57; 75;
    83; 87; 92; 99; 107; 110; 111; 112;
    113; 114; 117; 118; 119; 120; 121;
    123; 124; 125; 126; 127; 130; 132;
    133; 134; 135; 136; 137; 140; 141;
    143; 144; 146; 149; 150
Diffusion von EDI-Regelwerken, 107

E

EDI
    -Anwendungen, 6; 16; 27; 40; 77; 98;
        105; 106; 111; 121
    -Art der Übertragung, 8; 12
    -Bausteine, 15; 45
    -Bekanntheitsgrad, 126; 127
    -Definitionsmerkmale, 8
    -Differenzierungsvorteile, 61; 62
    -Einführung, 67
    -Einsatzmöglichkeit, 59
    -Informationsquellen, 127
    -Kommunikationsinhalt, 8; 11; 12; 13;
        14; 59
    -Kommunikationskonzept, 7; 12; 14
    -Kommunikationssubjekt, 8; 9; 10
    -Kostenfaktoren, 66
    -Kostenvorteile, 61
    -Netznutzen, 36; 77; 107
    -Nutzenpotentiale, 5; 58; 60; 65; 67;
        69; 74; 77; 78; 79; 91; 92; 96; 97;
        105
    -Regelwerk, 3; 4; 30; 33; 34; 36; 49;
        50; 52; 53; 58; 75; 77; 78; 80; 81;
        82; 83; 86; 90; 93; 97; 98; 99; 100;
        101; 102; 104; 105; 106; 107; 109;
        112; 113; 119; 123; 129; 130; 131;
        133; 134; 135; 136; 137
    -Software, 17
    -Standard, 2; 3; 4; 5; 6; 30; 31; 33; 34;
        35; 36; 48; 51; 53; 54; 56; 57; 76;
        83; 110; 111; 128; 130; 134; 136
EDI-Fähigkeit, 61; 70; 78; 128
EDI-Regelwerk, 3; 28; 30; 34; 50; 51; 53;
    66; 74; 75; 77; 78; 79; 81; 84; 85;
    86; 88; 91; 92; 93; 94; 95; 96; 99;
    101; 102; 105; 107; 109; 110; 111;
    112; 113; 114; 116; 117; 118; 119;
    121; 122; 123; 124; 125; 126; 131;
    134; 135; 137
    -Entwurf, 83
EDIFACT-Regelwerk, 36; 37; 51; 77; 86;
    102; 134; 137; 140

155

DeutscherUniversitätsVerlag
GABLER·VIEWEG·WESTDEUTSCHER VERLAG

"**Markt- und Unternehmensentwicklung**"
**Herausgeber: Prof. Dr. Arnold Picot und
Prof. Dr. Dr. h.c. Ralf Reichwald**

GABLER EDITION WISSENSCHAFT

Jörg Bischoff
Das Shareholder Value-Konzept
Darstellung - Probleme - Handhabungsmöglichkeiten
1994. XVIII, 225 Seiten, Broschur DM 89,-/ ÖS 694,-/ SFr 89,-
ISBN 3-8244-6025-4

Cornelia Euringer
Marktorientierte Produktentwicklung
Die Interaktion zwischen F&E und Marketing
1995. XVIII, 224 Seiten, Broschur DM 89,-/ ÖS 694,-/ SFr 89,-
ISBN 3-8244-6084-X

Andree Fleck
Hybride Wettbewerbsstrategien
Zur Synthese von Kosten- und Differenzierungsvorteilen
1995. XIV, 248 Seiten, Broschur DM 98,-/ ÖS 765,-/ SFr 98,-
ISBN 3-8244-6081-5

Katja Kieliszek
Computer Aided Selling
Unternehmenstypologische Marktanalyse
1994. XVI, 235 Seiten, Broschur DM 98,-/ ÖS 765,-/ SFr 98,-
ISBN 3-8244-6021-1

Hans Koller
Die Integration von Textverarbeitung und Datenverarbeitung
Analyse des Bedarfs und seiner Determinanten aus
betriebswirtschaftlicher Sicht
1994. XVII, 333 Seiten, Broschur DM 118,-/ ÖS 921,-/ SFr 118,-
ISBN 3-8244-6117-X

DeutscherUniversitätsVerlag

GABLER · VIEWEG · WESTDEUTSCHER VERLAG

"Markt- und Unternehmensentwicklung"
Herausgeber: Prof. Dr. Arnold Picot und
Prof. Dr. Dr. h.c. Ralf Reichwald

GABLER EDITION WISSENSCHAFT

Rahild Neuburger
Electronic Data Interchange
Einsatzmöglichkeiten und ökonomische Auswirkungen
1994. XIII, 179 Seiten, Broschur DM 89,-/ ÖS 694,-/ SFr 89,-
ISBN 3-8244-6022-X

Johann Niggl
Die Entstehung von Electronic Data Interchange Standards
1994. XVIII, 158 Seiten, Broschur DM 89,-/ ÖS 694,-/ SFr 89,-
ISBN 3-8244-6083-1

Marita Rupprecht-Däullary
Zwischenbetriebliche Kooperation
Möglichkeiten und Grenzen durch neue Informations- und
Kommunikationstechnologien
1994. XVIII, 253 Seiten, Broschur DM 98,-/ ÖS 765,-/ SFr 98,-
ISBN 3-8244-6109-9

Holger Wohlenberg
Gruppenunterstützende Systeme in Forschung und Entwicklung
Anwendungspotentiale aus industrieller Sicht
1994. XVII, 245 Seiten, Broschur DM 98,-/ ÖS 765,-/ SFr 98,-
ISBN 3-8244-6023-8

Die Bücher erhalten Sie in Ihrer Buchhandlung!

DeutscherUniversitätsVerlag
GABLER · VIEWEG · WESTDEUTSCHER VERLAG

Aus unserem Programm

Thomas Becker
Integriertes Technologie-Informationssystem
Beitrag zur Wettbewerbsfähigkeit Deutschlands
1993. XVII, 372 Seiten, 100 Abb., 43 Tab.,
Broschur DM 118,-/ ÖS 921,-/ SFr 118,-
ISBN 3-8244-0183-5
Das hier vorgestellte Informationssystem kann auf nationaler Ebene alle wichtigen Informationen über Technologien (Forschung und Entwicklung, Anwendungsgebiete, Literatur, Patente und Lizenzen sowie Indikatoren und statistische Daten) übersichtlich und benutzerfreundlich zur Verfügung stellen.

Ulrich Guthunz
Informationssysteme für das strategische Management
Eine Untersuchung zur theoretischen Fundierung und Gestaltung
strategischer Informationssysteme am Beispiel der Kostenrechnung
1994. XVI, 243 Seiten, Broschur DM 98,-/ ÖS 765,-/ SFr 98,-
GABLER EDITION WISSENSCHAFT
ISBN 3-8244-6034-3
Informationssysteme werden vorwiegend aus der Sicht der technischen Machbarkeit thematisiert. Ulrich Guthunz erarbeitet ein Verständnis strategischer Informationssysteme, das sich am Informationsbedarf orientiert.

Jens Hilberseimer
Entscheidungsunterstützung in der Unternehmensbewertung
1993. XV, 286 Seiten, 14 Abb.,
Broschur DM 98,-/ ÖS 765,-/ SFr 98,-
ISBN 3-8244-0138-X
Die Vorteile des hier entwickelten und vorgestellten Entscheidungsunterstützungs-Systems für die Unternehmensbewertung liegen in der Erhöhung des Problemverständnisses beim Entscheider, der Beschleunigung des gesamten Entscheidungsprozesses und in Kosteneinsparungen.

Hans-Jürgen König
Ökonomische Datenhaltung in der Unternehmung
Föderierte Architekturen als Integrationsplattform
wettbewerbsorientierter Systeme
1994. XVIII, 426 Seiten, 34 Abb., Broschur DM 98,-/ ÖS 765,-/ SFr 98,-
ISBN 3-8244-2058-9
In diesem Buch werden Anforderungen an ein Datenmanagement systematisiert, Gestaltungsziele und -konflikte qualitativ und modelltheoretisch analysiert und es wird ein Integrationswerkzeug vorgestellt und evaluiert.

Juliane Kronen
Computergestützte Unternehmungskooperation
Potentiale - Strategien - Planungsmodelle
1994. XVIII, 252 Seiten, Broschur DM 98,-/ ÖS 765,-/ SFr 98.-
GABLER EDITION WISSENSCHAFT
ISBN 3-8244-6067-X
Gemeinsames Merkmal vieler erfolgreicher Kooperationen ist es, daß zu ihrer
Planung und Durchführung Informationssysteme zum Einsatz kommen. Oftmals sind diese Systeme sogar Motivation für die Entstehung einer Kooperation.

Michael Syring
Computerunterstützung arbeitsteiliger Prozesse
Konzipierung eines Koordinationssystems für die Büroarbeit
Mit einem Geleitwort von Ulrich Hasenkamp
1994. XVI, 259 Seiten, 38 Abb.,
Broschur DM 79,-/ ÖS 616,-/ SFr 79,-
ISBN 3-8244-2053-8
Als Beitrag zum Forschungsgebiet "Computer-Supported Cooperative Work"
(CSCW) wird ein Konzept für ein Koordinationssystem zur Unterstützung arbeitsteiliger Prozesse der Büroarbeit entwickelt.

Christian Stiasni
Entscheidungsgestützte Projektplanung
Darstellung eines rechnerbasierten Modells
1994. XV, 196 Seiten, Broschur DM 89,-/ ÖS 694,-/ SFr 89,-
GABLER EDITION WISSENSCHAFT
ISBN 3-8244-6009-2
Das Buch entwickelt ein rechnerbasiertes Verfahren zur Planung von Projekten, das das Erfahrungswissen vergangener Projekte zum Aufbau neuer Projektpläne nutzt. Die Entscheidungsträger erhalten durch das Rechnersystem
Vorschläge für die Planrevision.

Die Bücher erhalten Sie in Ihrer Buchhandlung!
Unser Verlagsverzeichnis können Sie anfordern bei:

Deutscher Universitäts-Verlag
Postfach 30 09 44
51338 Leverkusen